国家出版基金项目
NATIONAL PUBLICATION FOUNDATION

中国式现代化的经济探索历程

王立胜◎主　编

第二卷
开局与奠基

姜长青◎著

江西高校出版社
JIANGXI UNIVERSITIES AND COLLEGES PRESS

图书在版编目(CIP)数据

开局与奠基/姜长青著. --南昌:江西高校出版社,2023.12

(中国式现代化的经济探索历程/王立胜主编;第二卷)

ISBN 978-7-5762-3996-6

Ⅰ.①开… Ⅱ.①姜… Ⅲ.①中国经济—经济现代化—研究 Ⅳ.①F12

中国国家版本馆 CIP 数据核字(2023)第126207号

出版发行	江西高校出版社
社　　址	江西省南昌市洪都北大道96号
总编室电话	(0791)88504319
销售电话	(0791)88511423
网　　址	www.juacp.com
印　　刷	浙江海虹彩色印务有限公司
经　　销	全国新华书店
开　　本	700 mm×1000 mm　1/16
印　　张	20.75
字　　数	270千字
版　　次	2023年12月第1版
	2023年12月第1次印刷
书　　号	978-7-5762-3996-6
定　　价	68.00元

赣版权登字-07-2023-471

目　录

总论

党的二十大报告全面深入地阐述了中国式现代化的中国特色、本质要求和重大原则，擘画了以中国式现代化全面推进中华民族伟大复兴的宏伟蓝图，极大丰富和发展了党的现代化理论，打破了“现代化=西方化”的迷思，为人类实现现代化提供了全新选择。

中国式现代化理论内涵十分丰富，对这一理论的研究阐释，既需要进行系统、全面的理论探讨，也需要走进历史深处，揭示其本和源、根和魂。从历史演进的历程来看，中国式现代化是在中国共产党领导下，以实现社会主义现代化为目标指向、以建构中国现代性文明秩序为实质内容的，既有各国现代化的共同特征更有基于自己国情的中国特色的现代化运动。中国式现代化当然是全面现代化。其中，经济现代化是基础和引擎，也是关键。因此，从经济史角度来展现中国式现代化历程和阐释中国式现代化理论，或者从中国式现代化理论的高度来回看中国共产党的经济探索历程，既可以通过经济这一切口来透视中国式现代化理论的全部内涵，也可以通过拉长历史视野来看清中国式现代化发展脉络，同时这样一种历史考察对于中国式现代化理论来说还具有实证的意义。新中国成立70多年来创造的世所罕见的经济快速发展奇迹和社会长期稳定奇迹,从历史的角度证明了“中国式现代化走得通、行得稳,是强国建设、民族复兴的唯一正确道路”①,中国奇迹产生的密码可以从中国式现代化的历史进程得以揭示。这些可以说是本书四卷写作的出发点。

一、中国式现代化的探索历程与理论创新

中国式现代化是中国共产党充分发扬历史主动精神的实践探索过程,也是不断总结经验教训进行理论总结和理论创新的过程。正是这种实践探索和理论创新的互动过程,推动着中国式现代化实践上的不断发展和理论上的不断完善。正如党的二十大报告所指出的:“在新中国成立特别是改革开放以来长期探索和实践基础上,经过十八大以来在理论和实践上的创新突破,我们党成功推进和拓展了中国式现代化。”②因此,深刻理解中国式现代化理论首先需要深刻认识中国式现代化的探索历程与理论创新过程。

(一)选择与破题:中国现代化道路的探索与新民主主义现代化理论构想

实现现代化,是自鸦片战争以来中国有识之士徐图自强的宏伟愿望。鸦片战争后,仁人志士们就纷纷开始探索中国的现代化道路,但是这些探索都以失败告终。直到十月革命一声炮响,给我们送来了马克思列宁主义,中国共产党成立了。从此,中国共产党成功开创了一条不同于西方的现代化道路。

在新民主主义革命时期,我们党团结带领人民,浴血奋战、百折不挠,经过北伐战争、土地革命战争、抗日战争、解放战争,推翻帝国主义、封建主义、

① 《正确理解和大力推进中国式现代化》,《人民日报》2023年2月8日第1版。

② 习近平:《高举中国特色社会主义伟大旗帜　为全面建设社会主义现代化国家而团结奋斗——在中国共产党第二十次全国代表大会上的报告》,《人民日报》2022年10月26日第2版。

官僚资本主义三座大山，成立了人民当家作主的中华人民共和国，实现了民族独立、人民解放，为实现现代化创造了根本社会条件。正是在这个过程中，以毛泽东同志为主要代表的中国共产党人，把马克思主义基本原理同中国具体实际相结合，不断地总结革命经验和根据地建设的经验，以理论指导实践，通过实践创新理论，逐渐形成了新民主主义革命时期现代化的总体构想。就经济现代化而言，通过改变不合理的土地占有制度，没收官僚资本，允许多种经济成分并存，致力于实现中国工业化，将中国由农业国转变为工业国。就政治现代化而言，废除中国根深蒂固的封建主义和专制主义体制机制，正视殖民主义侵略下的政治危机，旗帜鲜明地将反帝反封建与实现现代化联系起来，开启了中国人民民主专政的新纪元。在文化现代化上，以马克思主义作为理论指导，倡导民族的科学的大众的文化，确立了中国文化面向未来走向现代化的基本精神与科学方法，为中国文化的持续发展提供了宝贵借鉴。由此，新民主主义革命时期的现代化实践成功完成了中华民族在革命时期现代化探索的破题任务。新民主主义革命的胜利，使得中国人民在中国共产党的领导下完成了现代化建设的阶段性探索。

(二)开局与奠基：适合中国国情的社会主义建设道路的探索与“四个现代化”理论的提出

新中国成立是中国式现代化的真正开局，中华民族的现代化探索由此完成了从探索“中国的现代化”到践行“中国式现代化”的历史转变，中国的现代化道路进入了一个崭新的发展阶段。新中国成立后的前7年，鉴于国际国内的需要，我们的现代化建设不得不主要模仿苏联的现代化模式。在苏联的帮助下，中国实施了重工业优先发展的工业化发展道路，现代化建设也取得了初步成效。苏共二十大后，随着苏联自身问题的暴露，毛泽东提出“以苏为鉴”，致力于摆脱苏联模式探索适合中国国情的社会主义建设道路。

1956年9月，毛泽东在党的八大开幕词中指出，要把一个落后的农业的中国改变成为一个先进的工业化的中国，把建立一个完整的工业体系作为工作的重中之重。1959年底，毛泽东进一步完善了社会主义现代化建设的构想："建设社会主义，原来要求是工业现代化，农业现代化，科学文化现代化，现在要加上国防现代化。"①这是对中国式现代化的初次阐释，也是后来"四个现代化"的由来。1964年，周恩来在第三届全国人大一次会议上明确提出了实现"四个现代化"的历史性任务，指出要把我国建设成为一个具有现代农业、现代工业、现代国防和现代科学技术的社会主义强国，赶上和超过世界先进水平。从新中国成立到改革开放前夕，中国共产党通过"走自己的路"，初步建立起了独立完整的社会主义工业化体系和国民经济体系，为以后成功开辟中国式现代化道路进行一系列原创性、自主性的探索奠定了坚实基础。

(三)突破与跨越：中国特色社会主义的实践与中国式的现代化概念的形成

1978年，党的十一届三中全会召开，开始了改革开放和社会主义现代化建设新时期。党的十二大明确提出了"走自己的道路，建设有中国特色的社会主义"的论断；党的十三大提出了社会主义初级阶段理论，并提出了党在社会主义初级阶段的基本路线，即"一个中心、两个基本点"的基本路线。从此，改革开放有了坚实的理论基础。到20世纪90年代初，社会主义本质理论的提出使我们对中国社会主义道路的认识又大大深化。在这个基础上形成了"社会主义市场经济"的思想观念，这个思想观念落实到实践当中，就形成了"社会主义市场经济体制"的改革目标。

---

① 中共中央文献研究室编：《毛泽东文集》第八卷，人民出版社1999年版，第116页。

在这个实践过程中,邓小平提出了“中国式的现代化”的新概念。1979年3月30日,邓小平在党的理论工作务虚会上发表讲话时指出:“现在搞建设,也要适合中国情况,走出一条中国式的现代化道路。”①“中国式的现代化,必须从中国的特点出发。”②这就提出了“中国式的现代化道路”的概念。1979年12月,邓小平在会见日本首相大平正芳时指出,我们要实现的四个现代化,是中国式的四个现代化。可以看到,邓小平提出“中国式的现代化”的概念,着眼点是强调中国的现代化建设必须考虑中国的国情以区别于西方的现代化。这一时期中国共产党人形成的基本认识是:一方面,中国能否实现现代化,决定着我们国家的命运、民族的命运;另一方面,我们搞的现代化是中国式的现代化,我们建设的社会主义是有中国特色的社会主义。

在这个阶段,我们党用改革开放的方法推进现代化建设。“改革”反映了党对社会主义建设经验的深刻总结和对建设规律的深刻把握,彰显了我们党在坚持社会主义制度的前提下解放和发展社会生产力的决心;“开放”反映了党和国家主动融入世界、学习国外先进经验的积极心态,表明我们党主张向先进国家学习,学习人类一切优秀文明成果来发展自己。同时,邓小平也强调:“我们要有计划、有选择地引进资本主义国家的先进技术和其他对我们有益的东西,但是我们决不学习和引进资本主义制度,决不学习和引进各种丑恶颓废的东西。”③经过改革开放以来几十年的努力,中国共产党对中国式现代化的探索在理论和实践上不断深化,并创造了经济发展的“中国奇迹”,实现了人民生活从温饱不足到总体小康、奔向全面小康的历史性跨越。

---

① 邓小平:《邓小平文选》第二卷,人民出版社1994年版,第163页。
② 邓小平:《邓小平文选》第二卷,人民出版社1994年版,第164页。
③ 邓小平:《邓小平文选》第二卷,人民出版社1994年版,第168页。

(四)推进与拓展:中国特色社会主义进入新时代与中国式现代化理论的形成

党的十八大以来,以习近平同志为核心的党中央立足中华民族伟大复兴战略全局和世界百年未有之大变局,统筹推进“五位一体”总体布局,协调推进“四个全面”战略布局,推动党和国家事业取得历史性成就、发生历史性变革,中国特色社会主义进入新时代。中国经济发展在新时代十年取得了重大成就,国内生产总值突破百万亿元大关,人均国内生产总值超过了1万美元,国家经济实力、科技实力和综合国力跃上新台阶。在经济总量不断增加的同时,经济结构也不断优化,城市化率有了显著提高,社会发展有了很大进步。“我们在实践上不断丰富,推进一系列变革性实践、实现一系列突破性进展、取得一系列标志性成果,推动党和国家事业取得历史性成就、发生历史性变革,特别是消除了绝对贫困问题,全面建成小康社会,为中国式现代化提供了更为完善的制度保证、更为坚实的物质基础、更为主动的精神力量。”①

中国式现代化在实践上取得巨大成功,现代化道路愈发成型。与西方现代化道路不同,中国式现代化超越了西方现代化的局限性,又自觉结合了中国的发展优势,成功打破了“现代化=西方化”的迷思。习近平总书记在擘画和推进中国式现代化的实践过程中,不断思考中国式现代化的理论问题,在党的十九届五中全会上明确提出了“中国式现代化”这个理论命题,并且系统阐发了中国式现代化的五个基本特征。紧接着,他又在2021年7月庆祝中国共产党成立100周年大会上的讲话中使用了“中国式现代化新道路”和“人类文明新形态”的概念,并且将对这两个概念的关系的思考置于

---

① 《正确理解和大力推进中国式现代化》,《人民日报》2023年2月8日第1版。

中国特色社会主义实践的过程中进行整体性考虑。2022年党的十九届六中全会上,“中国式现代化”成为人们十分关注的话题。在党的二十大报告中,习近平总书记再次聚焦中国式现代化问题,对中国式现代化进行了系统的理论阐发,形成了关于中国式现代化的理论体系。正如习近平总书记所指出的,“党的十八大以来,我们党在已有基础上继续前进,不断实现理论和实践上的创新突破,成功推进和拓展了中国式现代化。我们在认识上不断深化,创立了新时代中国特色社会主义思想,实现了马克思主义中国化时代化新的飞跃,为中国式现代化提供了根本遵循。我们进一步深化对中国式现代化的内涵和本质的认识,概括形成中国式现代化的中国特色、本质要求和重大原则,初步构建中国式现代化的理论体系,使中国式现代化更加清晰、更加科学、更加可感可行”①。

二、中国特色社会主义道路与中国式现代化

从理论与实践的关系来看,中国式现代化理论的全面形成和完善奠基于中国共产党探索中国特色社会主义道路的伟大实践。也可以说,中国式现代化理论是从现代化视角来看中国特色社会主义道路的,中国式现代化理论的世界意义彰显了中国特色社会主义道路对于世界的意义。因此,深刻理解中国式现代化理论就非常有必要联系中国特色社会主义道路进行系统研究。

什么是中国特色社会主义道路?党的十八大就已对其作出了规范性表述:“中国特色社会主义道路,就是在中国共产党领导下,立足基本国情,以经济建设为中心,坚持四项基本原则,坚持改革开放,解放和发展社会生产力,建设社会主义市场经济、社会主义民主政治、社会主义先进文化、社会主

① 《正确理解和大力推进中国式现代化》,《人民日报》2023年2月8日第1版。

义和谐社会、社会主义生态文明,促进人的全面发展,逐步实现全体人民共同富裕,建设富强民主文明和谐的社会主义现代化国家。”①不难看出,这是从新时代的横截面上对中国特色社会主义道路的总体概括。这个概括反映了站在新时代的制高点上对在场状态的中国特色社会主义道路的总体性认识,这个认识是对中国共产党探索中国特色社会主义建设道路经验教训的深刻总结,也是对学术界长期以来特别是2008年美国金融危机以来关于中国特色社会主义建设道路问题研究成果的采纳和吸收,它反映了我们党对中国特色社会主义建设规律认识的深化和理论自觉。

以上是在政治层面上对中国特色社会主义道路的基本规定,但是仅仅对其作政治层面的理解还是远远不够的,我们必须将其转化为学术问题,从学理性的角度作出更深层次的理解。也正是在这个意义上,近年来中国道路问题成为国内外学者探讨的热点。学者们认为,对这个问题的探讨亦是揭示中国奇迹密码的核心课题。沿着这个思路思考,党的十八大对“中国特色社会主义道路”的表述,似乎可以转化为以下几个学术问题:

第一,中国特色社会主义道路的本质规定是什么?“中国共产党领导”是中国特色社会主义道路的内在前提,这是中国道路的最本质的规定。这意味着,没有中国共产党的领导,中国特色社会主义道路就失去了存在的前提和保障。党的十九届六中全会审议通过的《中共中央关于党的百年奋斗重大成就和历史经验的决议》(以下简称《决议》),以“十个明确”对习近平新时代中国特色社会主义思想的核心内容进行了系统概括,其中第一个明确即为“明确中国特色社会主义最本质的特征是中国共产党领导,中国特色

① 中共中央文献研究室编:《十八大以来重要文献选编》上,中央文献出版社2014年版,第9—10页。

社会主义制度的最大优势是中国共产党领导”①。党的二十大报告则进一步强调:“坚持党的全面领导是坚持和发展中国特色社会主义的必由之路。”②

第二,中国特色社会主义道路的历史主体性和国家主体性是什么? 立足基本国情是指中国特色社会主义道路的立足点是中国,没有了中国的基本国情,中国道路也就没有了存在的历史根基和现实根据。国情包括中国的历史和中国的现实,体现在中国道路的规定性中就是中国的历史主体性和国家主体性。

第三,中国特色社会主义道路的基本问题是什么? 中国特色社会主义道路内含两种根本尺度:一个是历史尺度,这个尺度要求解放、保护和发展生产力,因为贫穷不是社会主义;另一个是价值尺度,这个尺度要求必须坚持社会主义方向,生产力的发展要成为人民共同富裕的基础,而不能成为两极分化的杠杆,因为两极分化也不是社会主义。所以,中国特色社会主义道路的基本问题就是生产力发展与社会主义方向的关系问题。我们“以经济建设为中心,坚持四项基本原则,坚持改革开放”③的“一个中心、两个基本点”就是强调要解决好这个基本问题。

第四,中国特色社会主义道路的总体架构是什么? 在新中国成立以来特别是改革开放以来的中国现代化的历史实践的基础上,逐渐形成了中国道路的经济、政治、文化、社会、生态“五位一体”的战略架构。这意味着这条道路是整体性的,“五位一体”中的“五位”是以“一体”为前提的,没有了“一

---

① 《中国共产党第十九届中央委员会第六次全体会议文件汇编》,人民出版社 2021 年版,第 46 页。

② 习近平:《高举中国特色社会主义伟大旗帜 为全面建设社会主义现代化国家而团结奋斗——在中国共产党第二十次全国代表大会上的报告》,《人民日报》2022 年 10 月 26 日第 5 版。

③ 中共中央文献研究室编:《十三大以来重要文献选编》中,人民出版社 1991 年版,第674 页。

体”,“五位”也就失去了意义。

第五,中国特色社会主义道路的目标走向和总体目标是什么?中国特色社会主义道路的总体目标就是把我国建设成为富强民主文明和谐美丽的社会主义现代化强国,其目标走向就是不断促进人的全面发展、全体人民共同富裕。① 党的十九届五中全会进一步提出要“促进社会公平,增进民生福祉,不断实现人民对美好生活的向往”②,并在“十四五”期间从提高人民收入水平、强化就业优先政策、建设高质量教育体系、健全多层次社会保障体系、全面推进健康中国建设、实施积极应对人口老龄化国家战略、加强和创新社会治理③等方面提出了“改善人民生活品质,提高社会建设水平”④的具体化建议,迈出了实质性步伐。党的十九届六中全会审议通过的《决议》则进一步指出:“明确坚持和发展中国特色社会主义,总任务是实现社会主义现代化和中华民族伟大复兴,在全面建成小康社会的基础上,分两步走在本世纪中叶建成富强民主文明和谐美丽的社会主义现代化强国,以中国式现代化推进中华民族伟大复兴;明确新时代我国社会主要矛盾是人民日益增长的美好生活需要和不平衡不充分的发展之间的矛盾,必须坚持以人民为中心的发展思想,发展全过程人民民主,推动人的全面发展、全体人民共同富裕取得更为明显的实质性进展。”⑤

---

① 中共中央党史和文献研究院编:《十九大以来重要文献选编》上,中央文献出版社 2019 年版,第 14 页。

② 《中共中央关于制定国民经济和社会发展第十四个五年规划和二〇三五年远景目标的建议》,人民出版社 2020 年版,第 7 页。

③ 《中共中央关于制定国民经济和社会发展第十四个五年规划和二〇三五年远景目标的建议》,人民出版社 2020 年版,第 32—35 页。

④ 《中共中央关于制定国民经济和社会发展第十四个五年规划和二〇三五年远景目标的建议》,人民出版社 2020 年版,第 31 页。

⑤ 《中国共产党第十九届中央委员会第六次全体会议文件汇编》,人民出版社 2021 年版,第 46 页。

以上就是对中国特色社会主义道路进行的逻辑分析，但是要完整准确地把握中国道路的内涵仅仅靠逻辑分析是不够的，还必须对此进行历史研究。其实，在这个问题上，习近平总书记在论述中国特色社会主义道路时已经给出了“大历史观”视野中的总体性提示。正是在综合习近平总书记多次论述的基础上，《习近平新时代中国特色社会主义思想学习纲要（2023 年版）》对此进行了权威解释：“中国特色社会主义是在改革开放四十多年的伟大实践中得来的，是在新中国成立七十多年的持续探索中得来的，是在我们党领导人民进行伟大社会革命一百多年的实践中得来的，是在近代以来中华民族由衰到盛一百八十多年的历史进程中得来的，是在世界社会主义五百多年波澜壮阔的发展历程中得来的，是在对中华文明五千多年的传承发展中得来的。”①这“六个得来”就是从总体上提示大家要把中国特色社会主义道路置于不同的历史脉络中来深化认识。要从六种历史语境来考察中国特色社会主义道路的形成，即从改革开放史、中华人民共和国历史、中国共产党历史、中国近代史、世界社会主义史、中华文明史的历史视角来理解中国特色社会主义道路的形成。这种分析路径体现了一种“大历史观”。这种分析，让人们对中国特色社会主义道路的认识发生了视域转换和视野拓展，转向了“大历史观”视野下的中国特色社会主义道路问题，也就是中华民族伟大复兴历史进程中的现代化道路问题。这种视野转换中的中国特色社会主义道路研究有两个必然的结果：一是深化狭义上的中国道路的研究，即“中国特色社会主义道路”研究，对中国特色社会主义道路的研究只有转化为中国现代化道路的研究才能得以深化；二是使中国特色社会主义道路的研究推进到广义的领域，从而将之转入研究的广阔视域和宏大视野中。又

① 中共中央宣传部编：《习近平新时代中国特色社会主义思想学习纲要（2023 年版）》，学习出版社、人民出版社 2023 年版，第 31—32 页。

因为中国现代化道路的研究的统摄性而把中国革命道路、中国社会主义改造道路、中国特色社会主义建设道路的研究以一种连续性和间断性相统一的方式统括在一个历史实践过程中,形成了广义中国道路的研究视野。这就是中国共产党在推进中华民族伟大复兴历程中探索出来的一条现代化的道路,它是以中国现代性文明秩序的建构为实质内容的现代化道路,也就是中国式现代化道路。

因此,将中国特色社会主义道路研究转化为中国式现代化研究,就可以把它置于中国共产党成立以来的100多年历史当中来认识,通过回望百年历史来透视中国式现代化的形成过程和历史内涵,从而深化中国特色社会主义道路研究。这百年历史的回顾虽然是以中国共产党历史为主线来安排的,但是已经涵括了其他“五史”的丰富内涵:改革开放史和中华人民共和国历史都是中国共产党领导的历史,中国近代史是中国共产党成立和发展的历史条件,世界社会主义史是中国共产党历史的国际背景和总体历史基础,中华文明史是中国共产党历史的文化根基。我们必定是在中国近代史、世界社会主义史和中华文明史的历史框架中来回望中国共产党历史的。中国共产党的百年历史就是探索中国式现代化和中国道路的历史。

习近平总书记不仅以“大历史观”的视野观察中国特色社会主义道路问题,而且高屋建瓴地重新思考了如何研究中国共产党历史的问题,也就是他强调的要树立“正确的党史观”的问题。什么是正确的党史观呢?习近平总书记创新性地提出了“社会革命论”,他认为中国共产党的百年历史本质上就是一场持续性地领导中国人民进行伟大的社会革命的历史。2018年1月5日,习近平总书记专门指出:“新时代中国特色社会主义是我们党领导人民进行伟大社会革命的成果,也是我们党领导人民进行伟大社会革命的继续,必须一以贯之进行下去。历史和现实都告诉我们,一场社会革命要取得最终胜利,往往需要一个漫长的历史过程。只有回看走过的路、比较别人的路、远眺前行的路,弄清楚我们从哪儿来、往哪儿去,很多问题才能看得深、把得准。”①这个论断站在新时代的高度回看了中国共产党的百年历程,“从历史和现实相贯通、国际和国内相关联、理论和实际相结合的宽广视角”②思考了中国革命、建设、改革的总体性问题,至少提示我们以下关键性信息:一是百年来中国共产党领导中国人民进行的革命、建设和改革是具有连续性的一场伟大社会革命,新时代中国特色社会主义是这场革命的继续;二是这场社会革命取得了革命、建设和改革的诸多阶段性成果,但是取得最终胜利还需要漫长的历史过程;三是在新时代,我们党必须“以党的自我革命引领社会革命”③;四是我们要以这种创新性的“社会革命论”回顾和思考中国共产党的百年历史。笔者认为,“社会革命论”的提出是对马克思主义社会革命论的重大发展,对改革开放史、中华人民共和国历史、中国共产党历史、中国近代史、世界社会主义史、中华文明史的研究,特别是对新时代中国特色社会主义的研究有着十分重要的意义。当然,“社会革命论”的形成也不是一蹴而就的。仔细分析,我们可以看到,它是对习近平总书记改革开放前后“两个三十年”不能相互否定历史观的深化和发展。2013 年 1 月 5 日,习近平总书记指出:“我们党领导人民进行社会主义建设,有改革开放前和改革开放后两个历史时期,这是两个相互联系又有重大区别的时期,但本质上都是我们党领导人民进行社会主义建设的实践探索。中国特色社会主义是在改革开放历史新时期开创的,但也是在新中国已经建立起社会主义基本制度、并进行了 20 多年建设的基础上开创的。虽然这两个历史时期在进行

---

① 习近平:《习近平谈治国理政》第三卷,外文出版社 2020 年版,第 69—70 页。

② 习近平:《习近平谈治国理政》第三卷,外文出版社 2020 年版,第 69 页。

③ 习近平:《高举中国特色社会主义伟大旗帜 为全面建设社会主义现代化国家而团结奋斗——在中国共产党第二十次全国代表大会上的报告》,《人民日报》2022 年 10 月 26 日第 5 版。

社会主义建设的思想指导、方针政策、实际工作上有很大差别，但两者决不是彼此割裂的，更不是根本对立的。不能用改革开放后的历史时期否定改革开放前的历史时期，也不能用改革开放前的历史时期否定改革开放后的历史时期。”①在这里习近平总书记虽然没有直接提出“社会革命论”的问题，但是实际上是在谈用什么样的历史观来研究和分析新中国成立以来的社会主义建设史的问题，意识到了社会上出现的用改革开放前后两个历史时期相互否定的问题本质上是历史观的错误。而克服这种错误必须重建关于中国共产党历史的历史观。中国共产党从诞生至今的百年历史至少经历了新民主主义革命、社会主义改造、社会主义建设、改革开放、中国特色社会主义新时代这些不同的历史阶段，这些历史阶段自然有着不同的特点，但是相同的是它们都是中国共产党领导人民进行的伟大社会革命。“社会革命论”的理论和方法是我们研究中国共产党百年历史和研究中国道路的基本方法。从历史逻辑的角度看，“社会革命论”中的“革命”也就具有了广泛的意义。也就是说，新民主主义革命、社会主义改造、社会主义建设、改革开放都是“革命”，新时代中国特色社会主义也是“革命”。同时，从理论逻辑的角度看，这种社会革命中的“革命”，也具有了广泛的意义，那就是这里的社会革命不仅包含着政治革命（狭义上的革命），还包含着经济革命、文化革命、社会（狭义上的社会）革命、生态革命。这种“社会革命论”就有了重构党史观的意义了。这种重构后的党史观本质上是中国共产党革命史观（狭义）和中国现代化史观（狭义）的辩证综合。这样由这种社会革命而形成的中国道路也就具有了广泛的意义，也就是既包括中国新民主主义革命道路、社会主义改造道路、社会主义建设道路、中国特色社会主义道路，也包括经

① 习近平：《习近平谈治国理政》第一卷，外文出版社 2018 年版，第 22—23 页。

济道路、政治道路、文化道路、社会道路和生态道路。中国道路无论是从历史逻辑还是从理论逻辑的角度看,就都具有了综合性、整体性和系统性,这里的中国道路也就是中国式现代化道路。从这个意义上说,由于中国式现代化具有统摄性和整体性规定的性质,从这一视角研究中国道路就具有了根本性意义。习近平总书记在庆祝中国共产党成立100周年大会上的讲话和党的十九届六中全会通过的《决议》将中国共产党的历史置于中国近现代史的大历史背景之中,采取了中华民族伟大复兴的历史叙事方式。这种历史叙事方式的转变,实质上也是党史观的一种时代重构,这种重构把革命史观和现代化史观综合起来,这样中华民族伟大复兴与社会革命就形成了对应关系,中华民族伟大复兴是发展目标和前进方向,社会革命是朝着这一方向作历史演进的措施。

那么,我们如何理解作为正确党史观的"社会革命论"呢?这种历史观的重构有没有马克思主义的根据呢?答案是有的。这种根据就是马克思的社会有机体理论以及奠定在这个理论基础上的"从后思索法"。

作为马克思历史反思方法的"从后思索法",是马克思在写作《资本论》过程中分析商品拜物教的性质及其秘密时使用的方法。"对社会生活形式的思索,从而对它的科学分析,遵循着一条同实际运动完全相反的道路。这种思索是从事后开始的,是从已经完全确定的材料、发展的结果开始的。"①对中国道路和中国式现代化进行百年回望,显然是一种"从后思索",我们要从中国道路和中国式现代化的成熟形态、从跟中国道路和中国式现代化形成发展的实际历史进程完全相反的方向进行回望和科学分析。马克思的"从后思索法"的根基是其社会有机体理论,他把一个社会的发展过程视为

① 中共中央马克思恩格斯列宁斯大林著作编译局编译:《马克思恩格斯全集》第四十三卷,人民出版社2016年版,第69页。

一个生物有机体，他对资本的研究就是把当时世界上最典型的处于成熟形态的资本主义国家——英国，作为一个资本主义社会有机体来进行研究，“是从已经完全确定的材料、发展的结果开始的”。《资本论》研究的是资本主义的一般规律，但是它所呈现的是英国作为资本主义社会有机体的典型形态。虽然社会有机体方法因具有生物学隐喻的前提性缺陷而遭到一些人的诟病，但马克思并不讳言他对这个方法的重视。虽然与马克思同时代的孔德、斯宾塞等社会学家也主张社会有机体理论，但是马克思的社会有机体理论与他们有着本质的不同，马克思是从社会生活本质上是实践的基点出发来建构这一理论的。马克思在《哲学的贫困》中就有了社会有机体的思想萌芽，在《〈政治经济学批判〉序言》中就蕴含着社会是有机体的思想，后来在《资本论》的写作过程中不仅明确提出了社会有机体的范畴，而且把社会有机体作为分析和研究资本主义社会的基本方法。他在《资本论》的序言中指出：“现在的社会不是坚实的结晶体，而是一个能够变化并且经常处于变化过程中的有机体。”①笔者认为，马克思社会有机体“这个范畴强调的核心原则是总体的、连续的、相互依存的原则。一个体制需要在另一个体制当中成长起来，类似于生物学的演化和变异的思想。……马克思直接将组织类比于器官，组织会把自己还缺乏的器官从社会中创造出来，这个表述非常像生物基因。这里表述的是社会的一切要素从属于自己。有机体像生物学的基因一样，规定了有机体的总体属性和生长过程”②。“马克思是把英国典型的资本主义看成一个成熟的社会有机体，在这个社会有机体所规定的总体性当中来分析资本主义的运动，以资本和劳动的关系为基本矛盾，得出这

① 中共中央马克思恩格斯列宁斯大林著作编译局编译：《马克思恩格斯全集》第四十二卷，人民出版社 2016 年版，第 17 页。

② 王立胜：《新时代中国特色社会主义政治经济学研究》，济南出版社 2019 年版，第 74 页。

个矛盾资本主义自身无法克服,必须有另一个社会主义来克服它。"①习近平总书记所提出的"社会革命论",其基本的理论前提就是马克思的社会有机体思想,他把中国传统社会看成是一个社会有机体,由于这个有机体的内在矛盾已经无法克服,因而必须由另一个有机体也就是社会主义来克服它,而中国的革命、建设和改革的过程,就是一个新的有机体替代旧的有机体的过程。这个过程就表现为以实现共产主义、实现中华民族伟大复兴为总体目标,以具有连续性的新民主主义革命、社会主义革命、社会主义建设和社会主义改革为内容的总体性的社会革命。中国共产党领导下的这个总体的社会革命,经过100多年的历史进程,已经产生了中国特色社会主义这个总体性的规定性,也就是形成了马克思所说的"普照的光",这个"普照的光"会赋予它统摄下的一切社会单位自身所不具有的属性,使其具有被"普照的光"所规定的社会性质。同时,由"普照的光"所规定的社会也会不断地生长出这个社会所需要的组织器官,使这个社会有机体不断地进行组织完善和机体生长。当然,这个有机体不会是机械地无人活动地自动生长,它的自动生长恰恰是人的有目的的活动的产物,其基础还是人类的经济活动。1883年3月14日马克思在伦敦逝世时,作为对马克思一生的总结,恩格斯在马克思墓前的讲话中指出:"正像达尔文发现有机界的发展规律一样,马克思发现了人类历史的发展规律,即历来为繁芜丛杂的意识形态所掩盖着的一个简单事实:人们首先必须吃、喝、住、穿,然后才能从事政治、科学、艺术、宗教等等;所以,直接的物质的生活资料的生产,从而一个民族或一个时代的一定的经济发展阶段,便构成基础,人们的国家设施、法的观点、艺术以至宗教观念,就是从这个基础上发展起来的,因而,也必须由这个基础来解

① 王立胜:《新时代中国特色社会主义政治经济学研究》,济南出版社2019年版,第75页。

释,而不是像过去那样做得相反。”①恩格斯概括的马克思主义唯物史观的基本原理为我们从经济史的角度展现中国式现代化历程、通过经济切口透视中国式现代化理论的全部内涵提供了马克思主义的理论依据。

三、中国式现代化对中国现代性的追求

从全球视野看,中国式现代化道路的文化自觉来源于对西方现代化道路的空间对比。所谓现代化道路,其本质归根结底是文化特质的一种外在表现。为了说清这个问题,我们有必要澄清现代化、现代性与中国现代性等有关概念。

“现代化”作为一个历史概念和历史过程,有着特定的历史内涵。从一般意义上说,它是指从西方文艺复兴以来到现在一直进行着的由西方开始逐渐波及全球范围的人类历史的运动、变化和发展过程。这显然是一个具有“动态”意蕴的概念,是人们用来描述人类社会从前现代社会向现代社会历史变迁的一个具有普遍性意义的概念。从这个意义上说,任何一个国家都要或者都希望实现现代化。“现代性”是人们用来表达人、事物某种存在状态、性质或者品质的概念,它作为现代化这一历史活动的内在规定构成近代以来西方社会和文化所体现出来的时代特质。在一定意义上我们可以说,作为质态的“现代性”是作为动态的“现代化”的目的和结果,而“现代化”则是“现代性”的实现形式和展示过程。在实践的意义上,“现代化”和“现代性”是不可分割的一个统一过程的两个面相。社会科学领域的学术概念一般都具有滞后于社会实践的特性,“现代化”和“现代性”这两个概念也不例外。现代化运动尽管肇始于14—16世纪的文艺复兴和大航海时代,但

① 中共中央马克思恩格斯列宁斯大林著作编译局编译:《马克思恩格斯选集》第三卷,人民出版社2012年版,第1002页。

作为学术概念提出却是晚近时期的事情。“现代化”的概念是20世纪初提出的,直到20世纪中叶才在风靡一时的“现代化理论”中得到广泛的运用。尽管“现代性”概念提出得还要早一些,法国文学家波德莱尔于1863年在《费加罗报》发表《现代生活的画家》系列评论时就用了“现代性”的标题,提出现代生活的画家要不断追索一个更普遍的目标,寻觅一种“我们可以称为现代性的那种东西”①,但是,“现代性”研究却是现代化运动造成人们的迷茫和意想不到的负面后果时才兴起的一种理论。也就是说,作为一个被人们关注的概念,“现代性”要早于“现代化”;但是,作为理论形态,“现代化”要早于“现代性”。直到现在,无论是“现代化”的研究还是“现代性”的讨论,都处于激烈的争论之中。当然,理论的复杂性来源于实践的复杂性,实践没有终结,全球的现代化运动还在进行中,理论自然不会有最后的结论。尽管如此,现代化理论和现代性理论都还是形成了一些基本共识。何中华先生在综合国内外学者关于现代化研究成果的基础上,认为“现代化”作为一个总体概念可以分解为五个层面:“①在经济上,现代化意味着市场化、工业化;②在政治上,现代化意味着法制化、民主化;③在社会生活上,现代化意味着世俗化、城市化;④在文化上,现代化意味着功利化、科学化;⑤在哲学上,现代化意味着理性化。”②他进一步认为,作为一个总体性概念,“现代化”既是所谓“人的现代化”又是整个社会与文化系统的总体转换。这种“转换背后所潜含的实质,乃是理性化过程,这是‘现代化’概念的内在逻辑规定”③。这种总体性的分析是简明扼要的,而且抓住了问题的实质。我们不难看出这种现代化从总体上来说,是西方现代化过程的一种理论折射,是

① 郭宏安:《波德莱尔美学论文选》,人民文学出版社1987年版,第484页。
② 何中华:《社会发展与现代性批判》,社会科学文献出版社2007年版,第92页。
③ 何中华:《社会发展与现代性批判》,社会科学文献出版社2007年版,第93页。

所谓的资本主义现代化经验的理论总结。也就是说,现代化在本质上是发生于西方社会和根植于西方文化传统中的历史现象。在这个意义上,作为理论体系的"现代化不过是西方文化传统的一种带有新的历史维度、历史情境、历史内涵的再现和表达而已"①。这就是说,现代化从表现形态上看,它所导致的经济社会变迁与作为其历史前提的社会和文化形态存在着显著的差异,鲜明地表现为"现代"与"传统"的断裂,否则就无法表明现代社会与前现代社会的区别。但是从文化本质上来说,这种断裂是在一种深层次连续性基础上的间断。作为西方现代化思想前提的文艺复兴本质上就是西方古典文化的复活,这表明西方现代化在深层文化上是对古希腊罗马文化的复归,西方现代化有其特定的文化基因。西方现代化的悖论和内在矛盾也内生于其固有的文化矛盾。现代性问题的提出和成为学术界的热点话题,恰恰是资本主义现代化所内含的文化矛盾在理论上的反映。现代化的历史推进在带来经济社会发展的同时也使人类付出了沉重的代价,它所造成的痛苦和不幸日益充分暴露出来。尤其是20世纪两次世界大战所带来的世界性的灾难,极权主义体制给人们带来的危害,工业化造成的污染使人们感觉到"寂静的春天"的恐慌,等等,这一切都让人们意识到了现代性的进步和代价的双重性。现代性的内在冲突性成为理论探讨的热点和焦点。美国学者马泰·卡林内斯库在《现代性的五副面孔》一书中揭示的"资产阶级的现代性"和"审美的现代性"的矛盾和冲突,德国哲学家魏尔默视野中的"启蒙的现代性"和"浪漫的现代性"的区分,都是主张用后一种现代性来拒斥和批判前一种现代性。贝尔影响巨大的《资本主义文化矛盾》一书全面揭示了经济、政治、文化诸领域的全面对立。鲍曼的深刻在于对西方现代性内在矛

① 何中华:《社会发展与现代性批判》,社会科学文献出版社2007年版,第97页。

盾的洞察一语中的:“现代性的历史就是社会存在与其文化的紧张的历史。现代存在迫使它的文化反对自身。这种不和谐正是现代性所需要的和谐。”①

既然在西方现代化的过程中,现代化的这种总体性质和现代性的这种内在矛盾都是它们自身难以解决的总体性问题,那么,那些非西方国家和地区不管是主动还是被动实施现代化战略时,都必然会使自己的现代化实践进程处于十分尴尬的境地,这个境地的根本问题是现代化或者现代性与那些非西方国家的本根文化问题。非西方国家的文明基础与现代性的关系,是一切非西方国家在现代化的过程中必然会遇到的一个最根本的问题。如何处理这个根本问题,决定着这个国家和地区的现代化道路和现代性的状态及品性。

对于非西方国家和地区的现代化前途,马克思有着高度的理论自觉,他在《资本论》第一卷第一版序言中清楚地表明了这一点:“工业较发达的国家向工业较不发达的国家所显示的,只是后者未来的景象。”②这表明,实现以工业化为核心的现代化的发展,像发达的资本主义国家一样实现工业化和现代化,以促进物质生产的发展和生产力水平的提高,是那些较不发达国家的必然前途与历史必然。但是这并不意味着马克思没有看到资本主义现代化和现代性的内在矛盾,恰好相反,正是马克思和恩格斯最深刻地洞察和揭示了资本主义自身无法克服的矛盾。《资本论》正是系统全面地研究和说明了资本主义的内在矛盾,认为只有通过无产阶级革命推翻资本主义制度,才能真正克服资本主义现代化的总体性危机和资本主义现代性的内在矛

① 转引自张凤阳:《现代性的谱系》,南京大学出版社 2004 年版,第 10 页。

② 中共中央马克思恩格斯列宁斯大林著作编译局编译:《马克思恩格斯全集》第四十二卷,人民出版社 2016 年版,第 15 页。

盾。一句话,马克思主义创始人并不否定非西方国家和地区的现代化的未来前途,且十分明确地指出了这些国家和地区应当避免资本主义的总体性危机,这就从总体上指出了现代性的社会主义和共产主义方向。同时,马克思晚年把研究的注意力集中在人类学问题和东方社会问题上,也是从总体上意识到了非西方国家和地区在实现现代化的过程中处理自身所固有的独特文明与现代性关系问题的复杂性和艰巨性。

现代性发源于西方也成熟于西方,那么非西方国家的现代化实践以西方为参照甚至向西方学习就成为自然的现象。然而现代性研究表明,西方现代性根源于西方文化,现代性发展与本土文化有着必然的内在的联系,人们逐渐把现代性的研究与文明问题关联起来。"文明冲突论"的主张者、美国哈佛大学政治学教授亨廷顿在《文明的冲突》一书中表达了一个基本观点:冷战结束后世界格局发生了或正发生着重大调整,其基本特点是不再像冷战前那样以意识形态划分阵营,而是呈现多极化或者文明多样化趋势。在这样的形势下,没有任何一种文明可以宣称自己代表普世价值。随之而来的是"多元现代性"概念的提出。2000 年,美国艺术与科学院杂志 *Daedalus* 冬季号第一期出版了"多元现代性"专号,这期杂志发表了多篇以非西方国家视野看现代性的文章。人们逐渐认识到西方现代性不可能只有西方一种模式。在这个命题下,中国的现代化也不可能沿袭西方的现代化道路,中国的现代性根源于中华文明的独特性。这种现代性与西方现代性一样,也是"多元现代性"。中国的现代化应当追求"中国现代性"。自此,中国现代性的研究成为学术热点,中国学术界对现代性的研究突破了西方学者关于现代性问题论述的范围,在研究中国现代化历史进程和爬梳中国思想史文献基础上致力于中国现代性的重塑。那么,接踵而来的问题是:什么是中国现代性?中国现代性与西方现代性有何本质不同?如何重塑中国现代性?

四、近代以来中国的基本问题：寻求中国现代性的问题意识

问题是时代的声音，道路是对问题的解答。寻求中国现代性的答案，考察中国式现代化道路的形成，首先要明确近代以来中国的基本问题是什么，也就是中国共产党领导中国人民进行现代化建设所面临的基本问题是什么。

如前所述，肇始于西方的现代化所引起的全球化把世界上所有的国家和地区都卷进了世界现代化的进程，同时，作为现代化表现形式的全球化，又无时不在影响和制约着世界上各个国家和地区的现代化。正如《共产党宣言》所揭示的，资产阶级“使农民的民族从属于资产阶级的民族，使东方从属于西方”①。肇始于清后期的中国现代化就被全球化运动裹挟进世界现代化历史，因而具有极大的被动性。在世界现代化运动和西方现代化模式成为中国现代化进程的历史背景和现实处境的客观现实下追求中国现代性的建构，使我们面临两大基本问题和三个方面的具体问题。

近代以来中国历史的国际背景是世界现代化浪潮。在这种浪潮的裹挟下，任何一个国家、民族或者地区都要实现从农业文明向工业文明的过渡，都要走向现代化。马克思和恩格斯曾经对欧美现代化的这种全球性扩张过程予以前瞻性描述：“资产阶级，由于开拓了世界市场，使一切国家的生产和消费都成为世界性的了。……过去那种地方的和民族的自给自足和闭关自守状态，被各民族的各方面的互相往来和各方面的互相依赖所代替了。物质的生产是如此，精神的生产也是如此。”②“资产阶级，由于一切生产工具

① 中共中央马克思恩格斯列宁斯大林著作编译局编译：《马克思恩格斯选集》第一卷，人民出版社2012年版，第405页。

② 中共中央马克思恩格斯列宁斯大林著作编译局编译：《马克思恩格斯选集》第一卷，人民出版社2012年版，第404页。

的迅速改进，由于交通的极其便利，把一切民族甚至最野蛮的民族都卷到文明中来了。它的商品的低廉价格，是它用来摧毁一切万里长城、征服野蛮人最顽强的仇外心理的重炮。它迫使一切民族——如果它们不想灭亡的话——采用资产阶级的生产方式；它迫使它们在自己那里推行所谓的文明，即变成资产者。一句话，它按照自己的面貌为自己创造出一个世界。”①马克思主义经典作家的论述揭示了一个深刻的道理：现代化运动虽然发源于西方，但是它已经跨越国家、民族和地区界限而成为一种世界现象。任何一个“不想灭亡”的国家、民族和地区都无法抵抗这个运动，都会主动地或者被动地实施现代化行动。现代化是人类社会发展的共同目标。中国作为一个后发展国家，与世界上其他国家一样，在西方现代化运动的国际背景下不可能游离于世界潮流之外。从鸦片战争被迫打开国门起，中国就开始踏上了现代化的历史征程。实现现代化构成了近代以来中国历史的主题。近代以来，先进中国人梦寐以求的理想，就是跟上世界现代化的潮流，把一个落后的中国变成一个现代化的中国。在先进的中国人的思想中，中国要实现现代化，要实现中华民族伟大复兴的国家目标，是毫无疑义的。但是，如何实现现代化，如何实现中华民族伟大复兴，近代以来的不同历史时期，不同阶级和阶层的代表人物，有着不同看法和实践探索。在这个层面上，就产生了“中国向何处去”的问题，也就是中国现代化走什么道路的问题。1949 年 6 月 30 日，毛泽东在新中国成立前夕写的庆祝中国共产党成立 28 周年的文章——《论人民民主专政》中，通过回顾近代以来的历史对这个问题进行了高度概括和总结。他说：“自从一八四〇年鸦片战争失败那时起，先进的中国人，经过千辛万苦，向西方国家寻找真理。洪秀全、康有为、严复和孙中

① 中共中央马克思恩格斯列宁斯大林著作编译局编译：《马克思恩格斯选集》第一卷，人民出版社 2012 年版，第 404 页。

山,代表了在中国共产党出世以前向西方寻找真理的一派人物。那时,求进步的中国人,只要是西方的新道理,什么书也看。向日本、英国、美国、法国、德国派遣留学生之多,达到了惊人的程度。国内废科举,兴学校,好像雨后春笋,努力学习西方。……要救国,只有维新,要维新,只有学外国。那时的外国只有西方资本主义国家是进步的,它们成功地建设了资产阶级的现代国家。"①但是,这些探索都以失败告终,帝国主义对中国的野蛮侵略打破了中国人学习西方的迷梦,通过学习西方来实现中国现代化的道路是行不通的,"理想总是不能实现"②。康有为虽然写了《大同书》,但是,他却不可能找到一条到达大同的路。孙中山的资产阶级民主主义革命也难逃失败的命运,这样,"西方资产阶级的文明,资产阶级的民主主义,资产阶级共和国的方案,在中国人民的心目中,一齐破了产"③。就是在这样的思想状况下,国际形势发生了巨大的变化。"第一次世界大战震动了全世界。俄国人举行了十月革命,创立了世界上第一个社会主义国家。……这时,也只是在这时,中国人从思想到生活,才出现了一个崭新的时期。中国人找到了马克思列宁主义这个放之四海而皆准的普遍真理,中国的面目就起了变化了。……十月革命一声炮响,给我们送来了马克思列宁主义。十月革命帮助了全世界的也帮助了中国的先进分子,用无产阶级的宇宙观作为观察国家命运的工具,重新考虑自己的问题。走俄国人的路——这就是结论。"④这样,中国近代以来历史整体层面上的"中国向何处去"的问题就被鸦片战争以来的历史实践及其经验和教训予以解决了。中国现代化的道路,在整体方向上,"资产阶级的民主主义让位给工人阶级领导的人民民主主义,资产阶级

---

① 毛泽东:《毛泽东选集》第四卷,人民出版社 1991 年版,第 1469—1470 页。
② 毛泽东:《毛泽东选集》第四卷,人民出版社 1991 年版,第 1470 页。
③ 毛泽东:《毛泽东选集》第四卷,人民出版社 1991 年版,第 1471 页。
④ 毛泽东:《毛泽东选集》第四卷,人民出版社 1991 年版,第 1470—1471 页。

共和国让位给人民共和国。这样就造成了一种可能性:经过人民共和国到达社会主义和共产主义,到达阶级的消灭和世界的大同”①。

从此,毛泽东讲的这“一种可能性”就成为中国共产党领导中国人民实现中国现代化的“中国道路”。那么,如何把这“一种可能性”变成现实性呢?这就要回到中国共产党实现这种可能性所面临的基本问题上来。只有找准问题,才能对症下药。

中国共产党成立以前,中国的各种现代化道路之所以行不通,就是由于历史和阶级的局限性使他们的代表人物的现代化主张根本无法发现中国现代化的根本矛盾和基本问题。从现代化的历史来看,中国道路就是指中国从一个落后的封建的农业国转变为发达的工业国的历程和路径。中华民族的解放、发展和复兴与帝国主义的控制、压迫和颠覆是贯穿于这个历史过程的根本矛盾。对此,毛泽东有着非常清晰的理论自觉:“帝国主义列强侵略中国,在一方面促使中国封建社会解体,促使中国发生了资本主义因素,把一个封建社会变成了一个半封建的社会;但是在另一方面,它们又残酷地统治了中国,把一个独立的中国变成了一个半殖民地和殖民地的中国。”②“帝国主义和中华民族的矛盾,封建主义和人民大众的矛盾,这些就是近代中国社会的主要的矛盾。当然还有别的矛盾,例如资产阶级和无产阶级的矛盾,反动统治阶级内部的矛盾。而帝国主义和中华民族的矛盾,乃是各种矛盾中的最主要的矛盾。”③因此,中国革命“就是对外推翻帝国主义压迫的民族革命和对内推翻封建地主压迫的民主革命,而最主要的任务是推翻帝国主义的民族革命”④。在强调民族革命和民主革命的同时,毛泽东思考问题的

① 毛泽东:《毛泽东选集》第四卷,人民出版社 1991 年版,第 1471 页。
② 毛泽东:《毛泽东选集》第二卷,人民出版社 1991 年版,第 630 页。
③ 毛泽东:《毛泽东选集》第二卷,人民出版社 1991 年版,第 631 页。
④ 毛泽东:《毛泽东选集》第二卷,人民出版社 1991 年版,第 637 页。

另一条主线就是中国工业化的实现问题。“人民民主专政的国家,必须有步骤地解决国家工业化的问题。”①由此可知,在毛泽东看来,中国近代的这个根本矛盾表现为两大基本问题:一个是要实现民族独立和人民解放;一个就是要实现国家的工业化,也就是中国的现代化。

近代以来,中国历史面临的两大基本问题在中国现代化历史实践中体现出相互联系和相互制约的一体化过程。前者是后者的政治前提,后者是前者的具体体现和展开。在中国现代化历史的研究中,学者们对这个问题也有深刻揭示。胡绳认为,在近代中国面前摆着两个问题:一是如何摆脱帝国主义的统治和压迫,成为一个独立的国家;二是如何使中国近代化。这两大问题显然是密切相关的。② 刘大年赞同和支持这个观点并进一步指出:“中国近代110年的历史基本问题是两个。一是民族不独立,要求在外国侵略压迫下解放出来;二是社会生产落后,要求工业化、近代化。两个问题内容不一样,又息息相关,不能分离。”③“没有民族独立,不能实现近代化;没有近代化,政治、经济、文化永远落后,不能实现真正的民族独立。中国人民百折不回追求民族独立,最终目的仍在追求国家的近代化。”④从具体实践过程来看,这两大基本问题又展开为中国现代化过程中必然面临着的极其复杂的三个方面的具体问题和矛盾。

其一,从全球化的时代背景看,后发型的现代化国家在社会生活总体上同时具有前现代、现代、后现代多重因素的特征,因而,西方国家现代化过程中历时性解决的问题在中国同时存在。这就使实现中国现代化的过程成为多重维度的力量在实践中的非线性耦合。这种耦合面临的问题和矛盾是极

① 毛泽东:《毛泽东选集》第四卷,人民出版社1991年版,第1477页。
② 胡绳:《关于近代中国与世界的几个问题》,《中共党史研究》1990年第6期,第2页。
③ 中国社会科学院科研局组织编选:《刘大年集》,中国社会科学出版社2000年版,第5页。
④ 中国社会科学院科研局组织编选:《刘大年集》,中国社会科学出版社2000年版,第7页。

其复杂和多样的,应如何有效解决呢?

其二,从西方现代性的参照来看,西方现代性本身就存在着多重的内在矛盾,“三个主轴”天然存在的“越界冲动”会使现代性自身成为一个矛盾的、流变的、不断生成的存在。“三个主轴”是张凤阳从文化学的视野探讨现代性问题概括的现代性的三重文化含义:一是世俗趣味的高涨,二是工具理性的蔓延,三是个性表现的放纵。他认为“一个组织良好的社会,需要在世俗趣味、工具理性、个性表现三者之间寻求一种恰当的动态平衡”①。然而,不幸的是,在西方现代化的历史过程中所呈现的现代性图景,往往这三者“不仅在骨子里有一种强烈的越界冲动,而且以各自的方式使这种越界冲动在不同的历史时期现实地彰显了出来。正因如此,西方社会的现代性图景是一个包含着矛盾要素、衍生着剧烈逆向摩擦的分裂性图景”②。童星认为,张凤阳所说的现代性的三重文化含义是“现代性的完善和社会发展”的三大主轴,而每一个轴都有旺盛的“越界冲动”,如果它们划界而治、相互制衡形成合力,必定是现代化发展的正向力量。然而,这三个主轴的“越界冲动”一旦变成现实,就一定会出现加拿大学者查尔斯·泰勒在《现代性之隐忧》中所指出的三大隐忧。查尔斯·泰勒指出,从17世纪至今的整个现代,屡屡被视为处在衰落之中,引起人们忧虑的有三个来源:一是个人主义泛滥,导致“意义的丧失”;二是工具主义理性的主导,导致“目的的晦暗”;三是政治生活的专制化,导致“自由的丧失”。泰勒所谓的“三个隐忧”和现代性的“三重文化含义”是完全一致的。③ 中国现代化过程是全球现代化进程的一个组成部分,当西方式的现代化嵌入中国现代化进程之中时,它不仅要

① 张凤阳:《现代性的谱系》,南京大学出版社2004年版,第11页。

② 张凤阳:《现代性的谱系》,南京大学出版社2004年版,第12页。

③ 童星:《现代性的图景:多维视野与多重透视》,北京师范大学出版社2007年版,第78—79页。

和中国的具体现代化实践发生关系，也必然会与中国独特文明产生内在的联系。那么，在这种极端复杂的实践中如何平衡工具理性和价值理性的关系呢？

其三，从中国现代化进程的实践层面看，我们一方面要强化理性精神，完善社会主义市场经济，推进社会主义民主政治，快速推动中国社会生产力的跨越式发展，以提升综合国力；另一方面，还必须关注和规避后现代主义的消极影响，注重解决现代化带来的环境污染等一系列问题。

从中国现代化的历史进程来看，正是因为有这三个方面的问题和矛盾存在，中国的现代化经常处于这种“选择的困惑和两难处境”：“经济上的平等与效率、高技术与适用技术、政治上的权威与民主、思想观念上的传统与现代化，以及涉及诸领域的商品经济与道德完善、历史与伦理、物质文明与精神文明等等，这一系列二律背反，使得我们的任何一种非此即彼的选择，都将可能以丧失某一方面为代价。”①

上述两大基本问题和三个方面的具体问题解决的过程也就是寻求中国现代性的过程，即中国现代性的建构问题，说到底就是中国式现代化道路的形成过程。如果把从1921年至今的中国现代化历史分成四个历史阶段，那么在这四个历史阶段中，中国的现代化经历了三种道路转换。

第一，1921年至1949年，中国共产党承担起中国现代化的历史使命。中国在早期现代化阶段，一开始选择的是以资本主义现代化为主体的道路。历史事实证明，这种现代化道路无法解决两大基本问题和三个方面的具体问题。但是，在这个过程中，马克思主义与中国工人运动相结合，产生了中国共产党。正是在中国共产党的正确领导下建立了人民当家作主的中华人

① 何中华：《社会发展与现代性批判》，社会科学文献出版社2007年版，第133页。

民共和国，完成了民族独立和人民解放的历史任务，为实现中国的现代化奠定了政治前提，从根本上确立了中国现代化道路的社会主义方向。

第二，1949 年到 1978 年，中国的现代化学习了苏联现代化模式，走向了“经典社会主义现代化道路”。历史事实证明，这条道路在解决三个方面的具体问题的过程中、在价值理性与工具理性的关系处理上都是存在问题的，并不能真正地解决中国现代性建构的问题。

第三，1978 年到 2012 年，中国的现代化走向了中国特色社会主义道路。历史事实证明，这条道路对于促进生产力的快速发展十分有效。2010 年，中国国内生产总值超过日本，成为世界第二大经济体，中国已经富起来了。不过就中国现代性的建构来说，虽然奠定了现代化的经济基础，但是在工具理性和价值理性的关系问题上，还是有很大偏颇的，由国内外各种综合性因素而引起的现代性矛盾并没有得到很好的解决。

第四，2012 年至今，中国特色社会主义进入新时代，中国共产党在新的历史时期继续坚持和发展中国特色社会主义。2021 年，中国共产党成立 100 周年，是中国现代化历史上的一个重要的时间节点，中国在全面建成小康社会的基础上，开启了全面建成社会主义现代化强国的新征程。按照党的二十大规划的总的战略安排，全面建成社会主义现代化强国分两步走：从 2020 年到 2035 年基本实现社会主义现代化；从 2035 年到本世纪中叶把我国建成富强民主文明和谐美丽的社会主义现代化强国。在这个过程中将克服以往现代化历史进程中的一系列现代性二律背反，全面追求中国现代性，重建奠定在中国文明基础上的而又容纳世界文明发展中一切适应中国需要的积极因素的中国现代性。

五、中国式现代化形成的历史逻辑：基于经济探索历程的解答

中国现代化在解决这两大基本问题和三个方面的具体问题的的历史过

程中形成了具体的中国式现代化道路的历史形态。

1921年至今的100多年历史,是中国共产党不忘初心、牢记使命,为实现中华民族伟大复兴而进行伟大社会革命的历史,也是以实现社会主义和共产主义理想为目标不断探索中国式现代化的历史。站在“两个一百年”交汇的新的历史起点上回望过去,我们可以把百年来中国共产党对中国式现代化的经济探索历程划分为相对独立而又前后相继的四个阶段。

(一)新民主主义革命道路的成功实践与社会主义方向的历史选择(1921—1949年)

从1840年鸦片战争爆发到1949年10月中华人民共和国成立,可以看成是中国的早期现代化阶段。在这个阶段,先进的中国人进行了中国现代化的各种方案选择,但是,“一切别的东西都试过了,都失败了”①。“资产阶级的共和国,外国有过的,中国不能有,因为中国是受帝国主义压迫的国家。唯一的路是经过工人阶级领导的人民共和国。”②这些现代化方案之所以失败,是因为这些现代化道路无法解决中国近代社会的根本矛盾,无法解决近代中国实现民族独立和人民解放、实现现代化两大基本问题。在这个历史选择的过程中,只有中国共产党才能认清中国近代以来社会的根本矛盾,进而领导中国人民取得反帝反封建的社会革命的胜利,建立人民当家作主的中华人民共和国,彻底解决民族独立和人民解放问题,为实现中国的现代化奠定了政治前提,从根本上确立中国现代化道路的社会主义方向。

1911年,孙中山领导的资产阶级革命推翻了清王朝的统治,成立了中华民国,却并没有改变我国半殖民地半封建社会的性质。虽然孙中山也有比较详细的建国大纲,民国政府也一度重视国家的经济发展,但是,在没有

① 毛泽东:《毛泽东选集》第四卷,人民出版社1991年版,第1471页。
② 毛泽东:《毛泽东选集》第四卷,人民出版社1991年版,第1471页。

从根本上解决民族独立和人民解放的情况下，试图推动中国的工业化发展和经济进步是不可能的。在复杂的国内外局势逼迫下，清醒了的中国共产党人放弃了一切幻想，开始探索独立自主的中国革命道路，领导全国人民打败了日本帝国主义的侵略，推翻了国民党在大陆的残暴统治，实现了民主革命由旧到新的转变，完成了政权由官僚资产阶级到无产阶级的更替，最终选择了一条符合中国自己的发展道路，那就是抛弃资产阶级领导的资本主义道路，走无产阶级领导的新民主主义道路，满足各族人民民主权利的要求，发展的根本走向是社会主义，最终目标是实现共产主义。新民主主义革命的胜利为实现中华民族伟大复兴创造了根本社会条件，开辟了中国特色的发展道路。

应该看到，这条发展道路的确立并不是一帆风顺的。中国共产党对中国道路的探索是近代以来中国先进知识分子对中国现代化道路探索的批判继承和时代超越。由于时代局限和历代仁人志士们的阶级局限，他们不可能找到拯救中国和实现中国现代化的科学方案。不可改变的事实是，帝国主义、封建主义和官僚资本主义经济在受到多次冲击后，仍旧保持着它们的统治地位。这样，推倒阻碍中国社会经济发展的三座大山，使生产力从半殖民地半封建的反动生产关系的捆绑中解放出来这一巨大的历史任务必然地落到了中国无产阶级及其政党的身上。从历史实践看，1911—1919 年是旧民主主义革命时期，军阀割据，辛亥革命濒临失败。1919—1949 年是新民主主义革命时期，中国共产党经历了土地革命、抗日战争和解放战争时期，在联合国民党打败日本的侵华战争后，又推翻了国民党的独裁政权，实现了新民主主义革命的胜利，确定了走社会主义道路的发展方向。与此同时，国际上，受两次世界大战的影响，西方帝国主义对中国的殖民和掠夺也发生了变化，由于对日作战的胜利，中国的国家权益得到一定收复，国际地位得到一定提高;西方列强与苏联共同对中国的道路选择产生一定程度的影响,最终中国走上了以苏联模式为榜样的社会主义发展道路。

这段历史探索不仅说明了中国发展道路充满了艰辛和沧桑,还证明了中国人民的最终选择是正确和先进的,代表了时代发展的方向,为中华民族的伟大复兴创造了根本社会条件,同时也为我们从历史中汲取智慧提供了借鉴。

第一,一个国家和民族的发展必须跟上时代潮流,否则无法自立于世界民族之林。辛亥革命成功地推翻了封建的王朝统治,由此,中国成为20世纪在国家政权层面第一个实现民主革命的国家,从此,民主共和的观念深入人心,任何封建复古的落后思潮和行动必将被抛弃。这样,中国人民就开始了资本主义发展模式的尝试,与世界接轨的文明进程确保了发展方向上的一致性,少走了不少弯路。参加两次世界大战极大地提高了中国的国际地位。正是世界反法西斯战争特别是中国抗日战争,将中国近代争取民族独立和解放的事业推向建立一个平等独立大国并参与国际政治的新阶段,成为中国独立解放和崛起的开端。

第二,彻底的新民主主义革命是实现中华民族伟大复兴的唯一选择。在社会变革中,一般都会存在着是革命还是改良的艰难选择。改良一般是由统治阶级发起和主导的和平性质的改革,是一个渐进的过程,是一种由逐渐的量变缓慢达到质变的过程。中国近代100多年历史,虽然最终以革命成功收场,但是其间却充满了革命与改良的博弈和反复。历史不是没有给改良以机会,但是从清朝统治者到蒋介石统治集团,都一次又一次地过高估计自己,与人民为敌,从而丧失了改良的机会,被革命推翻。辛亥革命以后,孙中山试图与袁世凯妥协、与北洋军阀妥协,试图走和平的改良之路,但是都失败了。1927年,是国民党反动派首先向中国共产党人举起屠刀;1945

年抗战胜利以后，又是国民党当局撕毁和平协议，悍然发动内战。这些都说明，彻底的新民主主义革命是实现中华民族伟大复兴的唯一选择。

第三，中国的民生问题是一个政权能否合理存在的重要因素。辛亥革命的失败证明了在生产力不够发达基础上的资本主义理性的虚弱，而“联俄、联共、扶助农工”的新三民主义为国民党建立全国政权打下了很好的基础；中国共产党也是很好地利用了土地革命对农民的号召力才赢得了解放战争的胜利。国民党政权对已经出台的土地政策的实施很少关心，因而未取得任何成效。相反，中国共产党“制订和执行了坚决的土地纲领、为农民利益而认真奋斗”①，这又成为中国共产党取得新民主主义革命胜利的有力保证。

第四，一切正确的理论和实践都是在不断地试验、纠错之后才得到认同的，新民主主义革命的胜利是各种历史合力共同作用的结果。国民党的资本主义发展模式的失败、民主人士的“第三条道路”设计的没落，以及乡村建设派、改良派等各种发展道路的设计理想都是中国共产党新民主主义道路的思想源泉和理论基础，他们的经验教训都是新民主主义革命的丰富的历史营养。综合全体中国人民的聪明智慧和国外先进的成功经验，作为最先进思想代表的中国共产党才能带领全国人民找到一条适合中国发展的康庄大道，那就是完成新民主主义革命，走社会主义道路。

（二）对苏联现代化建设模式的学习与对适合中国国情的社会主义建设道路的探索（1949—1978年）

新中国成立后，经过三年经济恢复，中国共产党选择了重工业优先发展的赶超战略，这个发展战略的选择决定了中国经济发展的模式和路径。为

① 毛泽东：《毛泽东选集》第二卷，人民出版社1991年版，第1075页。

了保障这一战略的实施,中国在经济体制、农业组织发展、商业贸易、科技教育、经济布局、发展原则等方面都制定了一套与之相适应的政策措施,中国工业化取得很大进展。

1.科学认识新中国成立初期的经济社会形势。新中国成立初期,中国共产党面对的是一个遭受长期战争破坏的衰败混乱的社会经济状况。财政赤字庞大,市场投机盛行,恶性通货膨胀不时发作,百姓生活困苦。1949年,整个亚洲人均国民收入是44美元,而中国人均国民收入仅为27美元,①而且贫困发生率非常高,工业基础十分薄弱。1949年3月,毛泽东在党的七届二中全会上指出:"中国的工业和农业在国民经济中的比重,就全国范围来说,在抗日战争以前,大约是现代性的工业占百分之十左右,农业和手工业占百分之九十左右。这是帝国主义制度和封建制度压迫中国的结果,这是旧中国半殖民地和半封建社会性质在经济上的表现,这也是在中国革命的时期内和在革命胜利以后一个相当长的时期内一切问题的基本出发点。从这一点出发,产生了我党一系列的战略上、策略上和政策上的问题。对于这些问题的进一步的明确的认识和解决,是我党当前的重要任务。"②1949年,在全国工业总产值中,轻工业占73.6%,重工业仅占26.4%。到1952年国民经济恢复工作完成时,在工农业总产值中,工业比重上升到43.1%,在工业总产值中重工业比重只有35.5%。③ 在国民经济恢复和第一个五年计划建设时期,中国在资金、技术、项目等方面得到了苏联的重要支持,苏联援建中国的工程项目奠定了中国工业化的初步基础,苏联发展模式也对中国社会经济产生了深远的影响。新中国成立初期还面临着严峻复杂的国内外

① 《中国报道》编辑部:《中国脱贫攻坚战》,《中国报道》2016年第3期,第21页。

② 毛泽东:《毛泽东选集》第四卷,人民出版社1991年版,第1430页。

③ 马洪、孙尚清主编:《现代中国经济大事典》第二卷,中国财政经济出版社1993年版,第1590页。

军事政治形势，国内解放战争还在局部地区继续进行，国民党反动政权不甘心自己的失败，采取各种手段对新生的人民政权进行颠覆破坏。国际范围社会主义和资本主义两大互相对立的阵营逐渐形成，世界很快陷入了冷战的境地。中国人民在解放战争中即受到了来自美国政府的干扰和破坏。新中国成立后，美国等西方国家对新生的人民政权不予承认，并对新中国实行贸易封锁禁运政策，加大了中国国防和国家安全的压力。

2.重工业优先发展战略的形成。基于对新中国成立初期经济社会形势的分析，中国共产党人深知现代工业对于中国经济发展和国家安全的重要意义。早在1944年5月22日，毛泽东就提出了“共产党是要努力于中国的工业化的”这一论断，并进行了论证：第一，“要打倒日本帝国主义，必需有工业”；第二，“要中国的民族独立有巩固的保障，就必需工业化”；第三，“中国落后的原因，主要的是没有新式工业”；第四，“如果我们不能解决经济问题，如果我们不能建立新式工业，如果我们不能发展生产力，老百姓就不一定拥护我们”；第五，“经济工作，尤其是工业，……是决定一切的，是决定军事、政治、文化、思想、道德、宗教这一切东西的，是决定社会变化的”。① 到了1945年，在中国共产党第七次全国代表大会上，在《论联合政府》的报告中，这些思想被凝聚成一句名言：“没有工业，便没有巩固的国防，便没有人民的福利，便没有国家的富强。”②在中共七届二中全会上，这一思想得到了进一步的发展和系统化：“从中国境内肃清了帝国主义、封建主义、官僚资本主义和国民党的统治（这是帝国主义、封建主义和官僚资本主义三者的集中表现），还没有解决建立独立的完整的工业体系问题，只有待经济上获得了广大的

① 中共中央文献研究室编：《毛泽东文集》第三卷，人民出版社1996年版，第146—147页。
② 毛泽东：《毛泽东选集》第三卷，人民出版社1991年版，第1080页。

发展,由落后的农业国变成了先进的工业国,才算最后地解决了这个问题。”①我们要思考的是:毛泽东提出“建立独立的完整的工业体系”的深意是什么?毛泽东于1944年的讲话中提到的五条当然是很全面的,同时这也是中国共产党解决近代中国两个基本问题的历史逻辑和理论逻辑的自洽性问题的现实表现。但是,从新中国成立前中国共产党面临的国际国内形势综合性地看问题,毛泽东已经预料到新中国成立后中国共产党不仅要致力于发展经济尤其是发展基础工业的问题,更重要的是要发展对于保障国家独立问题的基础工业问题。因为在他看来,独立完整的国防工业体系是国防现代化的重要保证,而独立完整的工业体系又是建立独立完整的国防工业体系的基础。正是因为“没有这个现代的条件,要彻底战胜日本帝国主义及其走狗是不可能的”②,“现代的装备”的生产基于现代化的工业,所以,“有了现代化工业,现代国防工业就好办了”③;“国大,军就会大。国不大,军就不能大”④;“建设工业就是为了搞国防,减少些国防,多搞些工业,正是为了国防”⑤。毛泽东认为,这是新中国工业发展与国防建设的辩证法。有些人离开新中国成立初期的历史条件,用西方的所谓工业化发展规律来评判中国重工业化战略的合规律性,认为这是不懂工业发展规律的表现。从历史的角度来看,这是对中国历史发展规律的歪曲,是历史虚无主义的表现。这是因为经济的发展不仅仅要合乎单纯的经济运行规律,作为一种历

① 毛泽东:《毛泽东选集》第四卷,人民出版社1991年版,第1433页。

② 中共中央文献研究室、中国人民解放军军事科学院编:《毛泽东军事文集》第一卷,军事科学出版社、中央文献出版社1993年版,第417页。

③ 中共中央文献研究室、中国人民解放军军事科学院编:《建国以来毛泽东军事文稿》中卷,军事科学出版社、中央文献出版社2010年版,第394页。

④ 中共中央文献研究室、中国人民解放军军事科学院编:《建国以来毛泽东军事文稿》中卷,军事科学出版社、中央文献出版社2010年版,第387页。

⑤ 中共中央文献研究室、中国人民解放军军事科学院编:《建国以来毛泽东军事文稿》中卷,军事科学出版社、中央文献出版社2010年版,第306页。

史现象,作为人的一种行为,它还具有合目的性的要求。就中国当时的情况来看,巩固国防以保卫革命的胜利成果,捍卫人民当家作主的人民政权是最大的合目的性。新中国成立初期,中国的生产力落后,工农业生产水平低下,人民生活还很不富裕,要发展生产力,解决人民的生活水平提高的问题,中国共产党当然很清楚,这本来就是中国新民主主义革命的一个根本问题。但是,重工业的发展是解决国防问题的根本,我们首先要有自己的重工业基础,尽管这样可能会影响人民生活水平的迅速提高。对其中的辩证关系,毛泽东始终有着清醒的认识。1964年,他提出“两个拳头,一个屁股”的论断,并把这个关系通俗易懂地表达出来:国民经济有“两个拳头——农业、国防工业,一个屁股——基础工业,要摆好”①。

以上分析是理解中国确立优先发展重工业战略的历史认识论前提,只有遵循这个前提才能确立正确的历史观。基于此,我们再来呈现优先发展重工业战略形成的历史逻辑。

新中国成立后经过三年的经济恢复时期,中国共产党开启了新中国的第一个五年计划时期。中国共产党从当时的国内外环境出发,从中国百年来落后挨打的历史教训出发,从增强社会主义阵营的力量出发,确立了优先发展重工业的赶超战略,从而在总体上为中国发展道路确立了基本路径。总体上看,中国的工业化和资本主义的工业化发展路径很不相同,中国的工业化不可能走资本主义的工业化之路。在苏联的影响和帮助下,基于中国工业化基础薄弱现实,为了尽快发展工业化,中国和苏联一样,选择了优先发展重工业的战略和保障这个战略实施的计划经济体制。1953年,中国共产党提出了以“一化三改”为核心内容的过渡时期的总路线,这个总路线是

① 中共中央文献研究室编:《毛泽东年谱(一九四九—一九七六)》第五卷,中央文献出版社2013年版,第348页。

社会主义建设和社会主义改造并举的路线，体现了发展生产力和变革生产关系的有机统一。社会主义改造总路线的提出，也是为了更好地配合“一五”计划的实施。中国的第一个五年计划从1953年开始，这是一个以重工业优先发展为目标的社会经济发展计划，建设的重点为苏联援助的156项工程项目和中国自行确立的限额以上的694个大中型建设项目。为此，党和政府多方面筹集建设资金，进行了大规模投资建设，建成了一批门类比较齐全的基础工业项目。

3.中国工业化的推进和中国社会主义建设道路的继续探索。新中国成立初期，实行公私兼顾、劳资两利、城乡互助、内外交流所谓“四面八方”的经济政策。随着社会主义三大改造的推进和粮食统购统销等一系列政策的实施，一些重要的市场贸易商品如粮食、棉花等掌握在国家手里，市场的主体如个体工商户、小摊贩、商业资本家等都通过社会主义改造被纳入国营和集体经济之中，社会主义商业流通渠道大大缩减。农村的集市贸易也随着国家管理加强和上市物品的缺乏而逐渐式微。这种做法在一定意义上是为了保障重工业的优先发展。当然，包括国营商业、合作社商业和农村集市贸易在内的国内贸易的三大渠道由于缺乏配套的市场环境，并不能高效地配置资源。党和政府还采取多种举措打破帝国主义国家的贸易封锁禁运，为以后的改革开放准备了条件。科学技术的发展是近代工业化的发展基础，由于重工业也是技术密集型的产业，中国选择了重工业优先发展的工业化发展道路，从科学技术发展的角度讲，就是选择了把发展教育科技放在重要位置的道路。为此，中国共产党重视教育发展，新建了很多学校，学校学科体系建设相比过去有很大发展，学生入学率也有大幅提升。设立科研机构，培养科研人员，吸引国外科学家回国，还聘请了大批的苏联顾问和专家，并且大量派遣留学生出去学习现代科技知识，这些措施在促进国家科技发展方面都发挥了重要作用。新中国成立后近30年的时间内,进行了三次大规模的技术装备引进。在经济发展道路的探索中,党和政府还十分注重区域间的协调发展,根据社会经济发展的总体规划和部署,统筹各地资源优势和国家发展战略,先后提出了东北经济先行、三线建设等重点区域发展战略,在工业化发展过程中形成了坚持独立自主、自力更生的发展原则和立场。

综上所述,新中国成立后经过近30年的发展,通过大规模的经济建设,初步建立起独立的比较完整的工业体系和国民经济体系,奠定了社会主义现代化建设的物质技术基础,培养了一大批建设人才,在若干科学技术领域取得重要突破。工业总产值平均每年增长13.5%,到1978年,工业总产值在工农业总产值中的比重已经增长到75.2%。重工业优先发展战略深刻塑造了中国式现代化道路,其坚持工业化建设的战略在整个社会经济发展进程中占据重要位置。从总体上看,这一时期对中国式现代化道路有着奠基性的重要贡献:一是巩固了新生的人民政权,维护了国家安全;二是独立的比较完整的工业体系和国民经济体系初步建立;三是中国的人类发展指数显著提高;四是中国国际地位提高较快,外交领域取得很大成就,显示了社会主义制度的优越性。这一阶段党对适合中国国情的社会主义建设道路的探索所取得的成就为新的历史时期开创中国特色社会主义提供了理论准备,奠定了物质基础,积累了宝贵经验。

(三)改革开放与中国特色社会主义道路的形成和发展(1978—2012年)

新中国成立后,中国逐步走向了以苏联模式为范本的经典社会主义现代化道路。尽管在道路的探索过程中党中央和毛泽东也意识到了“走自己的路”的重要性,但是鉴于当时的国际国内环境和对社会主义建设规律认识的局限性,中国在经济发展的总体框架上照搬了苏联的计划经济体制,在社会主义公有制基础上推行重工业优先发展战略。因而,在取得诸多伟大成就的同时也累积了不少问题。这些问题的存在成为改革开放的重要起因，也在一定程度上规定了改革开放的方法和步骤。从解决近现代实现民族独立和人民解放、实现中国的现代化两大基本问题的角度看，在这个探索过程中，“党领导人民完成社会主义革命，消灭一切剥削制度，实现了中华民族有史以来最为广泛而深刻的社会变革，实现了一穷二白、人口众多的东方大国大步迈进社会主义社会的伟大飞跃”①。在解决了国家独立和人民解放的问题的同时，工业化方面也迈出了坚实的步伐，奠定了中国工业化的基础。从解决后发国家共时性发展矛盾、工具理性和价值理性的关系、现代化弊端等具体问题来看，这种探索有效避免了资本主义现代化道路所不可避免的个人主义泛滥和工具理性控制社会的问题，同时保证了全社会的公平和公正。但是，其弊端也是显而易见的。历史事实证明，这条道路在解决上述具体问题的过程中、在价值理性与工具理性的关系处理上注重了价值理性的弘扬，而对工具理性注重不足，以至于有人把毛泽东的现代性视为“反现代的现代性”，并认为：“‘反现代的现代性’没有将对现代性的批判置于文化特殊论的框架之下，而是以现代世界的不平等关系为前提，力图重构现代性的平等政治。……这是一种立足于独特历史情境的平等政治，它是普遍主义的，而不是特殊主义的；它对中国的独特性的关注被置于现代世界的具体历史关系之中。”②如何把握中国现代性建构问题上价值理性与工具理性的张力这一问题，将留给中国共产党的未来探索者。1978 年 12 月，党的十一届三中全会召开，这是新中国成立以来我党历史上具有深远历史意义的伟大转折，开启了改革开放历史新时期。改革开放的历史实践使中国发生了

① 《中国共产党第十九届中央委员会第六次全体会议文件汇编》，人民出版社 2021 年版，第 34 页。

② 汪晖：《关于“早期现代性”及其他》，《中华读书报》2011 年 1 月 19 日第 13 版。

一场深刻的社会变革,中国特色社会主义在改革开放中重新焕发出蓬勃生机,实现了中华民族从站起来到富起来的伟大飞跃,中华民族再度崛起的历史成就以铁的历史事实确证了中国特色社会主义道路的成功。

1.科学判断中国的历史方位,重新思考中国社会主义问题。理论是行动的先导。从站起来到富起来伟大飞跃的实现,离不开理论创新的推动。党的十一届三中全会以来,中国共产党创立了中国特色社会主义理论体系,实现了马克思主义中国化新的飞跃。中国特色社会主义理论体系创造性地提出社会主义初级阶段理论、社会主义本质理论和社会主义市场经济理论。这三大理论创新也构成了新时期中国共产党经济理论和中国道路的理论基石。社会主义初级阶段理论揭示了中国道路"现在何处",发挥的是"定位"的作用,即我国社会主义处在"欠发展"的历史方位,还是一个"不够格"的社会主义,需要逐步摆脱贫穷、摆脱落后。社会主义本质理论揭示了中国道路"走向何方",讲的是一个"够格的"社会主义所要达到的目标,发挥的是"定标"的作用,即要"解放生产力,发展生产力,消灭剥削,消除两极分化,最终达到共同富裕"①。社会主义市场经济理论揭示了中国道路"如何走",讲的是"够格的"社会主义实现的路径,发挥的是"定法"的作用,即社会主义要与市场经济相结合,融会贯通和综合运用计划与市场这两种经济手段。对实现从站起来到富起来的伟大飞跃来说,这三大理论基石又是相互联系、辩证统一的。之所以要实现从站起来到富起来的伟大飞跃,既是基于社会主义初级阶段这一基本国情,又是社会主义本质的内在要求;之所以能实现从站起来到富起来的伟大飞跃,也是因为坚持了正确的路径和方法。只有搞清楚了"现在何处",才能明确"走向何方"和"如何走";同时,"走向何

① 邓小平:《邓小平文选》第三卷,人民出版社 1993 年版,第 373 页。

方”又需要从“现在何处”出发,需要“如何走”来指引。“如何走”是针对“走向何方”来设计的,同样也是基于“现在何处”这一历史方位考量的。之所以称我国的社会主义为社会主义初级阶段,主要是因为生产力不发达,还是一个“不够格”的社会主义。在社会主义初级阶段,根本任务和奋斗目标就是解放和发展生产力,使人民富起来,最终实现共同富裕。而要加速发展生产力,就要大胆借鉴和积极利用市场经济中反映社会化大生产一般规律的方式方法来为社会主义建设服务。同时,社会主义初级阶段理论还规定了中国的市场经济姓“社”而不姓“资”,在发展市场经济时必须坚持两大原则:一是公有制占主体,二是共同富裕。这又把社会主义市场经济与资本主义市场经济区别开来。

2.确立“发展就是硬道理”的观念,把发展视为实现富起来的基础和关键。改革开放初期,中国处在“未发展起来”的阶段。因此,发展成为解决中国一切问题的基础和关键,当然也是实现从站起来到富起来伟大飞跃的基础和关键。要发展,首先要凝聚起发展的共识。改革开放以来,中国共产党基于世界和中国这两个维度,主要从回应时代主题转换、体现社会主义制度优越性、解决我国社会主要矛盾、实现社会主义现代化战略目标等四个方面,对发展的价值与意义进行了深入思考,凝聚起了发展的共识。然后,需要对发展的战略安排进行谋划。战略安排主要涉及战略目标和战略步骤。新中国成立后,毛泽东为中国社会的发展确定了四个现代化的战略目标,并提出了“两步走”的战略步骤。邓小平在新的历史条件下继承并发展了毛泽东的现代化思想,提出了建设富强、民主、文明的社会主义现代化国家的战略目标,并提出了温饱、小康、现代化“三步走”的战略步骤。20世纪末,随着第二步战略目标的实现,江泽民又提出了新“三步走”的发展战略。党的十六大提出了21世纪头20年全面建设小康社会的具体目标。在“两个一百年”奋斗目标交汇之际，党的十九大就决胜全面建成小康社会作出部署，明确了从2020年到本世纪中叶分“两步走”全面建设社会主义现代化国家的新的奋斗目标。党的二十大进一步强调了全面建成社会主义现代化强国分两步走的总的战略安排：从2020年到2035年基本实现社会主义现代化；从2035年到本世纪中叶把我国建成富强民主文明和谐美丽的社会主义现代化强国。新中国成立以来，中国共产党对中国社会发展战略目标的设计经历了从“四个现代化”到“社会主义现代化”再到“社会主义现代化强国”的发展；战略步骤的设计则经历了从“两步走”到“三步走”、新“三步走”再到新“两步走”的演变，构成了中国共产党为建设社会主义现代化国家的完整的时间表和路线图，这也是中国共产党从一个胜利走向另一个胜利的秘诀所在。

3.全面实施改革开放伟大实践，推动中国经济社会快速发展。改革开放是中国共产党的历史上一次伟大觉醒，正是这个伟大觉醒孕育了我们党从理论到实践的伟大创造。改革开放是中国人民和中华民族发展史上的一次伟大革命，正是这个伟大革命推动了中国特色社会主义事业的伟大飞跃，中华民族实现了从站起来到富起来的伟大飞跃！中国的改革是从农村开始的。自1978年至2012年，中国农村改革大致经历了农村改革起步时期（1978—1984年）、农村市场化改革探索时期（1985—1991年）、农村全面转向市场经济时期（1992—2001年）、农村全面综合改革发展时期（2002—2012年）四个阶段。农村改革推动了城市改革的进程。自1978年至2012年，国有企业改革经历了以探索“两权分离”为主的放权让利时期（1978—1991年）、以“转机建制”为重点的制度创新时期（1992—2002年）、以建立新的国资监管体制为核心的国资监管时期（2003—2012年）三个阶段。新中国成立后初步建成的独立的比较完整的工业体系和国民经济体系，为新的历史时期实施对外经济开放准备了坚实的物质基础和可靠的经济安全保障。这一时期的对外开放经历了对外经济开放大幕的开启(1978—1983年)、对外经济开放格局的初步形成(1984—1991年)、全方位对外经济开放格局的形成(1992—2000年)、开放型经济的快速发展(2001—2012年)四个历史阶段。对外开放战略极大地促进了中国的经济发展。

(四)中国特色社会主义进入新时代与中国式现代化的推进与拓展(2012年至今)

历史事实证明,中国特色社会主义道路对于促进生产力的快速发展十分有效。习近平总书记指出:"进入历史新时期,我们党带领人民进行改革开放新的伟大革命,极大激发广大人民群众的积极性、主动性、创造性,成功开辟了中国特色社会主义道路,使中国大踏步赶上时代,实现了社会主义现代化进程中新的历史性跨越,迎来了中华民族伟大复兴的光明前景。"①2010年,中国国内生产总值超过日本,成为世界第二大经济体。这是中国特色社会主义道路、理论、制度的胜利。从近现代两大基本问题的解决这个角度看,这个胜利的取得是在第一大基本问题解决的基础上实现的,对第二大基本问题的解决也将发挥巨大的作用。中国的工业化发展成为中国崛起的主导力量,人民富裕起来的问题从总体上已经解决,但是在强起来和人民共同富裕以及人的全面发展方面还需要努力。从上述的三个方面具体问题的解决看,富裕起来带来的问题不容忽视,正如邓小平所说:"发展起来以后的问题不比不发展时少。"②经济发展起来了,社会富裕了,但是,经济结构不合理,经济发展质量不高,生态环境破坏严重,社会阶层固化、收入差距拉

① 习近平:《把握新发展阶段,贯彻新发展理念,构建新发展格局》,《求是》2021年第9期,第6页。

② 中共中央文献研究室编:《邓小平年谱(一九七五—一九九七)》下,中央文献出版社2007年版,第1364页。

大的问题比较突出,解决起来困难较大。社会主义核心价值观没有能够全面贯彻落实,个人主义价值观泛滥,资本逻辑渗透经济社会各个方面,工具理性僭越价值理性成为顽疾。就中国现代性的建构来说,由国内外各种综合性因素而引起的现代性矛盾并没有得到很好的解决。

党的十九大报告作出了“中国特色社会主义进入了新时代”的重大政治判断。这不是凭空产生的,而是实践发展下矛盾运动的结果。事物在发展过程中,必然有许多矛盾存在,其中必有主要矛盾。主要矛盾的存在和发展规定或影响着其他矛盾的存在和发展,因此,正确把握不同历史时期的社会主要矛盾,是认清发展所处历史方位的根本依据。我们说中国特色社会主义进入新时代,最根本的依据就是主要矛盾的转化。党的十九大报告明确指出:“中国特色社会主义进入新时代,我国社会主要矛盾已经转化为人民日益增长的美好生活需要和不平衡不充分的发展之间的矛盾。”①新时代中国社会主要矛盾的转化是中国特色社会主义建设的必然逻辑,也是由全面建成小康社会迈向共同富裕的战略出发点。习近平总书记将新时代中国经济发展的趋势性特征概括为“四个转向”,即“我国经济发展的主要特点是:增长速度要从高速转向中高速,发展方式要从规模速度型转向质量效率型,经济结构调整要从增量扩能为主转向调整存量、做优增量并举,发展动力要从主要依靠资源和低成本劳动力等要素投入转向创新驱动”②,并指出:“这些变化,是我国经济向形态更高级、分工更优化、结构更合理的阶段演进的必经过程。”③在党的十九大报告中,习近平总书记指出:“我国经济已由高速增长阶段转向高质量发展阶段。”新时代的主要矛盾决定了新时代的主要

① 中共中央党史和文献研究院编:《十九大以来重要文献选编》上,中央文献出版社2019年版,第8页。

② 习近平:《习近平谈治国理政》第二卷,外文出版社2017年版,第245页。

③ 习近平:《习近平谈治国理政》第二卷,外文出版社2017年版,第245页。

任务。

党的十九大报告还明确指出:“从十九大到二十大,是‘两个一百年’奋斗目标的历史交汇期。我们既要全面建成小康社会、实现第一个百年奋斗目标,又要乘势而上开启全面建设社会主义现代化国家新征程,向第二个百年奋斗目标进军。”①这说明我国全面建成小康社会之后,进入全面建设社会主义现代化强国的新征程,这个新征程又分为两个阶段:从2020年到2035年为第一个阶段,我们要在全面建成小康社会的基础上,经过15年奋斗,基本实现社会主义现代化;从2035年到本世纪中叶为第二个阶段,在基本实现现代化的基础上,我们要继续奋斗15年,把我国建成富强民主文明和谐美丽的社会主义现代化强国。② 这样,我们党就将从现在到本世纪中叶的奋斗目标,分为三步走和两个重要阶段,这是我们夺取新时代中国特色社会主义伟大胜利的行动纲领,是中国现代化建设的新的蓝图。

开启全面建设社会主义现代化国家新征程,标志着我国进入了一个新发展阶段。党的十九届五中全会提出,全面建成小康社会、实现第一个百年奋斗目标之后,我们要乘势而上开启全面建设社会主义现代化国家新征程、向第二个百年奋斗目标进军,这标志着我国进入了一个新发展阶段。③ 立足新发展阶段,必须正确认识新发展阶段,科学把握新发展阶段,才能为新发展阶段确立正确的发展理念,构建科学的发展格局,实现高质量发展。

第一,新发展阶段仍是社会主义初级阶段的一个阶段。新发展阶段是社会主义初级阶段的“建设社会主义现代化强国”阶段,是我国社会主义建

① 中共中央党史和文献研究院编:《十九大以来重要文献选编》上,中央文献出版社2019年版,第20页。

② 中共中央党史和文献研究院编:《十九大以来重要文献选编》上,中央文献出版社2019年版,第20—21页。

③ 习近平:《把握新发展阶段,贯彻新发展理念,构建新发展格局》,《求是》2021年第9期,第5页。

设经过几十年积累站到了新的起点上的一个阶段，是我们党带领人民迎来从站起来、富起来到强起来历史性跨越的新阶段，是完成建设社会主义现代化国家历史宏愿的新阶段。可以说，新发展阶段仍是我国社会主义初级阶段的一个阶段，是一个实现更高目标、实现更大发展的阶段。

第二，新发展阶段是社会主义初级阶段的更高级阶段。新发展阶段是在经过长期不懈努力全面建成小康社会、实现第一个百年奋斗目标之后，乘势而上开启全面建设社会主义现代化国家新征程、向第二个百年奋斗目标进军的发展阶段。新发展阶段仍是社会主义初级阶段的性质没有变，但与以往的发展阶段相比，新发展阶段的“新”主要体现在新的发展主题、奋斗目标、发展任务、发展理念、发展格局、发展环境上。①

第三，新发展阶段是社会主义初级阶段向更高阶段推进的过渡性阶段。习近平总书记指出：“社会主义初级阶段不是一个静态、一成不变、停滞不前的阶段，也不是一个自发、被动、不用费多大气力自然而然就可以跨过的阶段，而是一个动态、积极有为、始终洋溢着蓬勃生机活力的过程，是一个阶梯式递进、不断发展进步、日益接近质的飞跃的量的积累和发展变化的过程。”②全面建设社会主义现代化国家这个新发展阶段既是社会主义初级阶段，也是我国社会主义从初级阶段向更高阶段迈进的阶段。这意味着新发展阶段之后的阶段是社会主义初级阶段后的更高级别的阶段，新发展阶段就是促成我国社会主义由初级阶段向更高级别迈进的质的飞跃的阶段。

新发展阶段经济社会的发展必须贯彻新发展理念的指导作用。新时代解决人民日益增长的美好生活需要和不平衡不充分的发展之间的矛盾，实

---

① 王立胜：《深刻把握新发展阶段的历史逻辑》，《人民论坛》2021 年第 7 期，第 33—37 页。

② 习近平：《把握新发展阶段，贯彻新发展理念，构建新发展格局》，《求是》2021 年第 9 期，第 8—9 页。

现全面建设社会主义现代化强国的奋斗目标，要求我们必须坚持以人民为中心的发展思想，坚定不移地贯彻创新、协调、绿色、开放、共享的新发展理念。

第一，创新发展注重的是解决发展动力问题。只有不断创新，才能为经济社会的发展提供源源不断的动力，使其始终朝着中华民族伟大复兴的目标迈进。第二，协调发展注重的是解决发展不平衡问题。作为一个整体，如果部分要素发展落后，那么这种发展就不是协调的发展，更不是高质量高效益的发展。只有把“协调既是发展手段又是发展目标，同时还是评价发展的标准和尺度”①的理念落实到位，才能解决好发展中的区域、行业、阶层等领域的不平衡问题，使共同富裕的美好景象早日到来。第三，绿色发展注重的是解决人与自然和谐共生问题。“我们要坚持节约资源和保护环境的基本国策，像保护眼睛一样保护生态环境，像对待生命一样对待生态环境，推动形成绿色发展方式和生活方式，协同推进人民富裕、国家强盛、中国美丽”②，为共同构建绿色家园而努力，为美丽中国的发展提供助力。第四，开放发展注重的是解决发展内外联动问题。能否牢牢把握经济全球化的主动权决定着国家和民族的未来发展。“必须主动顺应经济全球化潮流，坚持对外开放，充分运用人类社会创造的先进科学技术成果和有益管理经验”③，使中国真正走向世界，使世界更好了解中国，共同构建人类美好家园。第五，共享发展注重的是解决社会公平正义问题。共享理念的实质就是在坚持以人民为中心的发展理念的前提下逐步实现共同富裕的要求。共同富裕是资本主义社会无法解决的问题，但却是中国特色社会主义的本质要求。

① 习近平：《习近平谈治国理政》第二卷，外文出版社 2017 年版，第 211 页。
② 习近平：《习近平谈治国理政》第二卷，外文出版社 2017 年版，第 209—210 页。
③ 习近平：《习近平谈治国理政》第二卷，外文出版社 2017 年版，第 211 页。

也只有在中国特色社会主义社会下,才能解决好人的共同富裕问题。

贯彻落实新发展理念,必须从三个方面理解新发展理念。第一,从根本宗旨把握新发展理念。为人民谋幸福、为民族谋复兴,这既是我们党领导现代化建设的出发点和落脚点,也是新发展理念的“根”和“魂”。只有坚持以人民为中心的发展思想,坚持发展为了人民、发展依靠人民、发展成果由人民共享,才会有正确的发展观、现代化观。实现共同富裕不仅是经济问题,而且是关系党的执政基础的重大政治问题。实现共同富裕,要统筹考虑需要和可能,按照经济社会发展规律循序渐进。① 第二,从问题导向把握新发展理念。我国发展已经站在新的历史起点上,要根据新发展阶段的新要求,坚持问题导向,更加精准地贯彻新发展理念,切实解决好发展不平衡不充分的问题,推动高质量发展。要解决好诸如科技自立自强、经济社会发展全面绿色转型、经济全球化逆流等问题。② 在新发展阶段,对新发展理念的理解要不断深化,举措要更加精准务实,真正实现高质量发展。第三,从忧患意识把握新发展理念。随着我国社会主要矛盾变化和国际力量对比深刻调整,我国发展面临的内外部风险空前上升,必须增强忧患意识、坚持底线思维,随时准备应对更加复杂困难的局面。要坚持政治安全、人民安全、国家利益至上有机统一,既要敢于斗争,也要善于斗争,全面做强自己,特别是要增强威慑的实力。③

把握新发展阶段,贯彻新发展理念,必须构建畅通的国内国际双循环新发展格局。党的十九届五中全会提出的“促进国内国际双循环”“构建新发

① 习近平:《把握新发展阶段,贯彻新发展理念,构建新发展格局》,《求是》2021 年第 9 期,第 11—12 页。

② 习近平:《把握新发展阶段,贯彻新发展理念,构建新发展格局》,《求是》2021 年第 9 期,第 12 页。

③ 习近平:《把握新发展阶段,贯彻新发展理念,构建新发展格局》,《求是》2021 年第 9 期,第 12—13 页。

展格局”,是在我国进入高质量发展阶段,面对跨越“中等收入陷阱”、中美关系“脱钩”危险,在世界出现百年未有之大变局的背景下,以习近平同志为核心的党中央审时度势作出的科学选择。党的二十大报告则再次强调要加快构建以国内大循环为主体、国内国际双循环相互促进的新发展格局。

其一,构建新发展格局是应对国际国内形势的必然。近年来,经济全球化遭遇逆流,国际经济循环格局发生深度调整,全球产业链供应链发生局部断裂,直接影响到我国国内经济循环。习近平总书记提出建立以国内大循环为主体、国内国际双循环相互促进的新发展格局,党的十五届五中全会对构建新发展格局作出全面部署。这是把握未来发展主动权的战略性布局和先手棋,是新发展阶段要着力推动完成的重大历史任务,也是贯彻新发展理念的重大举措。①

其二,构建新发展格局的关键在于经济循环的畅通无阻。经济活动需要各种生产要素的组合在生产、分配、流通、消费各环节有机衔接,从而实现循环流转。在正常情况下,如果经济循环顺畅,物质产品会增加,社会财富会积聚,人民福祉会增进,国家实力会增强,从而形成一个螺旋式上升的发展过程。如果经济循环过程中出现堵点、断点,循环就会受阻,在宏观上就会表现为增长速度下降、失业人数增加、风险积累、国际收支失衡等情况,在微观上就会表现为产能过剩、企业效益下降、居民收入下降等问题。在我国发展现阶段,畅通经济循环最主要的任务是有效畅通供给侧,增强有效供给能力。如此才可以穿透循环堵点、消除瓶颈制约,才可以创造就业和提高收入,从而形成需求能力。因此,我们必须坚持深化供给侧结构性改革这条主线,继续完成“三去一降一补”的重要任务,全面优化升级产业结构,提升创

① 习近平:《把握新发展阶段,贯彻新发展理念,构建新发展格局》,《求是》2021 年第 9 期,第 13—14 页。

新能力、竞争力和综合实力，增强供给体系的韧性，形成更高效率和更高质量的投入产出关系，实现经济在高水平上的动态平衡。①

其三，构建新发展格局要避免一些误区。在实践中，我们要注意防范一些认识误区：一是只讲前半句，片面强调“以国内大循环为主”，主张在对外开放上进行大幅度收缩；二是只讲后半句，片面强调“国内国际双循环”，不顾国际格局和形势变化，固守“两头在外、大进大出”的旧思路；三是各自为政、画地为牢，不关心建设全国统一的大市场、畅通全国大循环，只考虑建设本地区本区域小市场、搞自己的小循环；四是认为畅通经济循环就是畅通物流，搞低层次物流循环；五是一讲解决“卡脖子”技术难题，就什么都自己干、搞重复建设，专盯“高大上”项目，不顾客观实际和产业基础，结果成了烂尾项目；六是讲扩大内需、形成国内大市场，又开始搞盲目借贷扩大投资、过度刺激消费，甚至又去大搞高能耗、高排放的项目；七是不重视供给侧结构性改革，只注重需求侧管理，无法形成供给创造需求的更高水平动态平衡；八是认为这只是经济科技部门的事，同自己部门关系不大；等等。这些认识都是片面的甚至是错误的，必须加以防范和纠正。②

总之，进入新发展阶段、贯彻新发展理念、构建新发展格局，是由我国经济社会发展的理论逻辑、历史逻辑、现实逻辑决定的，三者紧密关联。进入新发展阶段明确了我国发展的历史方位，贯彻新发展理念明确了我国现代化建设的指导原则，构建新发展格局明确了我国经济现代化的路径选择。把握新发展阶段是贯彻新发展理念、构建新发展格局的现实依据，贯彻新发展理念为把握新发展阶段、构建新发展格局提供了行动指南，构建新发展格

① 习近平：《把握新发展阶段，贯彻新发展理念，构建新发展格局》，《求是》2021年第9期，第15页。

② 习近平：《把握新发展阶段，贯彻新发展理念，构建新发展格局》，《求是》2021年第9期，第14页。

局则是应对新发展阶段机遇和挑战、贯彻新发展理念的战略选择。①

六、中国式现代化道路的历史反思：百年经济探索的基本经验

在100多年的奋斗历程中，中国共产党人以马克思主义理论为根本指南，紧密结合中国的实际状况，依据生产力发展情况、国内外环境、时代特点，始终保持战略定力，朝着中华民族伟大复兴目标奋力前行，在实践中形成了“坚持马克思主义基本原理同中国具体实际相结合、同中华优秀传统文化相结合”“坚持党对经济的集中统一领导”“坚持以人民为中心的发展思想”“坚持独立自主和自力更生的发展方针”“正确处理中央与地方的关系”“正确处理政府与市场的关系”“统筹国内国际两个市场两种资源”“统筹城乡经济的发展”“统筹发展与安全”等基本经验。

1.坚持马克思主义基本原理同中国具体实际相结合、同中华优秀传统文化相结合。只有与中国具体实际和中华优秀传统文化相结合的马克思主义才具有强大的生命力。以毛泽东同志为主要代表的中国共产党人，运用马克思主义的基本立场观点方法解决中国革命的基本问题，科学分析中国社会各阶级的经济地位和对待革命的态度，阐述了无产阶级领导农民斗争的极端重要性，提出了新民主主义革命的基本思想。这是马克思主义基本原理“两个相结合”的开端。“两个相结合”在任何时候都包括中国的现实实际与中国的历史实际。1938年10月，毛泽东在党的六届六中全会上所作的报告较系统地阐述了马克思主义中国化思想：“马克思主义必须和我国的具体特点相结合并通过一定的民族形式才能实现。……对于中国共产党说来，就是要学会把马克思列宁主义的理论应用于中国的具体的环境。……

① 习近平：《把握新发展阶段，贯彻新发展理念，构建新发展格局》，《求是》2021年第9期，第17页。

使马克思主义在中国具体化,使之在其每一表现中带着必须有的中国的特性,即是说,按照中国的特点去应用它,成为全党亟待了解并亟须解决的问题。”①中国共产党之所以能够领导人民进行革命、建设和改革并不断取得成功和胜利,一个重要原因就在于党始终把马克思主义作为自己的行动指南,并坚持在实践中不断丰富和发展。从毛泽东思想到邓小平理论、“三个代表”重要思想、科学发展观,再到习近平新时代中国特色社会主义思想,都是马克思主义同中国具体实际相结合、同中华优秀传统文化相结合产生的与时俱进的中国化的马克思主义理论,马克思主义、马克思主义中国化时代化的系列重大理论成果为党和人民事业发展提供了科学的理论指导和思想基础。

2.坚持党对经济的集中统一领导。党的领导是实现经济社会持续健康稳定发展的根本政治保证。只有党集中统一领导,党才能够站在全体人民利益和经济整体利益的高度,以共产党人的价值观和以人民为中心的发展思想,以党严明的组织纪律为保障,统筹全局、协调各方,克服市场失灵和政府失效。坚持党的集中统一领导是中国经济之所以成功的一大法宝。

3.坚持以人民为中心的发展思想。全心全意为人民服务是党的根本宗旨。尽管不同时期在表述上有所区别,但是都把坚持以人民为中心发展思想贯彻于中国共产党百年历程之中。在新时代,“坚持以人民为中心发展思想”以“精准脱贫”“实施乡村振兴战略”等实践形式充分展现了出来,并将继续在“共同富裕”的实践中充分展现。“坚持以人民为中心发展思想”是党的百年经验中不可或缺的一条。

4.坚持独立自主和自力更生的发展方针。独立自主和自力更生是中国

① 毛泽东:《毛泽东选集》第二卷,人民出版社1991年版,第534页。

共产党百年历史实践中取得的宝贵经验。正是有了独立自主和自力更生，中国人民才有了志气和底气，才能依靠自身攻克各种难关，取得一个又一个的胜利。独立自主和自力更生的实质，是将马克思主义的基本原理同中国具体实际相结合、同中华优秀传统文化相结合，走自己的路，依靠本国人民自己的力量，特别是在关键问题与核心技术上依靠自己，找到一条适合我国实际的发展道路。也正是在新民主主义革命的各个阶段，以毛泽东同志为主要代表的中国共产党人坚持独立自主的原则，才找到了中国革命的正确道路，实现了使中国人民站起来的目标。在改革开放和社会主义现代化建设新时期，以邓小平同志为主要代表的中国共产党人，坚持独立自主，根据中国的国情与实际，制定了改革开放的策略，实现了使中国人民富起来的目标。在第二个百年目标开启之际，我国所面临的困难与问题更严峻更艰苦更复杂，这也就更需要我们把独立自主和自力更生的宝贵经验用好、发挥好，不断增强实现中华民族伟大复兴的自我能力。正是基于这一经验，习近平总书记提出："鞋子合不合脚，只有穿的人才知道。"①在探索独立自主地发展中国特色社会主义的过程中，所采用的独立自主方法是否有效，只有我国人民自己知道。党的十八大以来，习近平总书记从实际出发，在继承独立自主和自力更生宝贵经验的基础上不断对其进行丰富，积极寻求更符合国家发展的独立自主方法来走自己的独立自主特色之路，针对国际形势的发展，提出了符合中国实际的人类命运共同体理念；针对中国的国家安全形势，提出了总体国家安全观理念；针对各国之间综合国力竞争的新状况，提出了着力提高国家文化软实力的理念；等等。这些都是在坚持独立自主和自力更生经验的前提下作出的科学谋划。

---

① 习近平：《习近平谈治国理政》第三卷，外文出版社 2020 年版，第 124 页。

5.正确处理中央与地方的关系。以农村包围城市为特征的中国新民主主义革命道路决定了我国在社会主义建设时期在处理中央与地方的关系上与苏联模式不同。“一五”期间,按照苏联模式建立的垂直管理88%的中央企业下放到地方,属地管理地位被大大加强,逐步形成了中央与地方的分权模式。这种中央与地方关系的分权模式,成功解决了苏联和东欧社会主义国家无法解决的“社会主义经济核算”难题,为改革开放和社会主义现代化建设新时期中国经济的快速发展奠定了基础。在改革开放过程中,通过分税制改革等措施,中央的权力得到加强,这对于发挥社会主义集中精力办大事的优势无疑是重要的举措。在新时代,党和政府根据经济发展的需要,以“协调发展”为主要理念,对中央与地方的关系作出了新的战略部署和动态调整。

6.正确处理政府与市场的关系。如何正确处理政府与市场关系是一个世界性难题。无论是发展中国家还是发达国家,都面临着如何根据所处的生产力阶段和文化传统选择合适的制度安排以促进生产力发展这一重大问题。在我国,无论是延安时期的大生产运动、新中国建设时期围绕重工业优先战略采取的政府主导的计划经济模式,还是改革开放和社会主义现代化建设新时期逐渐建立的市场经济体制,都是我国在不同时期根据时代特点和生产力发展水平,对如何处理政府与市场关系进行的积极探索并作出的正确选择。党的十八届三中全会通过的《中共中央关于全面深化改革若干重大问题的决定》明确提出,经济体制改革要“使市场在资源配置中起决定性作用和更好发挥政府作用”,这是新的历史发展阶段对政府与市场关系的新界定。党的十九届六中全会通过的《中共中央关于党的百年奋斗重大成就和历史经验的决议》用“十个明确”对习近平新时代中国特色社会主义思想的理论内涵作出了全新概括,并将“使市场在资源配置中起决定性作用,更好发挥政府作用”作为重要思想内容包含其中。在长期的探索过程中,我国逐步形成了“有为政府、有效市场”的处理政府与市场关系的基本运行机制。

7.统筹国内国际两个市场两种资源。统筹国内国际历来是中国共产党解决问题的策略。在新民主主义革命时期,共产国际提供了大量援助。新中国建立初期,在苏联的帮助下我国初步建立起了独立的比较完整的工业体系和国民经济体系。在中苏关系恶化后,争取外援依然是我们的重要举措,我国仍与美国等多个国家建立了外交关系,同时注重技术和设备的引进。改革开放尤其是加入 WTO 之后,我国经济“两头在外”,但是也非常注重国内市场的发展。党的十九届五中全会提出的“形成强大国内市场,构建新发展格局”的理念是“统筹国内国际两个市场两种资源”做法的创新与发展。一是要畅通国内大循环。依托强大国内市场,贯通生产、分配、流通、消费各环节,打破行业垄断和地方保护,形成国民经济良性循环。优化供给结构,改善供给质量,提升供给体系对国内需求的适配性。推动金融、房地产同实体经济均衡发展,实现上下游、产供销有效衔接,促进农业、制造业、服务业、能源资源等产业门类关系协调。破除妨碍生产要素市场化配置和商品服务流通的体制机制障碍,降低全社会交易成本。完善扩大内需的政策支撑体系,形成需求牵引供给、供给创造需求的更高水平动态平衡。二是要促进国内国际双循环。要立足国内大循环,发挥比较优势,协同推进强大国内市场和贸易强国建设,以国内大循环吸引全球资源要素,充分利用国内国际两个市场两种资源,积极促进内需和外需、进口和出口、引进外资和对外投资协调发展,促进国际收支基本平衡。完善内外贸一体化调控体系,促进内外贸法律法规、监管体制、经营资质、质量标准、检验检疫、认证认可等相衔接,推进同线同标同质。优化国内国际市场布局、商品结构、贸易方式,提升出口质量，增加优质产品进口，实施贸易投资融合工程，构建现代物流体系。① 党的二十大报告将构建新发展格局取得重大进展列为未来五年主要目标任务之一，并作出了“加快构建新发展格局，着力推动高质量发展”的部署。

8.统筹城乡经济的发展。统筹城乡发展既是一个难题，也是我们党积累的宝贵经验。在社会主义改造完成以后，为了满足国家工业化战略的“以农补工”的需要，我国建立了人民公社制度，为国家工业化建设提供了5400多亿元资金。改革开放后，我国建立了家庭联产承包责任制，解决了农民吃饭问题，同时农村的剩余劳动力向城市转移为城市工业发展奠定了基础。当家庭联产承包责任制的活力基本释放完毕后，以习近平同志为核心的党中央面对我国经济发展的新形势、出现的新问题，提出了以创新为动力的新发展理念，并将它用于农业农村经济建设之中。② 党的十九大报告提出实施乡村振兴战略，加快推进农业农村现代化，党的二十大报告明确强调全面推进乡村振兴，意味着我们党对农业农村发展、统筹城乡经济发展的认识不断深化。

9.统筹发展与安全。统筹发展和安全是对发展和安全辩证统一关系的深刻认识和把握，是我们党治国理政的一个重大原则。社会主义革命和建设时期，面对当时的国内外环境，我们选择了重工业优先发展战略，统筹经济建设和国防建设，我国综合国力明显增强。改革开放后，根据国内外经济环境的变化，我们党正确处理改革发展稳定的关系，保持了社会大局稳定，为改革开放和社会主义现代化建设营造了良好环境。党的十八大以来，面

① 《中共中央关于制定国民经济和社会发展第十四个五年规划和二〇三五年远景目标的建议》，人民出版社2020年版，第15—16页。

② 郭冠清：《新中国农业农村现代化的政治经济学分析》，《社会科学文摘》2020年第10期，第50—52页。

对中华民族伟大复兴战略全局和世界百年未有之大变局，以习近平同志为核心的党中央坚定不移贯彻总体国家安全观，统筹发展与安全，提出以新安全格局保障新发展格局的战略要求，增强发展的安全性主动权，实现高质量发展和高水平安全之间良性互动，为中国式现代化营造了良好环境和厚实基础。

回望过去，中国共产党成立以来的经济探索历程是一场鲜活生动的创造性实践，为中国式现代化理论创新提供了历史和现实依据。恩格斯指出，无产阶级政党的“全部理论来自对政治经济学的研究”，列宁把政治经济学视为马克思主义理论“最深刻、最全面、最详尽的证明和运用”。今天，站在中国式现代化理论的高度回望这一经济探索历程，亦是从政治经济学视角研究阐释中国式现代化理论，可以让我们更加深入理解中国式现代化的理论逻辑、历史逻辑和实践逻辑。“党用伟大奋斗创造了百年伟业，也一定能用新的伟大奋斗创造新的伟业。”①“从现在起，中国共产党的中心任务就是团结带领全国各族人民全面建成社会主义现代化强国、实现第二个百年奋斗目标，以中国式现代化全面推进中华民族伟大复兴。”②以史为鉴，可以知兴替。在新的征程，我们深信，在中国共产党的坚强领导下，中华民族必将以不可阻挡的步伐迈向伟大复兴！

本书四卷按照中国共产党成立以来探索中国式现代化道路的历史逻辑，分别命名为选择与破题、开局与奠基、突破与跨越、推进与拓展，基本对应新民主主义革命时期、社会主义革命和建设时期、改革开放和社会主义现代化建设新时期、中国特色社会主义进入新时代等四个时期的经济探索。

---

① 习近平：《高举中国特色社会主义伟大旗帜 为全面建设社会主义现代化国家而团结奋斗——在中国共产党第二十次全国代表大会上的报告》，《人民日报》2022年10月26日第5版。

② 习近平：《高举中国特色社会主义伟大旗帜 为全面建设社会主义现代化国家而团结奋斗——在中国共产党第二十次全国代表大会上的报告》，《人民日报》2022年10月26日第2版。

书中的阐释侧重于专题式呈现，重在体现历史和理论的逻辑，而不寻求严格意义上的经济史的完整性。本书的出版既是为中国式现代化理论提供学理化阐释，亦是在推动当代中国马克思主义政治经济学创新发展方面所作的一次尝试。

本书自2019年3月开始策划，2020年5月后陆续形成书稿雏形，并定名为《百年回望：中国共产党的经济探索与中国道路的形成》，2022年3月入选国家出版基金项目。由于选题重大，为精益求精，本书在写作过程中几经打磨，数易其稿。党的二十大后，又将二十大精神融入其中，并调整书名为《中国式现代化的经济探索历程》。书稿写作期间，在业界专家的关心指导下，项目同人秉持高远的事业追求，不计个人得失，通力合作，为本书的出版付出了极大心血，其学术精神令人感动，在此一并致谢。

本书在出版过程中先后得到了中央党校（国家行政学院）原副教育长、专家工作室领衔专家、一级教授韩庆祥，中国新闻出版研究院前院长、现任中国编辑学会会长郝振省研究员的具体指导，他们为本书提供了不少宝贵建议，在此表示诚挚谢意。虽尽力而为，但书中难免有不足之处，敬请方家指正。

王立胜

2023年11月

导论

1949年新中国成立后，中国式现代化真正开局。自此，中华民族的现代化探索历史由探索“中国的现代化”转变为践行“中国式现代化”，中国的现代化道路进入了一个崭新的发展阶段。从新中国成立到1978年党的十一届三中全会召开，在近30年的时间里，中国共产党人将马克思主义理论与中国实践相结合，面对在落后国家建设社会主义的国情，面对资本主义国家经济封锁禁运的国际环境，在迅速医治战争创伤、恢复国民经济的基础上，创造性地进行社会主义改造，在中国建立了社会主义制度，为中国式现代化奠定了制度基础。在社会主义建设过程中，中国以苏为鉴，独立自主地探索适合中国国情的社会主义建设道路。经过近30年的建设和奋斗，中国社会主义现代化建设成就显著，逐步建立了独立的比较完整的工业体系和国民经济体系，为成功开辟中国式现代化道路奠定了坚实基础。

一、新中国成立初期的国内外政治经济形势

新中国成立初期，面对的是遭受长期战争破坏的衰败混乱的社会经济状况，财政赤字庞大，市场投机盛行，恶性通货膨胀不时发生，大多数百姓生

活困苦。1949 年中国人均国民收入仅为 27 美元，而整个亚洲当时人均国民收入为 44 美元，中国在亚洲是倒数第一，中国式现代化起点非常低。

新中国成立初期还面临着严峻复杂的国内外军事政治形势。国内解放战争还在局部地区继续进行，国民党反动政权不甘心自己的失败，采取各种手段对新生的人民政权进行颠覆破坏。国际范围内反法西斯联盟在二战结束后迅速分化，社会主义和资本主义两大互相对立的阵营逐渐形成，世界很快陷入了冷战的境地。新中国成立后，美国等西方国家对新生的人民政权不予承认，并对新中国实行封锁和禁运政策。1950 年，美国积极介入朝鲜战争，出兵朝鲜，并把战火烧到了中国边境地区，使中国的国家安全受到了很大的挑战和威胁。中国组成中国人民志愿军抗美援朝，同以美国为首的“联合国军”在朝鲜战场上展开了激烈的战斗，这更加大了中国国防和国家安全方面的压力。中国在这种紧张的国际环境中首先必须使自己强大起来，能够抵御住敌对势力的进攻，于是国防工业就被提到优先发展的位置。

这一时期面临的政治经济形势和时代任务，决定了中国把建立独立的工业体系、实施优先发展重工业战略、巩固国防作为这一时期现代化建设的首要任务，并在现代化建设初期主要模仿苏联模式。正如党在过渡时期总路线的学习和宣传提纲中所说：“因为我国过去重工业的基础极为薄弱，经济上不能独立，国防不能巩固，帝国主义国家都来欺侮我们，这种痛苦我们中国人民已经受够了。如果现在我们还不建立重工业，帝国主义是一定还要来欺侮我们的。”①新中国成立初期的产业选择是党和国家对当时国内外各种因素综合分析反复权衡作出的战略决策。

---

① 中共中央文献研究室编：《建国以来重要文献选编》第四册，中央文献出版社 2011 年版，第 606—607 页。

二、中国式现代化开局的路径抉择：优先发展重工业战略

中国的社会主义现代化建设开局之后面临着路径选择的问题。世界上发达的资本主义国家多是通过工业化走上现代化道路的，对于中国如何通过工业化走上现代化道路，中国在确立工业化的发展路径时，综合考虑了马克思主义的工业化理论、中国面临的国内外环境、百年来中国落后挨打的历史教训、增强社会主义阵营的力量、苏联模式的榜样作用和苏联对中国工业化的帮助等多重因素，最终确立了优先发展重工业的战略。

优先发展重工业战略是逐步形成的。新中国成立初期，曾有过优先发展农业和轻工业，再集中力量发展重工业的设想，也有过通过商业的活跃来促进国民经济恢复发展的想法。但朝鲜战争的爆发、巩固国防的迫切需要使得加快实现工业化成为新中国更为紧迫的需要。面对美帝国主义的战争威胁和西方资本主义国家的经济封锁，为了保卫新生的人民政权，巩固新民主主义革命的成果，中国不得不加强国防建设，而国防军工的基础来源于重工业的发展，优先发展重工业是加强国防建设的需要。另外，中国自鸦片战争以来落后挨打的历史也让新中国深刻认识到，只有建设强大的国防，才能摆脱被侵略压迫的命运。

确立优先发展重工业的战略也是基于新中国成立初期工业严重落后的情况。1949 年新中国成立之初，工业基础十分薄弱，重工业在全国工业总产值中仅占 26.4%，轻工业占 73.6%。到 1952 年国民经济恢复工作完成时，重工业在工业总产值中的比重也只有 35.5%。到 1954 年第一个五年计划已经推进一年的时候，中国仍然不能造一辆汽车、一架飞机、一辆坦克、一辆拖拉机，而汽车、飞机、坦克等被视为现代工业发展的标志性产品，由此可知中国工业化发展任务多么艰巨。基于这一落后状况，中国依据马克思主义关于生产资料优先发展的理论，把重工业放在了优先发展的位置。1955

年召开的第一届全国人民代表大会二次会议指出：社会主义工业化是我们国家在过渡时期的中心任务，而社会主义工业化的中心环节，则是优先发展重工业。

优先发展重工业也是基于中国应该对人类社会发展作出更大贡献的认识。毛泽东曾指出："因为中国是一个具有九百六十万平方公里土地和六万万人口的国家，中国应当对于人类有较大的贡献。而这种贡献，在过去一个长时期内，则是太少了。这使我们感到惭愧。"①毛泽东还认为赶超资本主义发达国家"是一种责任"，指出："如果不是这样，那我们中华民族就对不起全世界各民族，我们对人类的贡献就不大。"②加快使中国发展起来，对世界作出更大的贡献，这也是实行优先发展重工业战略的一个重要原因。

经过综合分析权衡各种因素，中国逐步形成了优先发展重工业的共识。党和政府在工业化建设中号召向苏联学习，并对苏联的经济模式进行了深入的学习研究。1952 年 7 月 6 日，刘少奇致信斯大林，提出中共中央代表团拟在莫斯科学习苏联的国家机构、经济的计划与管理、文化教育、苏共的组织与群众团体的组织等问题。信中还请苏联政府为培养新中国的建设管理人才提供帮助，如在苏联办一所专门学校、派出各方面的教授到中国工作等。苏联发展模式对中国社会经济产生了深远的影响，中国在相当长一段时间内遵循了苏联模式的主要做法。对于中国经济发展方式向苏联学习一事，1987 年陈云在一次谈话中指出："那时我们不能不学苏联。美国和西方其他国家对中国实行封锁政策，学美国、英国、法国行吗？只能结合中国实

① 中共中央文献研究室编：《毛泽东文集》第七卷，人民出版社 1999 年版，第 156—157 页。
② 中共中央文献研究室编：《毛泽东文集》第七卷，人民出版社 1999 年版，第 89 页。

际向苏联学习,而且,苏联那时对我们的援助也是真心实意的。”①新中国制订的第一个五年计划从 1953 年开始,这是一个以优先发展重工业为目标的社会经济发展计划,建设的重点为苏联援助的 156 项工程和中国自行确立的限额以上的 694 个大中型建设项目,这些工程和建设项目为中国工业化打下了坚实的基础。苏联对中国的“一五”计划提供了大量帮助,这种援助是全方位的,涉及项目资金、技术、人才等各个领域。“一五”计划的制订,标志着优先发展重工业战略的确立,从而在总体上为中国发展规划了路径。总体上看,中国式现代化开局的工业化路径和资本主义国家的工业化发展路径很不相同,这是结合当时中国国情和面对的国际环境作出的重大选择。资本主义国家工业化经历了长期的过程;而中国工业化基础薄弱,在短期内推进工业化只能是快速赶超。资本主义国家可以去掠夺殖民地积累工业化的资本,中国工业化主要靠自己。资本主义国家是从轻工业起步的,中国工业化是优先发展重工业。资本主义国家轻重工业之间主要依靠自然调节,能够相当地按比例发展;而中国从长时间段来说可以逐步按比例发展,但在短时间的赶超过程中只能力求建设与消费、重工业与轻工业之间尽量不脱节,客观上难以按比例发展。

三、围绕优先发展重工业战略的主要经济探索

重工业有着不同于农业和轻工业的产业特征,投资规模大、回报周期长、技术含量高是重工业的显著特点。在当时的中国这样一个落后国家实施优先发展重工业战略,需要将有限的资金和资源集中使用到重点建设上,实施大规模的有计划的经济建设。中国在社会主义革命和建设时期各项经

① 中共中央文献研究室编:《陈云年谱(修订本)》下卷,中央文献出版社 2015 年版,第 460 页。

济探索大都是围绕建立独立的工业体系、实施优先发展重工业战略而进行的。

（一）建立社会主义公有制和实行计划经济

当时中国对社会主义的认识很大程度上来源于苏联模式，苏联认为社会主义主要就是公有制和计划经济。新中国成立后，经过三年的经济恢复时期，公有制经济在全国经济中的比重已经大大上升，1953 年国营工业产值达 192.69 亿元，占全国工业总产值（不包括手工业）的比重为 54.1%。在此前后，中国提出了以“一化三改”为核心内容的过渡时期总路线。总路线包括社会主义工业化的逐步实现和社会主义改造两个方面的内容，体现了生产力和生产关系、经济基础和上层建筑有机的辩证统一，是一条契合中国当时国情的建设路线。通过社会主义改造，社会主义公有制得以建立起来，1957 年国营工业产值为 421.52 亿元，占全国工业总产值的比重为 64.8%，而私营工业产值占全国工业总产值的比重由 1953 年的 36.8% 下降到 1957 年的 0.06%。[①] 社会主义公有制的建立为社会主义计划经济提供了制度基础和保障，是优先发展重工业战略实施的制度基础。

在确立优先发展重工业战略后，为了把有限的资金和资源集中使用到重点建设上来，中国在经济建设过程中实行了高度集中的计划经济管理体制，从中央到地方建立了完善的计划编制机构，通过指令性计划和指导性计划实现了对国民经济的管理。重要要素资源的价格与配置均由国家计划管理，国营企业遵照国家计划进行生产，产品由国家根据计划统一分配和调拨。凭借着政府强大的动员能力和财政资金的大规模投入，新中国在引进

① 中国社会科学院、中央档案馆编：《1953—1957 中华人民共和国经济档案资料选编：工业卷》，中国物价出版社 1998 年版，第 799 页。

技术的同时完成了工业体系以及产业技术基础的奠基工作。

(二)推进农业的社会主义改造,实施粮食统购统销政策,降低重工业发展成本

新中国的农业发展虽然有自己的特点,但也是紧紧围绕工业化道路来进行的。新中国成立后,中国在更大的区域内进行了土地改革,实行农民的土地所有制,以解放农村生产力,发展农业生产,为新中国的工业化开辟道路。土地改革后,广大农民的生产积极性大大提高,农业生产发展很快。工业化道路确定后,为了更有效地从农业中提取剩余来发展重工业,同时也为了促进农村合作化事业的发展,1953 年中央开始实施粮食统购统销政策,包括计划收购、计划供应、由国家控制粮食市场和中央对粮食实行统一管理等四个方面的内容,从而形成低资金、低汇率、低工资,降低了中国工业化的成本,这是当时情形下的必然选择。此外,1958 年还建立了严格的户籍管理制度,从而形成了城乡二元结构。这一措施也是当时形势下的必然选择,有利于国家提取农业剩余,也有利于社会稳定。

农业的社会主义改造在粮食等主要农产品实行统购统销政策后加快了节奏,经历了互助组、初级合作社、高级合作社等几个重要阶段。农业社会主义改造完成后,农业方面集体所有制占据了主导地位。为了更好地为工业化提供资金和保障粮食安全,1958 年中国在广大农村地区推进人民公社化运动。人民公社是比合作社更高一级的组织,实行政社合一,进一步强化了农业集体经济组织。

(三)依托财政主渠道作用,多方面筹集工业化建设资金

发展重工业需要大量的资金,但新中国成立初期资金十分缺乏,经过三年经济恢复时期,1953 年中国的财政收入也仅为 213.24 亿元,这和“一五”计划时期总额达 700 多亿的投资相差甚远。为此,党和政府多方面筹集建

设资金。国家建设资金在这一时期主要来自农业方面的收入、工业方面的收入、侨汇收入和债务收入等。另外，尽量压低工业化的成本，实行低物价、低工资，大力压缩非生产建设经费支出等也是获得工业化建设资金的重要渠道。这个时期财政在国家资金配置方面发挥着主渠道作用，有“大财政、小银行”的说法。财政担负着为国家工业化筹集资金的重要任务，工业化建设资金也主要由财政拨款。而金融总体上来说也是从属于财政的，这和当时实行的计划经济体制密切相关。

(四)发挥商业贸易为优先发展重工业战略服务的作用

中国当时也十分重视商业贸易的作用，毛泽东曾在一份报告中批注：“工农商并举，提得很好，一定要这样做。贬低商业，商不挂帅，工农两业是不会发展的。”①新中国成立初期，中国实行所谓“四面八方”即公私兼顾、劳资两利、城乡互助、内外交流的经济政策，这实际上是鼓励自由贸易的政策。在这一政策的推动下，各种要素资源配置的效率提升，经济恢复很快得以实现。确定优先发展重工业战略后，商业贸易总体上是为这一战略服务的。随着社会主义三大改造的推进和粮食统购统销等一系列政策的实行，一些重要的市场贸易商品如粮食、棉花等都掌握在了国家手里，市场的主体如个体工商户、小摊贩、商业资本家也都通过社会主义改造被纳入了国营和集体经济之中，国内贸易形成了国营商业、供销合作社商业和农村集市贸易等三大渠道，这为统一调配资源、保持物价稳定提供了条件。对外贸易则基本上由国家统一进行，贸易重点先是苏联和东欧社会主义国家，后转向资本主义国家、亚非拉发展中国家等，对外贸易作为补充手段在当时发挥了引进急需技术设备、筹集资金等作用。

---

① 中共中央文献研究室编:《毛泽东文集》第八卷，人民出版社1999年版，第69页。

（五）重视科技、教育在工业化发展中的重要作用

科学技术的发展是近代工业化发展的基础，工业化的每一次重大进展都是建立在科学技术突破的基础之上的。由于重工业也是技术密集型的产业，中国选择了优先发展重工业的工业化发展道路，从科学技术发展的角度上讲，就是选择了把发展科技、教育放在重要位置的道路。为此，中国高度重视教育发展，新建了很多学校，学生入学率和学科体系建设相比过去都有很大变化。中国还大量设立科研机构，培养科研人员，吸引国外科学家回国。"一五"时期聘请了大批的苏联顾问和专家，并且派遣大量留学生出去学习现代科技知识。这些在促进国家科技发展方面都发挥了重要作用。另外，引进技术并消化吸收也是提高工业科技水平的重要途径。这一时期，中国抓住了有利的国际时机，进行了三次大规模的技术装备引进，每一次技术装备引进都对中国经济的产业升级发挥了重要的促进和引领作用。

（六）区域经济布局兼顾经济发展和国防建设

中国是一个地域广阔、人口众多、发展不平衡的多民族大国，各地的资源禀赋和发展程度差别很大，区域经济布局对中国经济建设有着重要意义。这一时期中国区域经济的布局是以两大阵营竞争和对抗为背景，围绕优先发展重工业战略实施的，国家在产业布局中对各地的资源禀赋也进行了综合考虑。党和政府根据社会经济发展的总体规划和部署，统筹各地资源优势和国家发展战略，先后提出了让东北先行一步的重点区域发展、民族区域自治地区发展、沿海与内地统筹发展、三线建设等区域发展规划和战略，走出了中国特色的区域协调发展道路。这个时期国家经济布局总的原则是靠近原料产地和交通线，统筹备战工作和区域的综合协调等，兼顾了区域经济发展和国防建设。

四、中国式现代化开局时期经济建设的奠基作用

社会主义革命和建设时期，中国式现代化真正开局，中国通过大规模的经济建设，初步建立起独立的比较完整的工业体系和国民经济体系，建设了交通、水利等基础设施，培养了一大批各方面的骨干力量，在若干科学技术领域取得重要突破，工业总产值平均每年增长13.5%，奠定了社会主义现代化建设的物质技术基础。到1978年，工业总产值在工农业总产值中的比重已经增长到75.2%。中国式现代化在这一阶段取得了重大进展。

这一时期中国还提出了社会主义“四个现代化”的理论构想。在经济探索中认识到苏联模式的局限后，毛泽东提出“以苏为鉴”，逐渐摆脱苏联模式，探索适合中国国情的社会主义建设道路。1956年9月，毛泽东在党的八大开幕词中指出，要把一个落后的农业的中国改变成为一个先进的工业化的中国，把建立一个完整的工业体系作为工作的重中之重。1959年底，毛泽东进一步完善了社会主义现代化建设的构想：“建设社会主义，原来要求是工业现代化，农业现代化，科学文化现代化，现在要加上国防现代化。”①这是对中国式现代化的初次阐释，也是后来“四个现代化”的由来。1964年，周恩来在第三届全国人大一次会议上明确提出了实现“四个现代化”的历史性任务，指出要把我国建设成为一个具有现代农业、现代工业、现代国防和现代科学技术的社会主义强国，赶上和超过世界先进水平。

这一时期的经济思想和经济探索深刻塑造了中国式现代化道路，其坚持工业化建设的战略在整个社会经济发展进程中占据重要位置。这一时期，中国还始终坚持独立自主、自力更生原则，并正确处理独立自主和争取外援的关系，这为中国的社会主义革命和建设积累了宝贵经验。尽管这一

---

① 中共中央文献研究室编：《毛泽东文集》第八卷，人民出版社1999年版，第116页。

时期也出现了“文化大革命”的曲折和其他失误，但从总体上看，这一时期的经济思想和经济探索对中国式现代化道路有着奠基性的重要贡献。

（一）巩固了新生的人民政权，维护了国家安全

新中国成立后，面临着复杂严峻的国内外环境，中国通过实施优先发展重工业的工业化战略，在不太长的时间内在重工业和国防工业建设方面取得了很大的成就，如“两弹一星”的成功研制就突出反映了这方面的成就。国防尖端科技的突破有效地保障了国防安全，巩固了中国共产党领导的人民政权。在应对潜在的危险方面，中国未雨绸缪，布局三线建设，调整了国内的经济布局和国防布局，巩固了国家安全。

（二）初步建立了独立的比较完整的工业体系和国民经济体系，奠定了社会主义现代化建设的物质技术基础

随着独立的比较完整的工业体系和国民经济体系的建立，工业在国民经济中的比重日益增加，发挥着对国民经济的强大带动作用。工业部门为国民经济其他部门和国防建设提供了物质基础，为人民生活提供了大量的消费品，也为中国的产业升级提供了雄厚的物质技术基础。工业化的发展也使得中国的对外贸易结构发生了重大变化，中国工业设备在出口中的比重越来越大，在世界经济舞台上赢得了一席之地。

（三）中国的人类发展指数显著提高

新中国成立时，有着世界最多的贫困人口，城镇化水平仅为10%左右，城市居民人均可支配收入不足100元，农村居民人均纯收入为44元。1950年中国的人类发展指数（HDI）为0.225，处在非常低的水平。经过30多年的艰苦奋斗和不懈努力，1980年中国的人类发展指数提高到0.456。1949年中国人口出生率为36%，死亡率为20%，平均寿命仅为35岁。1978年中国人均寿命提高到66岁左右。1949年全国小学在校生人数为2439.1万

人，到1978年这一数字达到14624万人。小学净入学率从1949年的20%上升到1978年的94%，净入学率大幅度提高，且实现了男女受教育平等，男孩和女孩的小学入学率基本没有差别，成人文盲率大幅度降低。

（四）中国国际地位提高较快，发展了国际经济交往，增强了民族自尊心

中国人口多、底子薄，自鸦片战争至新中国成立以前，遭受了百年屈辱，历任统治者在国际舞台上几乎没有发言权而且屈从于帝国主义国家的压力。新中国成立后，中国人民当家作主，建立了工人阶级领导的、人民民主专政的国家政权，党和政府坚持独立自主的和平外交政策，坚持不称霸的重要原则，赢得了国际社会的认可。1971年中国恢复了在联合国的合法地位，1972年美国总统尼克松访华，1972年中日邦交也实现正常化，中国外交和对外经贸合作发展都上了一个台阶。到1978年，与中国建交的国家达到120个左右，中国同世界主要大国都建立了各种联系，国际地位和国际威望日益提升，民族自尊心大大增强。

对社会主义革命和建设时期中国探索现代化过程中所取得的成就，邓小平曾于1979年指出："社会主义革命已经使我国大大缩短了同发达资本主义国家在经济发展方面的差距。我们尽管犯过一些错误，但我们还是在三十年间取得了旧中国几百年、几千年所没有取得过的进步。"①这个评价是恰如其分的。

五、走向改革开放的历史必然

中国式现代化开局的各种经济探索都是以马克思主义为指导，根据当时国内外政治经济形势作出的选择，有其历史的必然性和合理性，反映了党和政府当时对国情与经济工作的认识和把握。这些经济探索发挥了特定时

---

① 邓小平：《邓小平文选》第二卷，人民出版社1994年版，第167页。

期促进中国经济发展和战略目标实现的作用，但同时也在客观上伴随着一些需要解决的问题，如计划经济体制抑制了活力，束缚了生产力发展；农业和轻工业发展受到制约，致使短缺经济长期存在，人民生活长期处于低下水平；城乡二元结构的存在，导致“三农”问题成为一个长期难以解决的问题；等等。随着中国经济规模越来越大，经济联系越来越复杂，而国际总体局势又趋于缓和，在历史条件发生变化的情况下，这些问题对国民经济发展的制约效应明显增加。而要解决这些问题，必须采取一些新的办法，走出新的路子。随着经济建设逐渐成为党和国家的中心工作，走向改革开放和社会主义现代化建设新时期就成为历史的必然。

（一）计划经济模式束缚了生产力的发展，经济体制改革势在必行

计划经济一般适应于战时和经济关系比较简单的工业化初期，随着经济联系的日益复杂化和人民需求的多样化，计划经济束缚生产力的一面就显露出来了。而且计划经济本身也存在着许多无法克服的内在缺陷，如忽视价格信号，价值规律无法发挥对经济的调节作用，制订经济计划时各种关系难以平衡，等等。中国在推行计划经济的过程中还遇到了诸如计划经济多本账等问题。中国实行计划经济很大程度上是为优先发展重工业战略服务的，在这一战略下，农业和轻工业发展受到抑制，人民生活水平长期得不到明显提高。当中国改变优先发展重工业战略时，原来计划经济存在和发展的逻辑前提不复存在，一种新的更适合中国生产力发展的经济体制呼之欲出，社会主义市场经济的提出和发展也就成为历史的必然选择。

（二）国际形势发生变化，需要对外开放，融入世界经济，加快发展

20 世纪 70 年代以后，国际形势发生变化，和平与发展逐渐成为时代主题，政治多极化、经济全球化成为不可逆转的国际潮流。中国审时度势，顺应形势变化和时代发展，开展全方位外交，融入世界经济，参与国际分工，利

用国内外两个市场、两种资源为经济发展服务。

改革开放后，随着解放思想、实事求是思想路线的重新确立和对中国经济体制的反思，中国共产党深化了对社会主义本质的认识，深化了对计划和市场关系的认识——计划和市场都是手段，目标是发展社会生产力，破除了把计划经济等同于社会主义的固有认识，为确立社会主义市场经济体制开辟了道路。中国在经济上改变了优先发展重工业战略，实行改革开放，计划经济的转型就成为必然，中国式现代化进入了一个新的发展阶段。

第一章 ▸ 奠定基石：社会主义公有制的确立

近代以来的历史证明，在中国实行资本主义制度、走西方现代化道路是行不通的。中国共产党成立之时，就把实现社会主义和共产主义确定为自己的奋斗目标，经过20多年坚韧不拔的奋斗，在推翻三座大山的基础上，建立了人民当家作主的新中国。新中国成立后，中国共产党带领中国人民逐步建立了社会主义公有制。这一经济制度成为实现社会主义制度的经济基础，同时也是中国式现代化建立发展的所有制基础。

第一节 社会主义公有制建立的历史背景

作为整个社会经济制度的基础和核心，生产资料所有制对经济运行发挥着基础性作用，也是生产关系的重要内容。

19世纪中叶，马克思、恩格斯认真研究资本主义的发展，通过对资本主义世界的观察研究和分析，对资本主义发展规律有了系统科学的思考。马克思、恩格斯认为社会化大生产与生产资料私有制之间的矛盾是资本主义社会的基本矛盾,而资本主义制度本身无法克服自己的基本矛盾,资本主义的私有制必将被社会主义公有制代替。社会运动的基本规律是生产力决定生产关系,生产关系对生产力具有反作用。生产资料所有制是生产关系的主要组成部分,它反映了生产过程中人与人之间在生产资料占有方面的经济关系。在一定社会经济形态中居于支配地位的所有制性质,决定了整个所有制结构的性质,也在很大程度上决定了整个社会的生产目的。

在马克思、恩格斯时期,社会主义革命还没有成功,在生产资料公有制基础上的组织生产还停留在理论阶段。十月革命将社会主义从科学理论变成了现实的实践,第一个社会主义国家——苏联建立了。列宁在领导苏联进行社会主义建设实践中,对社会主义的认识有了许多新的重大变化,社会主义也由马克思、恩格斯时期的一般理论性认识发展为具体实践性认识。列宁坚持马克思主义的基本原理和基本观点,并坚持从苏联实际出发建设社会主义,他对社会主义建设曾提出过一个著名的公式:苏维埃政权+普鲁士的铁路秩序+美国的技术和托拉斯组织+美国的国民教育等等等等++=总和=社会主义。他还提出:共产主义就是苏维埃政权加全国电气化。

列宁重视社会主义建设的实践,认为社会主义是实践的理论、发展的理论。他指出:“对俄国来说,根据书本争论社会主义纲领的时代也已经过去了,我深信已经一去不复返了。今天只能根据经验来谈论社会主义。”①这些论述深化和丰富了对社会主义的认识,一定程度上破除了社会主义建设中的教条主义。

中国共产党的公有制理论深受苏联传统公有制理论的影响,把生产资

① 中共中央马克思恩格斯列宁斯大林著作编译局编译:《列宁全集》第三十四卷,人民出版社2017年版,第466页。

料公有制作为中国革命和建设的一条重要原则加以实践。中国革命者最早是从苏联那里获得社会主义革命的知识和经验的。李大钊在中国大地上率先举起马克思主义旗帜，他积极宣传马克思主义，并积极推动中国马克思主义政党建设。1923年，李大钊在上海大学演讲时指出："社会主义是要富的，不是要穷的，是整理生产的，不是破坏生产的。"①这里李大钊提出了关于社会主义认识的两个原则：社会主义社会是富裕的社会，社会主义要促进生产力的发展。

中国共产党自诞生之日起就郑重地把马克思主义写在自己的旗帜上。此后，中国共产党带领中国人民对中国社会的发展进行了积极探索，作了艰苦卓绝的斗争，在实践方面和理论方面推进了马克思主义中国化时代化。

大革命失败后，毛泽东等率领部分革命队伍到井冈山地区坚持斗争，并在井冈山建立了革命根据地，由此开辟了农村包围城市、武装夺取政权的革命道路。随后，毛泽东等根据革命发展需要，又转战到赣南闽西地区，创立了中央革命根据地。中央红军主力在第五次反"围剿"战争失利后，被迫进行长征。长征途中召开的遵义会议，确立了毛泽东在党中央的领导地位。以毛泽东同志为代表的中国共产党人，坚持把马克思主义基本原理和中国革命实践相结合，创立了毛泽东思想。在中国共产党的领导下，中国人民经过长期斗争，推翻了三座大山，最终取得了全国胜利。中国共产党成为执掌全国政权的党，担负起领导全国各族人民建设新国家、新社会的重任，这为所有制的转变奠定了基础。

第二次世界大战结束后，世界政治局势形成了社会主义和资本主义两大阵营对峙和冷战的局面。刚成立的新中国由于长期受战争影响，经济特

---

① 中国李大钊研究会编注：《李大钊全集》第四卷，人民出版社2006年版，第354页。

别落后，人民生活水平很低。从国际环境看，以美国为首的帝国主义国家对新中国实行封锁。为了能在复杂的国际环境下生存发展，维护新生的人民政权和人民的根本利益，中国废除帝国主义在中国的特权，与苏联签订《中苏友好同盟互助条约》和有关协定，同时在财政方面实行中央集权，集中有限资源用在最紧迫的事情上。

生产力决定生产关系，而生产关系对生产力具有反作用。经济落后的国家特别是像刚成立的新中国这样底子薄、人口多、区域发展不平衡的大国如何发展是一个重大的课题。1949 年，中国粮食总产量仅为 1.13 亿吨，主要工业品如煤炭、钢铁的产量都很低，产业布局极不合理，通货膨胀，经济十分混乱。在这样的基础上进行经济建设，困难程度可想而知。

新中国成立之后，中国式现代化真正开局，中国共产党肩负历史使命，在深入分析国内外形势的基础上，开启了建立社会主义公有制经济制度的伟大实践。

第二节
社会主义公有制的建立和探索

新中国成立之初，党和政府就有意识地扩大公有制经济，通过没收官僚资本与组建国营经济等方式建立新的经济秩序。1952 年国民经济恢复工作结束后，1953 年中国开始了以第一个五年计划为标志的社会主义建设。国家在推进第一个五年计划的过程中，贯彻过渡时期总路线，一边推进国家的工业化，一边基本完成了对农业、手工业和资本主义工商业的社会主义改造，建立了社会主义公有制。

一、社会主义改造和社会主义公有制的建立

1953年6月15日，毛泽东在中共中央政治局会议上听取并讨论李维汉《关于利用、限制和改造资本主义工商业的若干问题》的报告。毛泽东在听取报告的过程中，对过渡时期党的总路线作了一个比较完整的表述："从中华人民共和国成立，到社会主义改造基本完成，这是一个过渡时期。党在过渡时期的总路线和总任务，是要在十年到十五年或者更多一些时间内，基本上完成国家工业化和对农业、手工业、资本主义工商业的社会主义改造。"①毛泽东指出："讲十年到十五年或者更多一些时间比较合适。总路线和总任务包括两部分性质：（一）工业化，工业在国民经济中的比重要超过农业。（二）社会主义改造，即对农业、手工业、资本主义工商业的社会主义改造。"②1953年9月25日，过渡时期的总路线由《人民日报》正式公布。

1953年10月15日，毛泽东在同廖鲁言等人谈话时进一步把总路线与所有制问题联系了起来，他指出："总路线也可以说就是解决所有制的问题。国有制扩大——国营企业的新建、改建、扩建。私人所有制有两种，劳动人民的和资产阶级的，改变为集体所有制和国营（经过公私合营，统一于社会主义），这才能提高生产力，完成国家工业化。生产力发展了，才能解决供求的矛盾。"③

过渡时期总路线的完整表述被最终确定下来，是在1953年12月。该月毛泽东在审阅修改《为动员一切力量把我国建设成为一个伟大的社会主

① 中共中央文献研究室编：《毛泽东年谱（一九四九—一九七六）》第二卷，中央文献出版社2013年版，第116页。

② 中共中央文献研究室编：《毛泽东年谱（一九四九—一九七六）》第二卷，中央文献出版社2013年版，第116页。

③ 中共中央文献研究室编：《毛泽东年谱（一九四九—一九七六）》第二卷，中央文献出版社2013年版，第178页。

义国家而斗争》时写道："从中华人民共和国成立，到社会主义改造基本完成，这是一个过渡时期。党在这个过渡时期的总路线和总任务，是要在一个相当长的时期内，逐步实现国家的社会主义工业化，并逐步实现国家对农业、对手工业和对资本主义工商业的社会主义改造。这条总路线是照耀我们各项工作的灯塔，各项工作离开它，就要犯右倾或'左'倾的错误。"①

对于资本主义工商业的社会主义改造步骤，1956 年 4 月，陈云指出："对资本主义工商业的社会主义改造，也像对农业的改造一样，分作三步走：第一步，工业搞加工订货，商业搞经销代销，批发业主要归国营掌握，粮食、花纱布、油料等几种重要商品由国家统购统销；第二步，搞公私合营，从有重点地合营和用'四马分肥'的方式，进到全行业合营和定股定息；第三步，国有化，实现全民所有制。"②意思是要把对私营工商业的社会主义改造和"给他们饭吃"两条结合起来，这样可以防止出乱子。

针对社会主义改造过程中如何处理与资本家的关系，1956 年 12 月 5 日，毛泽东在同陈叔通的谈话中说："对资本家要解决两个问题，一是物质问题，二是思想问题。物质问题就是有职有权问题，有工资可拿，拿到工资能过生活。思想问题要资本家改造自己，发挥他们的作用，不但使用老经验，而且使得他们能够发展新的经验。"③

中国传统手工业比较发达，中国对手工业社会主义改造比较慎重，实践中采取积极引导、稳定发展的方针，并采取由低级到高级的形式，即由手工

① 中共中央文献研究室编：《建国以来重要文献选编》第四册，中央文献出版社 2011 年版，第 602—603 页。

② 中共中央文献研究室编：《陈云年谱（修订本）》中卷，中央文献出版社 2015 年版，第 439—440 页。

③ 中共中央文献研究室编：《毛泽东年谱（一九四九——一九七六）》第三卷，中央文献出版社 2013 年版，第 44 页。

业生产合作小组、手工业供销合作社到手工业生产合作社。到1956年底，我国基本完成了手工业的社会主义改造，参加合作社的手工业人员达到全体手工业人员的91%以上。

1956年1月15日，北京市市长彭真在庆祝工商业全行业公私合营、手工业改造全部完成、郊区农民转入高级合作化的20多万人的大会上宣布首都已经进入了社会主义社会。由于北京的带动作用，天津、沈阳、武汉、上海等大城市相继宣布实现全行业公私合营的消息。1956年底，社会主义改造基本完成。

社会主义改造对中国经济社会产生了极大的影响。1956年同1952年相比，各种经济成分的比重发生了重大变化，国营经济、合作社经济和公私合营经济的比重得到上升，三者的比例总和超过92%，资本主义经济和个体经济的比例下降至不到8%。

在工业总产值中，社会主义工业和国家资本主义工业总产值比重达到100%。在商品零售额中，国营商业和供销合作社商业上升到68.3%，国家资本主义商业和由原来的小私商组织的合作化商业上升到27.5%，具有公有制成分的商业比重上升到了95.8%，私营商业比重则下降到4.2%。

社会主义改造的成果也反映在国家财政收入结构中，1956年的国家财政收入结构发生了根本性的变化。据统计，在1952年的国家财政收入中，来自私营经济的收入占19.6%，个体经济占19%，国营经济占58.1%，集体经济占1.2%，公私合营占1.1%。社会主义改造基本完成后，1956年的国家财政收入中，来自国营经济的收入占73.5%，集体经济占15.7%，公私合营占5.2%，私营经济占2.2%，个体经营占2.1%。

1957年6月26日至7月15日，朱德出席第一届全国人大第四次会议，在讨论周恩来的《政府工作报告》时发言说："我们通过和平方式进行的社会主义改造已经获得了基本的胜利。这个胜利解放了我国的几亿劳动人民，解放了我国的社会生产力，打开了通向我国全体人民的富裕和幸福、国家繁荣和富强的康庄大道。同时，由于这个革命是通过和平的方式来进行的，对于民族资产阶级实行了赎买政策，因此，在革命过程中能够避免国民经济的某种可能的紊乱和破坏，也给了剥削阶级分子从容地改造成为自食其力的劳动者的机会。”①

社会主义改造完成后，新中国基本建立起了公有制占绝对统治地位的所有制，经济结构基本上只剩下全民所有制和集体所有制两种公有制成分，而且相当一部分集体经济实际上是按国有经济的规则管理和运行的。社会主义公有制在一定程度上促进了生产力的解放和发展。但由于经验不足，国内外环境复杂严峻以及受苏联模式影响，社会主义改造完成以后的一段时期，我们党对社会主义建设中生产关系和生产力之间关系的认识出现了一定程度的偏差，过分强调了生产关系对生产力发展的反作用，一度脱离生产力的发展实际搞所谓所有制的升级，公有化程度虽然越来越高，但对生产力的发展却形成了制约，阻碍了生产力的进一步发展。

二、公有制相关问题的探索

社会生产方式是由生产力和生产关系两个方面组成的，其中生产关系包括三个部分，即生产资料所有制形式、人们在生产中的地位和相互关系、产品的分配方式。生产资料的所有制形式是全部生产关系的基础，决定着生产关系的其他内容。

根据《中国人民政治协商会议共同纲领》的规定，新中国在所有制结构方面，实行国营经济领导下的多种经济成分并存发展。三年经济恢复时期，

① 中共中央文献研究室编：《朱德年谱（新编本）》下，中央文献出版社2006年版，第1614页。

中国经济取得了很大的进步，公有制经济发展很快。根据过渡时期总路线，到 1956 年底，我国基本上完成了对农业、手工业和资本主义工商业的社会主义改造。社会主义改造基本完成，标志着社会主义公有制形式在国民经济中占据主导地位，它使我国的经济结构、阶级关系发生了根本变化。党和政府在所有制问题上不断探索，主要成果有以下几点。

（一）可以运用政权改造所有制

一般来说，公有制代替私有制有一个长时期的历史过程，这需要发达的生产力。马克思曾设想社会主义首先在发达的资本主义国家实现，然而事实是，较早建立社会主义制度的国家，生产力一般比较落后，又处在和资本主义竞争的不利环境中。在这种情况下，社会主义国家应该如何生存和发展？俄国和中国的经验都表明，通过革命建立无产阶级政权，然后运用政权的力量去改造所有制，从而实现经济的发展，这条道路在实践上是可行的。中国人口多，经济落后，社会主义改造的任务特别艰巨。新中国成立后，依靠国家政权的力量，才建立了社会主义公有制。

（二）公有制建立后，要建立科学的分配制度

社会主义公有制建立后，还存在一些问题和矛盾需要解决。生产关系中的分配问题就是一个突出的问题。必须按照按劳付酬、按劳分配的原则，公平合理地分配人们劳动所创造的价值，以促进生产力的顺利发展。分配问题还关系到国家预算的分配比例，积累与消费的比例，工人与农民的消费比例，部门之间、地区之间的投资比例，生产人员与非生产人员的比例等国民经济整体中的分配格局。分配问题解决得好，就可以促进生产，也可以巩固和发展社会主义所有制。基于公有制基础之上的合理的分配制度能够调动人们的生产积极性，从而促进生产力的解放和发展。所有制问题解决后，主要注意力应集中在如何分配的问题上，在新的所有制之下应不断调整人

们之间的关系,使之符合新的所有制形式。

(三)需要找到科学的所有制实现形式

中国的社会主义公有制建立以后,除了进行分配制度和规章制度等方面的改革外,还要探索社会主义所有制的具体实现形式和运行方式。改革开放前,企业只是执行国家计划的工具,自主权较小,企业积极性和创造性很难发挥,如何发挥企业的积极性成了一个突出的问题。为此,党和政府对企业与市场的关系、政府与企业的关系以及企业管理等进行了多方面的探索,试图找到全民所有制的科学实现形式。

(四)所有制变更要以解放和发展生产力为目的

作为生产关系决定环节的所有制的变更,要以解放和发展生产力为目的。中国经过社会主义改造建立了社会主义公有制,并在社会主义建设过程中一度认为公有制程度越高,社会主义就越接近建成。由于当时中国经济落后,单一公有制的所有制结构脱离了中国国情,束缚了生产力的发展。在这种所有制的基础上建立起来的是高度集中的生产经营和管理体制,其否定了市场机制的作用,抑制了企业的积极性和创造力。实践证明,所有制并不是程度越高越好,而是要适应和促进生产力的发展。所有制及其表现形式应该严格遵循生产力标准,即要将是否有利于推动生产力的发展作为所有制选择和变革的主要标准。

总体上看,社会主义公有制的建立,奠定了中国发展的基础,发挥了重大的历史性作用。1981 年 6 月 27 日,党的十一届六中全会通过的《关于建国以来党的若干历史问题的决议》指出,党提出的过渡时期总路线是完全正确的,从理论和实践上解决了在中国这样一个占世界人口近四分之一的、经济文化落后的大国中建立社会主义的艰难任务,比较顺利地实现了如此复杂、困难和深刻的社会变革,促进了工农业和整个国民经济的发展,这的确是伟大的历史性胜利。2021 年 11 月 11 日，党的十九届六中全会通过的《中共中央关于党的百年奋斗重大成就和历史经验的决议》指出："社会主义制度的建立，为我国一切进步和发展奠定了重要基础。"①

江泽民在党的十五大报告中讲到 20 世纪有三次历史性的巨大变化，其中中华人民共和国的成立和社会主义制度的建立被看作是第二次历史性巨大变化。胡锦涛在纪念党的十一届三中全会召开 30 周年大会上指出，近一个世纪以来，我国先后发生三次伟大革命。"第二次革命是中国共产党领导的新民主主义革命和社会主义革命，推翻了帝国主义、封建主义、官僚资本主义在中国的统治，建立了新中国，确立了社会主义制度，为当代中国一切发展进步奠定了根本政治前提和制度基础。"②2023 年 2 月 7 日，习近平总书记在学习贯彻党的二十大精神研讨班开班式上发表重要讲话指出："新中国成立后，我们党团结带领人民进行社会主义革命，消灭在中国延续几千年的封建制度，确立社会主义基本制度，实现了中华民族有史以来最为广泛而深刻的社会变革，建立起独立的比较完整的工业体系和国民经济体系，社会主义革命和建设取得了独创性理论成果和巨大成就，为现代化建设奠定根本政治前提和宝贵经验、理论准备、物质基础。"③

---

① 《中共中央关于党的百年奋斗重大成就和历史经验的决议》，《人民日报》2021 年 11 月 17 日第 1 版。

② 中共中央文献研究室编：《十七大以来重要文献选编》上，中央文献出版社 2009 年版，第 809 页。

③ 《习近平在学习贯彻党的二十大精神研讨班开班式上发表重要讲话强调 正确理解和大力推进中国式现代化》，《人民日报》2023 年 2 月 8 日第 1 版。

第三节
选择计划经济体制

一、计划经济理论

马克思、恩格斯通过大量研究得出，资本主义制度下社会化大生产与生产资料私有之间的矛盾是资本主义社会的基本矛盾，它很难通过资本主义自身的努力加以克服，周期性的经济危机是不可避免的。生产资料的社会主义公有制是解决资本主义社会基本矛盾的根本出路。在社会主义公有制条件下，社会生产具备了有组织有计划的基本条件。1906 年，列宁在《土地问题和争取自由的斗争》一文中提出了“计划经济”。他认为，只要还存在着市场经济，只要还保持着货币权力和资本力量，世界上任何法律都无法消灭不平等和剥削。只有建立起大规模的社会化的计划经济，一切土地、工厂、工具都转归工人阶级所有，才可能消灭一切剥削。

社会主义克服了资本主义的内在矛盾，使社会生产力得到更大的发展，代表了人类社会的发展方向，有着资本主义不可比拟的社会制度方面的优越性。但社会历史的发展并不像理论推演的那样，它的发展运动轨迹极其复杂。经济文化相对落后的国家先于发达国家进入社会主义社会，这和马克思所设想的社会主义可能先在生产力高度发达的资本主义国家实现有很大不同。而经济文化相对落后的国家先于发达的国家进入社会主义社会，很大程度上会遭到较发达的资本主义国家的打击，这就有了更快发展生产力的急迫要求。因此，社会主义国家在发展生产力的过程中建立计划经济体制成为有效手段。

计划经济强调政府对经济活动的控制，通过政府对经济的干预实现资源的高效配置，使经济活动达到政府的目的。由于实行了生产资料公有制，社会主义国家能够根据国家需要来配置要素资源，主要通过指令性计划和指导性计划来管理与调节国民经济。苏联在社会主义建设时期推行了计划经济，实行以五年计划为核心的发展计划，这在当时发挥了很大的作用，能够有效地集中人力、物力、财力发展苏联当时急需的重工业。苏联实施计划经济和优先发展重工业战略后，工业化发展迅速，经过十月革命后 20 年时间的建设，国民生产总值就上升到世界第二位，这是苏联社会主义强大生命力的体现。这一成就为其在复杂的国际环境中生存发展奠定了基础，成为苏联在二战中战胜外国敌人的有力后盾，也说明苏联通过计划经济的方式来实践本国的发展战略是成效显著的。

然而计划经济也存在着局限性，其优势的发挥有一定的范围和领域。在经济联系比较简单的时期或者战时，计划经济是非常高效的资源配置方式；在资源短缺时，计划经济的优势也比较明显。但在社会主义实践中，随着经济的发展，其弊端就会逐步显示出来，改革就成为必然。

二、计划经济体制的确立

新中国成立前后，党和政府就已经在为经济建设作准备工作了。依据当时的国内外条件，学习和借鉴苏联的经验是最直接也是最快的经济发展方法。

1949 年 7 月 6 日，刘少奇致信斯大林，提出中共中央代表团访苏时拟学习苏联以下问题：苏联的国家机构，苏联经济的计划与管理，苏联的文化教育，苏共的组织与群众团体的组织。信中还提请苏联政府在苏联办一所专门学校帮助新中国培养建设管理人才，并希望苏联派出各方面的教授到中国工作等。①

1952 年 2 月 20 日，陈云致信李富春，同意发出中财委草拟的《关于加强计划工作大纲》。3 月 7 日，中财委发出此大纲，并要求各大区财委于 6 月底前分别作出本区五年计划，十年远景的方针任务、主要指标及轮廓计划，并对全国长远计划提出建议。

1952 年 8 月至 1953 年 6 月，李富春赴莫斯科同苏联方面商谈援建项目。其间，他比较全面地了解了苏联计划工作的方式、组织形式、工作制度，了解了经济发展规律和苏联社会主义建设的经验教训，对计划工作有了比较深入的认识。

1953 年 2 月 13 日，中共中央发出《关于建立计划机构的通知》，其中指出：为适应国家有计划的大规模建设的需要，中央人民政府已成立国家计划委员会，中央一级各国民经济部门及文教部门，必须迅速加强计划工作，建立起基层企业和基层工作部门的计划机构。各大区行政委员会和各省、市人民政府的财经委员会应担负计划任务，其有关计划业务，应受国家计划委员会指导。各省、市的财经委员会，应按照国家计划委员会与省、市党委及人民政府指示，综合编制各行业长期和年度计划，并检查计划执行情况，积极推动国营经济与合作经济的发展与壮大，保证各社会经济成分逐步按比例发展和协调。

关于计划委员会的主要职责，1953 年 10 月 21 日，周恩来在《关于计划委员会的机构人员等问题的初步意见》中提出："计划委员会是中央人民政

① 中共中央文献研究室编：《刘少奇年谱（一八九八—一九六九）》下卷，中央文献出版社 1996 年版，第 218 页。

府编制及检查财经、文教及有关军事工业生产与供应的长期计划和年度计划的工作机关。它与财经委员会、文教委员会的分工是：它只负责计划的正确编制和检查，至于执行计划当中的日常具体任务，则完全由财经委、文委等行政机构分别负责。”①这是对计划委员会职责的初步规定。

国家计划委员会成立后，开始着手建立和完善地方各级计划机构。当时地方各级政府的计划工作机构还不健全，影响了有计划地开展经济建设的工作。1954 年 2 月 1 日，中共中央发出《关于建立与充实各级计划机构的指示》，其中规定，中央人民政府所属各国民经济部门及文教部门，必须建立和健全计划机构，并应把计划机构逐级建立到基层工作部门和基层企业单位。这些计划机构在工作上受本部门直接领导，业务上应与国家计委的有关各局（处）建立经常的、密切的联系。各大区行政委员会，各省（市）、省属市及县（旗）人民政府，应设立计划委员会，吸收党委、政府和财经、文教部门的负责同志 9 人至 15 人组成，在业务上同时受上级计划机关和国家计委的指导。该指示还要求，中央各部及所属专业局、省（市）和省属市以上的计划机构应于 1954 年 6 月底以前建立和健全起来，各基层企业单位及县（旗）的计划机构于 1954 年 12 月底前必须建立起来。此后，中国在较短时间内，建立起同当时经济管理体制相适应的全国计划工作机构体系。

1955 年 2 月 7 日，刘少奇出席中共中央政治局会议，听取李富春关于全国第二次省市计划会议情况的汇报，并在会议上提出：“计划工作和计划机构要加强。计划工作不是临时的，计划机构要长期存在。县、乡也要搞计

① 中共中央文献研究室编：《周恩来年谱（1949～1976）》上卷，中央文献出版社 2007 年版，第 332 页。

划,就是搞不好也要开始,只要开始,慢慢地就会搞好。”①

1955 年 10 月 26 日,国务院常务会议批准了由李富春主持制定的《中华人民共和国国家计划委员会暂行工作条例》。该条例对国家计委的工作职能、工作原则、机构设置、部门关系都作了明确规定,使得计委的工作更加条理化、系统化。这对中国的经济建设发挥了重要作用。至此,中国的计划经济初步建立起来。

1959 年,毛泽东等在读《政治经济学教科书》时对中国的计划经济进行了初步反思,并提出了改革计划方法的问题。12 月 15 日,毛泽东在读到教科书说苏联社会主义工业化能够取得胜利,是因为依据了经济发展规律,并善于利用社会主义经济的优越性时,说:“计划是意识形态。意识是实际的反映,又对实际起反作用。过去我们计划规定沿海省份不建设新的工业,一九五七年以前没有进行什么新建设,整整耽误了七年的时间。一九五八年以后,才开始在这些省份进行大的建设,两年中得到很快的发展。这就说明,像计划这类意识形态的东西,对经济的发展和不发展,对经济发展的快慢,有着多么大的作用。”②

三、对计划经济工作如何处理好几种关系的探索

中国自确立计划经济体制起,就对如何管理计划经济、如何使经济计划更好地发挥作用进行不断的探索并取得了一定的成绩。

中国计划经济刚起步时,李富春对如何提高计划工作水平,从而使计划工作更全面和准确地提出了系统性意见:“(一)‘系统地、全面地、及时地调查和了解国民经济情况,这是做好计划工作的基本条件。熟悉情况,才能做

① 中共中央文献研究室编:《刘少奇年谱(一八九八—一九六九)》下卷,中央文献出版社 1996 年版,第 331 页。

② 中共中央文献研究室编:《毛泽东文集》第八卷,人民出版社 1999 年版,第 119 页。

好计划，否则就会发生盲目性。'（二）'加强对经济生活中的重要情况和问题的研究。各级计划机关除了进行上述全面经济情况的调查和研究外，还必须有重点地进行一些重大问题的研究。'（三）'发挥各级计划机关的积极性和主动性，加强中央和地方计划机关的密切配合。'为此，要解决对计划注意不够，对中央计划与地方计划的分工和配合缺乏明确的规定等问题。（四）'加强计划业务和党的政策的学习，树立计划人员的正确作风。'"[①]该意见受到计划部门以及其他经济部门的高度重视。

然而，由于计划经济包含政治、经济、社会生活的方方面面，涉及一系列复杂的关系，其实施起来十分复杂。中国在实施计划经济过程中结合中国实际对如何处理好各方面关系进行了艰难探索。

（一）中央计划与地方计划

中国人口多、底子薄、民族多，国情较为复杂。中国在实行中央集权的经济管理体制的同时，鉴于国情的复杂性，在中央的集中统一领导之下，又给了地方一定的自主权。

中国的经济计划分为中央计划与地方计划，地方计划要根据中央计划并结合地方特点来制订，这既能保证中央计划的完成，又能结合地方特点发挥地方的积极性和创造性。中国在实施计划经济时，重视处理中央与地方的关系。李富春曾认为，过去对地方计划注意不够，对中央计划与地方计划的分工和配合缺乏明确的规定，使国民经济在发展中出现的一些问题没有得到及时解决。他强调要加强中央计划与地方计划的结合，认为地方计划应该服从国家计划的统一要求。中央部门在统一平衡时，对于各地区的具体情况也应当切实照顾。对于中央和地方在计划编制中的分工问题，1953

① 房维中、金冲及主编：《李富春传》，中央文献出版社2001年版，第468页。

年颁布的《关于编制经济年度计划暂行办法(草案)》作了明确规定:中央主管部门和地区两个编制计划的系统各有侧重。中央主管部门负责编制其直属企业和事业(包括中苏合营企业)及其管理的公私合营企业的各项计划草案;大区、省(市)负责编制其所属的国营企业和事业、公私合营工业、私营工业及个体手工业各项计划草案。农业、造林、水利、交通运输、文教卫生等事业(中央直接管理的除外),国内商业(包括各种经济类型)以及合作社工业,由大区、省(市)分别编制地区计划草案,分送中央各主管部门进行综合,编制全国的计划草案。

1962 年 1 月 20 日,周恩来修改在扩大的中央工作会议上的报告稿时,对报告稿中的"基本经验教训"部分所列 12 条提出书面补充意见:"统一的国家计划是由中央和地方分级管理的企业和事业计划构成的。""'国家体制问题'就是'集中统一和分级管理,中央集权和地方分权,统一的国家计划和发挥地方积极性问题'。"①

(二)计划工作综合平衡与群众路线关系

综合平衡是经济工作的重要方法,在编制经济计划时具有重要的方法论意义。陈云在编制"一五"计划草案时指出:"计划中的平衡是一种紧张的平衡。计划中要有带头的东西。就近期来说,就是工业,尤其是重工业。工业发展了,其他部门就一定得跟上。这样就不能不显得很吃力,很紧张。样样宽裕的平衡是不会有的,齐头并进是进不快的。但紧张决不能搞到平衡破裂的程度。"②

---

① 中共中央文献研究室编:《周恩来年谱(1949~1976)》中卷,中央文献出版社 2007 年版,第 453 页。

② 中共中央文献研究室编:《建国以来重要文献选编》第五册,中央文献出版社 2011 年版,第 298 页。

“大跃进”运动中,鼓励群众敢想敢干,出现了一些片面强调群众路线的情况,以至于群众路线被当作计划工作的主要方法。实践证明,计划的制订必须有细致的综合平衡过程。毛泽东也指出,计划工作必须搞综合平衡,经济建设必须鼓足干劲,又要实事求是,管理国家和管理家庭一样,要精打细算。

1959 年 11 月 21 日,刘少奇在学习苏联《政治经济学教科书》讨论会上对计划工作的进一步发展提出了要求:“为了搞好经济工作,既要有政治挂帅,又要有经济核算,有计划工作的综合平衡。”①1962 年,刘少奇在七千人大会上肯定了综合平衡在计划经济中的重要作用,他指出:“做好计划工作,必须注意综合平衡,恰当地安排农业、轻工业、重工业、运输业之间的比例关系,以及这些部门内部的比例关系。”②

(三)计划工作要长期计划与短期计划配合

国民经济计划可分为长期计划与短期计划。长期计划通常是五年以上计划,短期计划则主要是指年度计划。长期计划应当充分可靠,短期计划应当积极可靠,两者都应该利用各种有利条件,调动各种积极因素,发挥潜在力量,注意瞻前顾后,这样才能既防止冒进,又防止保守。长期计划一定要建立在可靠的基础上,五年计划一经制订,就一定要完成,并争取超额完成。这不但在经济上,而且在政治、舆论与人民情绪上,都必须如此。因此,长期计划要可靠,要紧张,更要有把握。短期计划则应当根据我国当前社会经济的情况,国家经济建设总的方针、政策和长期计划所规定的基本任务来制订;短期计划的指标应高于长期计划中规定的年度指标,这就可以保证五年

① 中共中央文献研究室编:《刘少奇年谱(一八九八—一九六九)》下卷,中央文献出版社 1996 年版,第 472 页。

② 刘少奇:《刘少奇论新中国经济建设》,中央文献出版社 1993 年版,第 470 页。

计划不仅能够完成而且能超额完成，就能做到既紧张又有把握，既克服冒进又防止保守。

1956年2月28日，周恩来主持国务院常务会议，在讨论修订《一九五六年国民经济计划（草案）》时指出："过去，我们搞计划没有经验，是先搞个财政框子，然后在框子里搞计划。今后需要将长远计划和年度计划分设机构掌管，把搞年度计划和生产督促检查的经济委员会搞起来，这很重要。但是年度计划与长远计划必须相结合。"①

1963年2月20日，李富春在国家计委领导小组会议上，针对过去不重视长期计划的问题作了比较系统的发言。他认为：前些年没有长期计划，吃了苦头。发展国民经济，建设社会主义，必须要有长期计划。编制长期计划，要从远处着眼、近处着手。二十年的奋斗目标，就是要基本上实现农业、工业、国防和科学技术的现代化，基本上建立全国统一的、独立完整的、现代化的国民经济体系。十年的奋斗目标，需要在计划编制过程中逐步明确起来。第三个五年的奋斗目标，应集中力量解决人民的吃穿用。领导小组同志一致赞同他的这个设想。会后，他将上述设想写成《关于编制长期计划工作的要点》报送党中央。

（四）编制计划与调查研究

调查研究是中国共产党的重要工作方法，毛泽东提出"没有调查，没有发言权"的重要论断。计划工作作为经济活动中的前瞻性工作，必须有充分的调查研究。中国计划经济初创时就对调查研究工作重视得不够，致使制定的计划指标与实际经济运行相差较大，经济工作遭受了一定程度的波动

---

① 中共中央文献研究室编：《周恩来年谱（1949～1976）》上卷，中央文献出版社2007年版，第552页。

和损失。

李富春在长期的计划工作实践中充分认识到，编制计划要进行多方面的沟通、多方面的调查研究。李富春在 1964 年 5 月 28 日的会议上就计划安排问题谈了几点意见，他说："搞好计划，必须尽可能吃透两头，一头是主席的思想和中央的方针、政策，例如摆好战略布局、坐稳屁股、多快好省；一头是调查研究，工农业生产和基本建设都有很多潜力，首先计委要下去调查三个月，同各地区一起研究计划。"①此外，李富春还曾指出在长期规划中基本方针和具体方案的关系问题：方针政策是第一位的，具体方案是第二位的，方针政策是制订计划的基础，具体方案是方针政策的具体化。只有先确定基本方针，才能拟订具体计划。只有方针政策正确，具体方案才能避免大的失误。

需注意的是，由于计划经济自身存在着一些问题，单纯依靠加强调查研究无法解决计划经济内在的问题，但缺乏调查研究或者调查研究不够会放大计划经济的内在缺陷，在实践中给经济工作造成更大的损失和困难。

四、计划经济的固有问题与改进办法

计划经济有其自身的优缺点，也有一定的适用范围。为了使经济计划更好地服务经济工作，党和政府对计划经济工作进行了更深入的探索。

刘少奇较早认识到计划经济的缺陷，他在 1957 年 4 月 27 日就指出单一计划管理的弊病："社会主义经济的特点是有计划性，是计划经济，但是实际社会经济活动，包括各行各业、各个方面，有几千种、几万种、几十万种，国家计划是不可能计划那么几千、几万、几十万种，只能计划那么多少类，结果

① 房维中、金冲及主编：《李富春传》，中央文献出版社 2001 年版，第 634 页。

就把社会经济生活搞得简单了，呆板了。”[①]国家计划如何反映丰富多样的经济生活确实是一个悬而未决的课题。为此，党和国家在总结经验的基础上不断进行改进。

（一）统计、物资是计划的基础，计划经济主要靠全民所有制

统计是经济决策的基础，也是制订计划的基础工作。1952 年 12 月 22 日，朱德在第二届全国统计工作会议上提出：“从明年起我们将开始大规模的经济建设，这就需要编制正确的计划。统计工作是计划的基础。要编制正确的经济计划，就必须有正确的统计。因此，建立和健全统计工作已成为重要任务。统计工作者是给国家管家务的，因此，统计干部必须是政治上绝对可靠，全心全意为人民服务的。统计工作部门不但要向领导机关提供统计资料，而且要负责监督检查各种计划的完成状况。”[②]

物资短缺是中国计划经济时期的一个突出特征，没有物资，计划将无法执行。刘少奇提出计划工作必须以物资为基础。1962 年 3 月 8 日，刘少奇在听取谷牧等人汇报工作时指出：“国家计划工作，必须建立在物资基础上，要有物资做保证，不掌握物资，计划是空的。物资要留有余地，这样计划才能够兑现。过去指标高，缺口大，不好办。今后指标降低，就比较容易办些。”[③]6 月 3 日，刘少奇会见越南劳动党中央委员会主席胡志明，在谈到中国经济建设的经验教训时又说：“工业搞多少，文教事业规模搞多大才适当？在这方面，几年来我们已经认识到要看农民能拿出多少商品粮食，才能确定可以搞多少工业和文教事业。”“马克思在《资本论》里面谈到这个问题。他

① 金冲及主编，中共中央文献研究室编：《刘少奇传》下，中央文献出版社 2011 年版，第 749 页。

② 中共中央文献研究室编：《朱德年谱（新编本）》下，中央文献出版社 2006 年版，第 1439 页。

③ 中共中央文献研究室编：《刘少奇论新中国经济建设》，中央文献出版社 1993 年版，第 497 页。

说，农民除自己消费外，能提供多少粮食和农产品，决定能腾出多少劳动力来从事社会的物质生产和精神生产。物质生产即搞工业，精神生产即搞科学、文化、艺术。计划经济中的第一个比例即是工业和农业之间的比例。这个比例要适当。"①

随着中国社会主义改造的完成，公有制经济成了国民经济最主要的部分。1962 年 6 月 6 日，李先念在全国物资工作会议上指出："社会主义是计划经济，就是要克服资本主义的盲目性，就得有计划。计划靠什么？计划经济主要靠全民所有制。计划是统一的，物资是计划的基础，如果不统一管理物资，就不能统一计划，就不可能有计划按比例地搞好社会主义建设，这个道理是很明显的。"②

（二）计划经济要有后备，计划指标要留有余地

计划指标定得很高，也使得各方面都出现了很紧张的实际情况。对此，张闻天在庐山会议上指出："计划经济要有后备，因为生产中的局部比例失调是经常可能出现的，有了后备就不怕。现在的情况是，比例失调太大，许多后备都用掉了。我们不仅不应把后备用掉，还要使它有所增加。一旦有个三长两短，例如大荒年或国际形势紧张，就能做到有恃无恐。"③1962 年，刘少奇在七千人大会上指出："社会主义经济，要有统一的国家计划。计划指标必须符合实际，并且适当地留有余地，保持必要的后备力量。"④1965 年，刘少奇在同时任物资管理部部长袁宝华谈话时又指出："生产计划全国

① 中共中央文献研究室编：《刘少奇年谱（一八九八—一九六九）》下卷，中央文献出版社 1996 年版，第 556—557 页。

② 李先念：《李先念论财政金融贸易（一九五〇—一九九一年）》下卷，中国财政经济出版社 1992 年版，第 23 页。

③ 《张闻天文集》编辑组编：《张闻天文集》第四卷，中共党史出版社 1995 年版，第 327 页。

④ 中共中央文献研究室编：《刘少奇论新中国经济建设》，中央文献出版社 1993 年版，第 470 页。

应该统一地留有余地，不应该层层加码和层层留有余地。”①

（三）对苏联的计划经济方法要有选择地学习应用

在“一五”计划时期，中国学习苏联的方法，以主要产品平衡的方法来制订五年计划和年度计划。但是由于当时农业占国民经济比重很大，而农业受自然因素影响比较大，中国当时抵御自然灾害的能力又比较薄弱，因而计划受到农业生产的制约。

1961 年 4 月 4 日至 10 日，陈云在关于加速发展氮肥工业的座谈会上指出：“中国共产党的特点是不被框子框住。对苏联的计划经济方法，我们应当既有吸收，也有扬弃。五个并举和群众路线就是针对苏联的一长制和忽视农业等缺点提出来的。”②五个并举，即工业农业并举、重工业轻工业并举、中央工业地方工业并举、大型企业中小型企业并举、洋法生产土法生产并举。1964 年 5 月 15 日至 6 月 17 日，中共中央在北京举行工作会议，毛泽东在会上指出：“过去我们制定计划的方法基本上是学苏联的，先定下多少钢，然后再根据这来计算要多少煤、电、运输力量等等，再根据这些计算增加多少城市人口，多少生活福利。要改变计划方法，我们的方针是以农业为基础，以工业为主导。制定计划时先看可能生产多少粮食、棉花和其他经济作物，再看需要多少化肥、农药、机械、钢铁。”③1965 年 6 月 16 日，毛泽东和周恩来听取余秋里关于编制第三个五年计划和长远规划的一些问题的汇报。毛泽东在听取汇报时指出，编制计划要考虑三个因素：第一是老百姓，不要丧失民心；第二是打仗；第三是灾荒。

① 中共中央文献研究室编：《刘少奇论新中国经济建设》，中央文献出版社 1993 年版，第 549 页。

② 中共中央文献研究室编：《陈云年谱（修订本）》下卷，中央文献出版社 2015 年版，第 82 页。

③ 中共中央文献研究室编：《陈云年谱（修订本）》下卷，中央文献出版社 2015 年版，第 146 页。

（四）计划方法和步骤的改进

在实行计划经济的过程中，党和政府看到了计划方法的一些弊端与缺陷，于是开始有意识地改进计划方法和步骤。1960 年 11 月 16 日，周恩来在汇报 1961 年计划的会议上指出："过去订计划，是从头到脚，先确定指标，后平衡计算。今后应坚持从实际出发，从脚到头，经过平衡、计算，最后确定指标的方法。具体步骤要计算和考虑：(1)原料，(2)材料，(3)设备，(4)维修配件，(5)进口可能，(6)运输，(7)技术，(8)布点，(9)投资，(10)指标。"①

随着经济的发展以及对经验教训的不断总结，中国对计划经济的认识也越来越深刻。1962 年 3 月 28 日，在第二届全国人民代表大会第三次会议上，周恩来在《政府工作报告》中提出要进一步改进计划工作："计划机关在拟订国家计划的过程中，应该进行系统的调查研究，根据准确的资料，集中各部门、各地方的初步计划，精打细算，不留缺口，做好综合平衡，力求使国家计划指标符合实际，并且适当留有余地，保持必要的后备。""我们的计划工作必须走群众路线，倾听群众的意见，吸取各方面的专家、科学家们的意见。""各部门、各地方，都应该及时地如实地提供情况和统计数字，提出关键性的问题，拟订有可靠根据的计划草案，帮助国家计划委员会制订切实可行的国家计划。在国家计划确定以后，都要严格执行，保证实现，不得随意改变。对于计划的执行情况，要严格检查。"②

① 中共中央文献研究室编：《周恩来经济文选》，中央文献出版社 1993 年版，第 417 页。

② 中共中央文献研究室编：《周恩来经济文选》，中央文献出版社 1993 年版，第 479 页。

第四节
社会主义发展阶段和目标的探索

在中国这样一个人口多、底子薄的国家建设社会主义，必然要经历一个长期的过程，党和政府对此有着清醒的认识。自成立之初，中国共产党就以马克思主义为指导，结合实际对中国社会经济发展的阶段和目标进行了艰辛的探索。

一、新民主主义革命时期对中国发展的探索

1919 年的五四运动是一场彻底的反帝反封建运动，也标志着新民主主义革命的伟大开端。而中国共产党的成立，是五四运动的最大成果和最大收获。1921 年 7 月，中国共产党第一次全国代表大会在上海召开。1922 年，党的二大通过《中国共产党第二次全国代表大会宣言》，第一次正式提出了打倒军阀、推翻国际帝国主义的压迫、统一中国为真正的民主共和国的最低纲领和渐次达到一个共产主义社会的最高纲领。从经济发展的意义上讲，最低纲领的实现，是为经济的发展创造条件，而要达到共产主义的最高纲领则需要生产力的极大发展，这也为中国经济发展设定了最高目标。大革命失败后，中国共产党通过建立革命根据地，开辟了农村包围城市、武装夺取政权的革命道路。

党的七大召开前后，中国共产党经过正反两方面的斗争，在理论方面已经完全成熟，斗争经验更为丰富。另外，中国的抗日战争即将取得胜利，中国共产党有必要向全国人民宣传自己的政治纲领和政治主张。毛泽东依照马克思主义的基本原理，从中国发展的角度出发，初步总结了中国革命的经

验，认为在中国实现工业化是中国社会历史发展的必然结果，认为“中国社会的进步将主要依靠工业的发展”①。毛泽东把工业化发展看作是新民主主义革命的任务，并进一步把工业发展同国防安全、人民生活改善和国家富强联系起来。1949 年 3 月，在中国共产党七届二中全会上，毛泽东指出：“在革命胜利以后，迅速地恢复和发展生产，对付国外的帝国主义，使中国稳步地由农业国转变为工业国，把中国建设成一个伟大的社会主义国家。”②

二、新中国成立后对中国社会主义发展阶段和目标的探索

新中国成立意味着党的最低纲领的实现，也意味着国家进行工业化的政治经济条件已经初步具备。经过新中国头三年的经济恢复，中国开始了“一五”计划建设时期。对于中国建设的目标，1954 年 9 月，毛泽东在第一届全国人民代表大会第一次会议上提出，要“将我们现在这样一个经济上文化上落后的国家，建设成为一个工业化的具有高度现代文化程度的伟大的国家”③。

中国这样一个人口众多的国家要实现经济发展并达到预定的目标是不容易的。对于中国经济发展所面临的问题和困难，党和政府也是清楚的。1955 年 3 月 21 日，毛泽东在中国共产党全国代表会议上致开幕词时指出：“在我们这样一个大国里面，情况是复杂的，国民经济原来又很落后，要建成社会主义社会，并不是轻而易举的事。我们可能经过三个五年计划建成社会主义社会，但要建成为一个强大的高度社会主义工业化的国家，就需要有

① 中共中央文献研究室编：《毛泽东文集》第三卷，人民出版社 1996 年版，第 183 页。
② 毛泽东：《毛泽东选集》第四卷，人民出版社 1991 年版，第 1437 页。
③ 中共中央文献研究室编：《毛泽东文集》第六卷，人民出版社 1999 年版，第 350 页。

几十年的艰苦努力，比如说，要有五十年的时间，即本世纪的整个下半世纪。”①

随着中国社会经济的快速发展以及国际环境的变化，1956 年 8 月 30 日，毛泽东在第八次全国代表大会预备会议上提出了赶超美国的设想。他指出：“我们这个国家建设起来，是一个伟大的社会主义国家，将完全改变过去一百多年落后的那种情况，被人家看不起的那种情况，倒霉的那种情况，而且会赶上世界上最强大的资本主义国家，就是美国。”这反映出毛泽东当时对中国发展的历史紧迫感和责任感，提出赶超美国的远大目标也是对中国人民的巨大激励。

1956 年，中国共产党第八次全国代表大会对我国社会主义改造完成后的社会矛盾进行了阐述，指出先进的社会主义制度同落后的社会生产力之间的矛盾是我国社会的主要矛盾。根据主要矛盾决定主要任务的原则，党和国家的主要任务就是集中力量发展生产力。这个主要矛盾的确立对我国经济的发展起到了促进作用。

1956 年 11 月 12 日，毛泽东发表《纪念孙中山先生》一文。文中毛泽东对中国进入 21 世纪的发展目标进行了展望，他指出：“一九一一年的革命，即辛亥革命，到今年，不过四十五年，中国的面目完全变了。再过四十五年，就是二千零一年，也就是进到二十一世纪的时候，中国的面目更要大变。中国将变为一个强大的社会主义工业国。中国应当这样。因为中国是一个具有九百六十万平方公里土地和六万万人口的国家，中国应当对于人类有较大的贡献。”②

---

① 中共中央文献研究室编：《毛泽东文集》第六卷，人民出版社 1999 年版，第 390 页。
② 中共中央文献研究室编：《毛泽东文集》第七卷，人民出版社 1999 年版，第 156—157 页。

社会主义改造完成后，社会主义制度在中国建立起来了。社会主义基本制度确立以后，如何在中国建设社会主义，是党和政府面临的崭新课题。这一时期，中国的社会主义经济建设尽管取得了重大的成就，但与发达国家相比仍有较大差距。毛泽东在莫斯科共产党和工人党代表会议上的讲话指出："中国从政治上、人口上说是个大国，从经济上说现在还是个小国。"①中国要改变与世界力量的对比，就必须建设成强大的社会主义国家。

1957年2月27日，毛泽东在最高国务会议第十一次（扩大）会议上发表了《关于正确处理人民内部矛盾的问题》的重要讲话，对社会主义社会的矛盾问题进行了分析，指出人民内部矛盾和敌我矛盾是两类不同性质的矛盾，处理人民内部矛盾已经成为主要的工作，而发展经济、改善民生是处理好人民内部矛盾的重要手段之一。

1957年3月20日，毛泽东在江苏、安徽两省及南京军区党员干部会议上发表讲话，指出："社会主义这种新的生产关系刚刚建立，还没有完全建立好，至于用主要力量搞生产，我们才刚刚开始。没有生产就没有生活，没有多的生产就没有好的生活。把我们的国家建设好要多少年呢？我看大概要一百年吧。要分几步来走：大概有十几年会稍微好一点；有个二三十年就更好一点；有个五十年可以勉强像个样子；有一百年那就了不起，就和现在大不相同了。"②这里毛泽东提出了中国建设发展的四个时间节点，即十几年、二三十年、五十年和一百年。

1959年12月18日，毛泽东在读苏联《政治经济学教科书》时，比较集中地谈论了社会主义的发展阶段问题，指出："社会主义这个阶段，又可能分为两

① 中共中央文献研究室编：《毛泽东文集》第七卷，人民出版社1999年版，第325页。

② 中共中央文献研究室编：《毛泽东年谱（一九四九—一九七六）》第三卷，中央文献出版社2013年版，第119—120页。

个阶段，第一个阶段是不发达的社会主义，第二个阶段是比较发达的社会主义。后一阶段可能比前一阶段需要更长的时间。经过后一阶段，到了物质产品、精神财富都极为丰富和人们的共产主义觉悟极大提高的时候，就可以进入共产主义社会了。”[①]毛泽东关于社会主义分为不发达和比较发达两个阶段的思想，为以后社会主义初级阶段理论的提出提供了重要的理论依据。

1961 年 9 月，毛泽东进一步指出：建设强大的社会主义经济，要有几十年到一百年的时间，比如五十年到一百年。要完成社会主义的阶段，需要很长的历史时期。同年 10 月，毛泽东到钓鱼台迎宾馆回访尼泊尔国王和王后时说：“十二年前，旧社会给我们留下的东西太少了。帝国主义统治我们实际上有一百多年，他们就是从中国拿东西走，不在中国建设什么。现在，我们一方面要发展农业、畜牧业，解决吃的穿的问题；另一方面要搞重工业。没有重工业就没有钢铁，也不会有机器，这就不行了。我们的国家还是个穷国，要搞得好一些至少要五十年到一百年。一个世纪不算长，欧洲、美洲花了几个世纪才到今天的程度，我们用一个世纪超过就算好了。”[②]

1962 年 1 月 30 日，毛泽东在人民大会堂主持扩大的中央工作会议全体会议，并作长篇讲话。他指出：“在我国，要建设起强大的社会主义经济，我估计要花一百多年。”“中国的人口多、底子薄，经济落后，要使生产力很大地发展起来，要赶上和超过世界上最先进的资本主义国家，没有一百多年的时间，我看是不行的。对于建设社会主义的规律的认识，必须有一个过程。必须从实践出发，从没有经验到有经验，从有较少的经验，到有较多的经验，从

① 中共中央文献研究室编：《毛泽东年谱（一九四九——一九七六）》第四卷，中央文献出版社 2013 年版，第 264 页。

② 中共中央文献研究室编：《毛泽东年谱（一九四九——一九七六）》第五卷，中央文献出版社 2013 年版，第 36 页。

建设社会主义这个未被认识的必然王国，到逐步地克服盲目性、认识客观规律、从而获得自由，在认识上出现一个飞跃，达到自由王国。”①同年3月20日，毛泽东审阅修改一份讲话的整理稿时加写道：“要超过世界最强大的美国，尽多一百多年，也就可以了，因为我们的社会主义制度优胜于资本主义制度，我们的无产阶级政党——共产党的领导优胜于资产阶级政党的领导。资本主义需要三百多年才能发展到现在这样的水平，我们肯定在几十年内，至多在一百多年内，就可以赶上和超过它。”②12月3日，毛泽东在会见巴西客人时又说：“中国的工业基础是有了一些，但不够，并且不是在一个很短的时间里就可以建立起来，可以赶上世界水平的，需要一个世纪。我们准备用五十年到一百年的时间。”③

随着经济调整的成功，经济形势向好，1964年12月，周恩来在第三届全国人大一次会议上作的《政府工作报告》中对中国经济发展的目标任务和发展阶段作了规定。报告指出：“今后发展国民经济的主要任务，总的说来，就是要在不太长的历史时期内，把我国建设成为一个具有现代农业、现代工业、现代国防和现代科学技术的社会主义强国，赶上和超过世界先进水平。”④报告还对中国实现现代化的时间步骤作了安排：第一步，建立一个独立的比较完整的工业体系和国民经济体系；第二步，全面实现农业、工业、国防和科学技术的现代化，使我国经济走在世界的前列。1975年1月，第四届全国人大一次会议重申了这一“两步设想”，并且指出：“从国内国际的形势

---

① 中共中央文献研究室编：《毛泽东年谱（一九四九—一九七六）》第五卷，中央文献出版社2013年版，第79页。

② 中共中央文献研究室编：《毛泽东年谱（一九四九—一九七六）》第五卷，中央文献出版社2013年版，第92页。

③ 中共中央文献研究室编：《毛泽东年谱（一九四九—一九七六）》第五卷，中央文献出版社2013年版，第173页。

④ 中共中央文献研究室编：《周恩来经济文选》，中央文献出版社1993年版，第563页。

看，今后的十年，是实现上述两步设想的关键的十年。在这个时期内，我们不仅要建成一个独立的比较完整的工业体系和国民经济体系，而且要向实现第二步设想的宏伟目标前进。”①

小　结

在苏联社会主义建设过程中，公有制和计划经济被认为是社会主义的最主要特征。新中国成立后，党和政府借鉴苏联模式建立了社会主义公有制和计划经济，这也是中国式现代化得以发展的所有制基础和体制环境。

新中国在建立社会主义公有制的过程中，提出了以“一化三改”为核心内容的过渡时期总路线，这包括社会主义工业化的逐步实现和社会主义改造两个方面的内容，体现了生产力和生产关系、经济基础和上层建筑的关系。通过对农业、手工业和资本主义工商业的社会主义改造，新中国建立起以公有制为基础的社会主义制度。社会主义制度的建立是一次历史性巨变，奠定了中国式现代化发展的根本政治前提和制度基础，是伟大的胜利。公有制经济对中国式现代化产生了深远的影响。

中国在实施“一五”计划过程中，逐步确立了社会主义计划经济体制，并对计划经济进行了多方面的探索。“一五”计划获得了很大的成功，中国式现代化得以初步发展。但随着中国经济建设的不断深入，苏联模式局限和中国经济自身发展过程中的一些问题暴露出来后，中国提出了以苏为鉴、走自己的路的主张，继续探索中国式现代化发展道路。

总体上看，这一时期建立的计划经济为中国式现代化奠定了体制基础，

① 中共中央文献研究室编：《周恩来经济文选》，中央文献出版社1993年版，第652—653页。

国家通过计划经济体制实现了对资源配置权力的高度集中，确保了国家计划和重大项目工程的实施，推进了工业化发展。然而由于计划经济有自身的局限性，随着经济规模的扩大和经济联系的复杂化，计划经济发挥的效用逐步递减，制约了进一步发展，这也为改革开放后实行市场经济积累了历史经验教训。

党和政府在社会主义革命和建设过程中，对中国式现代化的发展战略进行了探索。经过不断总结经验，党和政府在探索社会主义发展阶段和目标时更加清醒，对发展阶段和目标的确立也更趋近于实际国情。在探索过程中，中国提出了“两步走”的发展战略和“四个现代化”的发展目标，明确提出了实现“四个现代化”的历史性任务，对中国式现代化进行了初步阐释，为中国式现代化发展奠定了基础。

第二章 ▶ 优先发展重工业战略：工业化战略的初步选择

工业化是经济现代化的必由之路。在新中国成立前的党的七届二中全会上，毛泽东提出了建设工业国的目标。新中国成立后，将中国从传统农业国变为现代工业国是党和政府坚定不移的选择。面对复杂的国内外环境和国内产业结构等国情，经过对各种方案的全面考虑，新中国最终确定了优先发展重工业战略，这也是中国式现代化的重要特点。工业化发展的战略确定之后，国家通过多种渠道筹措发展资金来保证战略的实施，并确立了以农业为基础、以工业为先导的发展国民经济的方针。经过艰苦奋斗，中国初步建立起独立的比较完整的工业体系和国民经济体系，这也为中国式现代化奠定了坚实的物质基础。

第一节
优先发展重工业的工业化战略选择

一、马克思主义的生产资料优先发展是中国优先发展重工业的理论基础

马克思主义社会再生产理论指出，全部社会生产分为两大部类，第一部类为生产资料生产，第二部类为消费资料生产，两大部类中只有优先发展第一部类，才有可能实现扩大再生产。而优先发展重工业就是优先发展第一部类，这能为社会扩大再生产提供基础，有效增强轻工业和农业的生产能力。

列宁坚持马克思主义的基本原理和基本观点，强调社会主义必须建立在社会化大生产基础之上，把实现工业化、发展生产力作为社会主义在俄国最终胜利的唯一保证。1921 年 6 月，列宁在共产国际第三次代表大会上谈到社会主义物质基础和俄罗斯国家电气化计划时指出，社会主义的唯一物质基础，就是同时也能改造农业的大机器工业，并要求把这一原理具体化应用到苏维埃的社会主义建设中去。列宁所追求的社会主义是生产力高度发达的社会主义，是建立在工业化基础上的科技水平很高的社会主义。

1928 年至 1932 年是苏联第一个五年计划时期，当时正是帝国主义国家经济大萧条时期，苏联共产党和政府推行大规模有计划的社会主义建设。苏联在第一个五年计划期间抓住国内外各种有利条件，大力发展工业，使工业化水平得以大规模提高。到 1932 年，苏联工业产量在整个国民经济中的比重增加到 70%，而这一数字在 1928 年还是 48%；独立的比较完整的工业

体系在苏联初步建立，苏联初步实现了由农业国到工业国的转变。苏联制造生产资料的工业所占比重到1932年为53.3%，比1928年的43%提高了10个百分点。从世界范围看，当时苏联工业发展速度居世界第一位，其工业产量上升到世界第二位。

“一五”计划结束后，苏联于1933年开始了第二个五年计划。到1937年也就是苏联“二五”计划结束时，工业总产值比1932年增加了1.2倍，比1913年几乎增加了五倍。重工业在全部工业中占57.8%。这种基于重工业优先发展的工业化道路取得的成就，一方面为苏联社会主义建设奠定了物质基础，另一方面也为苏联应对之后全面爆发的二战作了必要的物质准备。

中国接受了马克思主义关于生产资料优先发展的理论，刘少奇在党的八大报告中指出，中国生产力落后的标志就是生产资料工业的产值在全部工业产值中所占的比重很低，1949年这个比重只有26.6%。从根本上改变这种状况，是中国实行的社会主义工业化政策的重要内容。经过三年经济恢复时期，1952年生产资料工业的产值约占我国全部工业产值的35.6%，而到“一五”计划期末，这个比例将有可能上升到40%以上。①

二、中国共产党是优先发展重工业战略的领导力量

工业化是中国人民百年来的梦想。中国共产党自成立之日起，便致力于民族独立、国家富强和人民幸福。中国共产党经过长期艰苦复杂的斗争，不断把马克思主义与中国实际相结合，用马克思主义的基本原理来指导中国革命的实践。

---

① 中共中央文献研究室编：《刘少奇论新中国经济建设》，中央文献出版社1993年版，第303页。

延安时期,毛泽东依照马克思主义的基本原理,从中国发展的角度出发,初步总结了中国革命的经验,认为在中国实现工业化,是中国社会历史发展的必然结果,“中国社会的进步将主要依靠工业的发展”①。他旗帜鲜明地指出:“简单言之,新民主主义社会的基础是机器,不是手工。我们现在还没有获得机器,所以我们还没有胜利。如果我们永远不能获得机器,我们就永远不能胜利,我们就要灭亡。现在的农村是暂时的根据地,不是也不能是整个中国民主社会的主要基础。由农业基础到工业基础,正是我们革命的任务。”②毛泽东在《论联合政府》一文中进一步指出:“没有工业,便没有巩固的国防,便没有人民的福利,便没有国家的富强。”③毛泽东把工业化发展看作是新民主主义革命的任务,指出新民主主义社会的基础是机器,并进一步把工业发展同国防安全、人民生活的改善和国家富强联系起来,可见工业化的重要性。

1949 年 3 月,在中国共产党第七届中央委员会第二次全体会议上,毛泽东指出:“在革命胜利以后,迅速地恢复和发展生产,对付国外的帝国主义,使中国稳步地由农业国转变为工业国,把中国建设成一个伟大的社会主义国家。”④会上,他还提出中国工业化的实现必须以节制资本和统制对外贸易为前提。1949 年 6 月,刘少奇在论述新中国的财政经济政策时指出:“中国要工业化,路只有两条:一是帝国主义;一是社会主义。历史证明,很多工业化的国家走上帝国主义的路。如果在没有工业化的时候,专门想工业化,

---

① 中共中央文献研究室编:《毛泽东文集》第三卷,人民出版社 1996 年版,第 183 页。
② 中共中央文献研究室编:《毛泽东文集》第三卷,人民出版社 1996 年版,第 207 页。
③ 毛泽东:《毛泽东选集》第三卷,人民出版社 1991 年版,第 1080 页。
④ 毛泽东:《毛泽东选集》第四卷,人民出版社 1991 年版,第 1437 页。

而不往以后想，那是很危险的，过去日本和德国就是个例子。”①这些论断为社会主义工业化指明了道路。

朝鲜战争爆发后，新中国经济发展的路径选择受到很大影响，优先发展重工业逐渐成为全党共识。1952年6月13日，陈云出席政务院第140次政务会议，在讨论轻工业部1951年工作总结和1952年工作计划要点时指出：“我国经济发展的重点是重工业，这是改变殖民地半殖民地状况所必须的，但对轻工业也不可忽视。轻工业部门要注意质量问题，老百姓对名牌货有好感，应该奖励好的，淘汰差的。”②1953年4月1日，李先念在湖北省第二次农村工作会议上作报告，他说：“在经济建设上，要把重点放在重工业，同时要处理好重工业与轻工业的关系，工业与农业的关系，兼顾商业、交通运输业和文教卫生等方面的建设。”“旧中国的工业极其落后，几乎没有什么重工业，许多行业是空白。所以，我们在经济建设中，必须着重建设重工业。重工业是国家强盛的根本。我们必须发展钢铁、有色金属、机器制造、电力、煤炭、石油、化工等基本工业，为国家工业化打好基础。”③

党和政府认为重工业的发展可以迅速改变国家的经济状况。1955年7月，李先念在《关于一九五四年国家决算和一九五五年国家预算的报告》中指出：“我们用大量的资金建设现代化的工业，特别是重工业，这是因为它们可以最迅速地改进国家的经济状况，从根本上提高全国人民的生活水平；但是，如果我们用这些资金来建设‘现代化’的办公室、宿舍、礼堂和其他非生

---

① 中共中央文献研究室编：《刘少奇论新中国经济建设》，中央文献出版社1993年版，第139页。

② 中共中央文献研究室编：《陈云年谱（修订本）》中卷，中央文献出版社2015年版，第223页。

③ 李先念：《李先念文选（一九三五—一九八八年）》，人民出版社1989年版，第150—151页。

产性建筑，那么，它们能对全国经济状况有什么贡献呢？”①

毛泽东亲自修订的关于党在过渡时期总路线的宣传与学习提纲里提道：“因为我国过去重工业的基础极为薄弱，经济上不能独立，国防不能巩固，帝国主义国家都来欺侮我们，这种痛苦我们中国人民已经受够了。如果现在我们还不建立重工业，帝国主义是一定还要来欺侮我们的。”②毛泽东还提出了社会主义工业化的概念。党和政府以前在谈到中国的经济发展时一般都是用“工业化”这个词，提纲中首次明确提出中国要实行的是“社会主义工业化”并解释了其含义，指出社会主义工业化具有两个重要特点：一是将发展重工业作为工业化的中心环节；二是优先发展国营经济并逐步实现对其他经济成分的改造，保证国民经济中的社会主义比重不断增长。

1954 年 9 月 23 日，周恩来在第一届全国人民代表大会第一次会议上指出：“第一个五年计划所以要集中主要力量发展重工业，即冶金工业、燃料工业、动力工业、机械制造工业和化学工业，是因为只有依靠重工业，才能保证整个工业的发展，才能保证现代化农业和现代化交通运输业的发展，才能保证现代化国防力量的发展，并且归根结底，也只有依靠重工业，才能保证人民的物质生活和文化生活的不断提高。”③对于重工业发展存在的问题，周恩来也进行了说明，如资金需要多，建设周期长，赢利能力相对弱，产品中生产资料占很大比重，会给人民生活带来某些困难和不便等。

1961 年 10 月 5 日，毛泽东同尼泊尔客人谈话时进一步指出了中国要优先发展重工业：“近代工业开始有一些，但不多。十二年前，旧社会给我们留

---

① 中共中央文献研究室编：《建国以来重要文献选编》第六册，中央文献出版社 2011 年版，第 343—344 页。

② 中共中央文献研究室编：《建国以来重要文献选编》第四册，中央文献出版社 2011 年版，第 606—607 页。

③ 中共中央文献研究室编：《周恩来经济文选》，中央文献出版社 1993 年版，第 177—178 页。

下的东西太少了。帝国主义统治我们实际上有一百多年,他们就是从中国拿东西走,不在中国建设什么。现在,我们一方面要发展农业、畜牧业,解决吃的穿的问题;另一方面要搞重工业。没有重工业就没有钢铁,也不会有机器,这就不行了。”①

三、重工业落后的国情是实施优先发展重工业战略的现实条件

传统的中国社会是一个农耕社会,清政府统治下的中国农业相对发达,而工业和科技相对落后。19 世纪 40 年代英国等国家发动的鸦片战争改变了近代中国的发展历程。为了维持统治,清政府不得不发展近代工业,19 世纪 60 年代的洋务运动便是清政府为应对工业化挑战所作的调整。但由于清政府腐败无能,其以洋务运动为代表的工业化发展有很大的历史局限性和片面性,注定了洋务运动失败的结局。西方资本主义国家的不断入侵,使得清政府国力遭到很大削弱,对外政策的失败影响到内政,国内民怨四起。尽管后来清政府采取诸如戊戌变法、改革立宪等措施,但已经无法挽救其失败的结局。

清政府统治结束后,国内政局在很长一段时间内处于混乱状态,直到中国共产党团结带领广大人民群众,经过 28 年的艰苦奋斗和浴血奋战,建立了新中国,中国才进入了和平建设时期。

新中国成立后,党和政府重启了中国工业化进程,但这是在基础很差的情况下启动的。1949 年,在整个国民经济中近代工业所占比例极低,轻重工业比例也很不合理(全国工业总产值中,轻工业占 73.6%,重工业仅占 26.4%)。主要工业品产量很低,其中年产铁 24.6 万吨、钢 18 万吨、煤 3098

① 中共中央文献研究室编:《毛泽东年谱(一九四九—一九七六)》第五卷,中央文献出版社 2013 年版,第 36 页。

万吨、发电量只有43亿度。到1952年国民经济恢复工作完成时，现代工业在工农业总产值中的比重也只有26.6%，重工业在工业总产值中的比重亦只有35.5%。对于新中国成立初期的情况，李先念在1956年9月回顾当时的情况时说："解放初期，我国经过十二年的战争和长期的通货膨胀，人民日夜不安于货币贬值和物价波动的痛苦。""资本主义工商业在全国范围内还占着很大的比重，他们习惯于投机倒把，而国家从经济上支配市场的力量还很薄弱。这就是当时我们所面临的情况。"①

在这种情况下，中国选择什么样的发展路径将对未来产生重大的影响。对于中国发展工业化的问题，苏联曾提出一种设想：中国的工业化可以考虑采取"经互会的方式"，即在社会主义阵营的一定范围内分工合作，实行一体化生产。这实际上是要中国提供原材料和发展农业、轻工业，重工业则由苏联等国家进行发展。

中国曾有过从实际资源出发，先发展农业和轻工业以为重工业的发展积累资金的设想，还有过先发展商业，用商业的发展带动国民经济恢复的设想。中国共产党和中国人民希望和平，希望在和平的环境下进行国内经济建设。1950年，刘少奇撰写《国家的工业化和人民生活水平的提高》一文，指出世界的和平是保障我们进行经济建设的外部环境，是非常必要的，是需要中国配合世界保卫和平的力量在相当长的时期内争取实现的目标。刘少奇提出了中国进行经济建设的大体步骤："首先，我们必须恢复一切有益于人民的经济事业，并使那些不能独立进行生产的已有的工厂尽可能独立地进行生产。其次，要以主要的力量来发展农业和轻工业，同时，建立一些必

---

① 李先念：《李先念财政金融贸易（一九五〇——一九九一年）》上卷，中国财政经济出版社1992年版，第204页。

要的国防工业。再其次，要以更大的力量来建立我们重工业的基础，并发展重工业。最后，就要在已经建立和发展起来的重工业的基础上，大大发展轻工业，并使农业生产机器化。中国工业化的过程大体要循着这样的道路前进。”[①]1951 年 7 月 5 日，刘少奇在春耦斋讲话中对中国产业发展进行了展望，进一步发展了他在 1950 年的观点。他说：“首先恢复农业以及一切可能恢复的工业。力求使已有的一切工厂恢复起来，当然实在不可能恢复的除外，这是第一步。其次发展农业和轻工业以及必要的可能的重工业，如造点机器、汽车。然后发展重工业。然后依靠重工业再进一步去发展农业和轻工业。”“为什么不可以先发展重工业？因为农业是工业的基础，没有很好的农业，工业就没有基础。不发展农业就没有原料，要棉花没有棉花，要麻没有麻，要烟叶没有烟叶。农村也是工业品的市场，工业品不能都拿到国外，必须拿到农村，如果农业不发展，工业的市场就不大。还因为人民生活要迅速提高一步。要迅速提高人民的生活水平，就要发展农业和轻工业。巩固人民民主专政，改善人民生活是个重要问题。要依靠农业来积累工业的资金。轻工业也是赚钱的。重工业积压资金很厉害，需要大批资金才能建立重工业。”[②]

随着形势的变化，党和政府逐步认识到应该优先发展重工业和国防工业。近代以来中国长期饱受外国的侵略，一个重要的原因是武器落后和国防实力差，重工业的发展则可以为国防工业提供坚实的基础。从现实看，新中国成立初期面对着复杂的国内外环境，国内还没有完全解放，国际上以美

---

① 中共中央文献研究室编：《刘少奇论新中国经济建设》，中央文献出版社 1993 年版，第 173 页。

② 中共中央文献研究室编：《刘少奇论新中国经济建设》，中央文献出版社 1993 年版，第 203—204 页。

国为首的西方国家则对中国进行了封锁禁运，并对中国进行武力威胁，中国必须加强国防建设。而朝鲜战争的爆发更是坚定了党和政府优先发展重工业的决心。

1953年9月29日，周恩来在中国共产党第二次全国组织工作会议上指出："有了重工业以后，才能使国防现代化。经过抗美援朝战争，我们的国防力量强大起来了。可是，我们还不能制造一架飞机、一辆坦克、一门高级的炮。在运输上，我们自己也还不能制造一辆汽车。你们曾经在工业展览会上看到有一辆汽车，那是人家的料子，我们装配的，不是真正我们自己制造的。既然我们不能制造一辆坦克、一架飞机、一门高级的大炮和一辆汽车，那我们的国防力量怎么能算强大呢？我们的这些东西都是从苏联购入的，这就等于让苏联在国防上还要背这么大一个包袱，这也是不应该的。我们要自己生产这些东西，就要搞重工业。因此，我们要首先集中主要力量来发展重工业。这样才能建立国家工业化和国防现代化的基础。这是不可动摇的。"①同时指出要首先发展重工业，"不是说把一切力量都摆在重工业上，其他的都不搞了，农业不发展了，轻工业也不发展了。那是不行的，因为只有重工业还不能满足人民的需要。广大人民不仅需要重工业的生产资料，而且还需要一些轻工业的生产资料。因此，国家对工业（又分重工业和轻工业）、农业、交通运输业的投资比例要恰当。在这个比例中间，重工业占的数字最大，但它还不是绝对的，只是集中主要力量"②。

对于中国来说，人口多、底子薄的国情和朝鲜战争所造成的国家安全压力，都使得中国迫切地需要加快工业化的建设速度。这在制订"一五"计划

① 中共中央文献研究室编：《周恩来经济文选》，中央文献出版社1993年版，第159页。
② 中共中央文献研究室编：《周恩来经济文选》，中央文献出版社1993年版，第159页。

时就直接反映出来，而优先发展重工业战略也直接体现在中国制订的“一五”计划中。按“一五”计划规定，“一五”期间的基本任务是：集中主要力量进行以苏联帮助中国设计的156个建设单位为中心、由限额以上的694个建设单位组成的工业建设，建立社会主义工业化的初步基础，对重工业和轻工业进行技术改造；用现代化的生产技术装备农业；生产现代化的武器，加强国防建设；不断增加农业和工业消费品的生产，保证人民生活水平的不断提高。在工业化路径选择上，中国“一五”计划很大程度上走的是与苏联工业化道路类似的路子。中国的工业化基础十分薄弱，苏联式的工业化道路能帮助中国在较短时期内快速建立全面工业化的基础，将中国由自给自足的农业国转变为现代化的工业国。

四、对战争形势的估计是选择优先发展重工业的重要影响因素

新中国是中国共产党团结带领中国人民经过长期武装斗争建立起来的。革命成功极为不易，新中国成立后，以毛泽东为代表的中国共产党人高度警惕，维护国家安全，在复杂严峻的国内外形势下巩固了新生的人民政权。新中国成立之初，中国国家安全面临着严重威胁，以美国为首的资本主义国家对中国实行封锁禁运。1950年6月爆发的朝鲜战争更对新中国的各方面产生了巨大影响，威胁到了中国的东北边境，而东北又是中国工业重镇，也是国家重点建设的地区。这种严峻的安全局势迫使中国在国家经济建设方面对国内产业结构进行调整。

1953年7月，朝鲜战争在《朝鲜停战协定》签订后宣布结束，此后中国周边保持了近10年的和平局面，但战争对中国发展的长期影响是存在的。1956年4月，毛泽东在《论十大关系》的报告中估计“可能有十年或者更长

一点的和平时期”①。毛泽东为什么提出一个10年的概念呢？这或许是他根据第一次、第二次世界大战全面爆发的间隔时间来推演的，第一次世界大战到第二次世界大战共经过25年，1956年距第二次世界大战全面爆发已经过去17年，再过10年左右的时间正和两次世界大战间隔的时间相等。所以，和平建设时间只是暂时的，必须抓紧时间进行国防建设。

毛泽东提出“一定要争取这个和平建设的时间”②。后来邓小平在总结这段历史时指出：“过去我们的观点一直是战争不可避免，而且迫在眉睫。我们好多的决策……都是从这个观点出发的。”③邓小平的话指明了过去制定经济发展战略的出发点。中国经济发展战略的制定，很大程度上是基于对国际环境的分析特别是对战争与和平问题的认识；基于世界大战随时都有可能爆发，因此就要抢时间建设，争取在战争没有发生前就把国家建设好的认识。

五、苏联对我国工业化的帮助是我国选择优先发展重工业的关键因素

新中国成立初期，中国得到了很多来自苏联的帮助，苏联在资金、技术、管理、设备、人才等方面都对中国的工业化发展给予过大力支持。在中国接受苏联援助的同时，苏联模式对中国经济产生了深远影响。

1953年5月15日，《关于苏维埃社会主义共和国联盟政府援助中华人民共和国中央人民政府发展中国国民经济的协定》由李富春和米高扬分别代表两国政府在莫斯科签订。该协定规定：苏联政府援助中国建设与改建91个企业，连同以前已定援建的50个企业一同进行，后来项目增加到156

① 中共中央文献研究室编：《毛泽东文集》第七卷，人民出版社1999年版，第26页。

② 中共中央文献研究室编：《建国以来重要文献选编》第七册，中央文献出版社2011年版，第263页。

③ 邓小平：《邓小平文选》第三卷，人民出版社1993年版，第126—127页。

项，工程项目涵盖了大部分重工业部门，如钢铁、煤炭、航空、建材、机械电子、化工、造纸、通信、交通运输、兵工等部门。

为了使中国能掌握新建和改建的企业，苏联政府还决定每年接受1000名中国留学实习生，并派出5个专家组、200名设计专家、50名地质专家来到中国。1981年3月，陈云在起草党的第二个历史决议时指出："还有第一个五年计划中的一百五十六项，那确实是援助，表现了苏联工人阶级和苏联人民对我们的情谊。"①

156项工程主要是重工业项目。从实际施工的150项看，军工企业44个、冶金工业企业20个、化工企业7个、机械加工企业24个、能源工业企业52个、轻工业和医药工业3个。根据当时的国际环境，这些建设项目主要配置在东北、中部和西部地区。其中的106个民用工业企业，布置在东北的有50个、中部32个；44个国防企业，布置在中部和西部的有35个。

"一五"计划建设为中国工业化打下了坚实的基础。中国历史上从未有过如此规模的工业建设。当时建设的项目范围非常广，以苏联帮助中国建设的156个重点工程为中心，重点配套建设690多个大中型项目，这些建设项目初步奠定了中国工业化的基础。中国"一五"计划的实施是比较顺利的，大部分项目得以按计划完成，有些项目甚至超额完成。中国大地上第一次生产出汽车、飞机等现代工业产品，这些都极大地提振了民族士气。

1957年2月27日，毛泽东在最高国务会议第十一次（扩大）会议上指出："为了使我国变为工业国，我们必须认真学习苏联的先进经验。苏联建设社会主义已经有四十年了，它的经验对于我们是十分宝贵的。""一切国家的好经验我们都要学，不管是社会主义国家的，还是资本主义国家的，这一

① 中共中央文献研究室编：《陈云传》四，中央文献出版社2015年版，第1557页。

点是肯定的。但是主要的还是要学苏联。"①

随着苏联模式缺点的暴露和中国自己建设经验的增多，中国提出"以苏为鉴"，并在建设实践中探索适合自己的道路。1958年3月10日，毛泽东主持成都会议，他在作第二次讲话时指出："硬搬苏联的规章制度，就是缺乏独创精神。全国解放后，一九五〇年至一九五七年，在经济工作和文教工作中产生了教条主义，军事工作中搬了一部分教条，但基本原则坚持了，还不能说是教条主义。经济工作中的教条主义，主要表现在重工业、计划工作、银行工作和统计工作方面，特别是重工业和计划方面，因为我们不懂，完全没有经验，只好搬。"②

对于中国学习苏联工业化的问题，1962年1月30日，毛泽东在扩大的中央工作会议上指出："那时候有这样一种情况，因为我们没有经验，在经济建设方面，我们只得照抄苏联，特别是在重工业方面，几乎一切都抄苏联，自己的创造性很少。这在当时是完全必要的，同时又是一个缺点，缺乏创造性，缺乏独立自主的能力。"③

对于优先发展重工业方针的延续性问题，1959年11月，刘少奇在《政治经济学教科书》学习讨论会上指出："优先发展重工业的方针是否会变？基本上是不会变的。因为要不断扩大再生产，产品要不断增加，机器装备的程度越来越高，生产资料的生产就要比生活资料的生产发展得快些，重工业就不能不优先发展。当然，在将来可以逐渐减少一些。"④事实上，中国优先

① 中共中央文献研究室编：《毛泽东文集》第七卷，人民出版社1999年版，第242页。

② 中共中央文献研究室编：《毛泽东年谱（一九四九—一九七六）》第三卷，中央文献出版社2013年版，第310页。

③ 中共中央文献研究室编：《毛泽东文集》第八卷，人民出版社1999年版，第305页。

④ 中共中央文献研究室编：《刘少奇论新中国经济建设》，中央文献出版社1993年版，第407页。

发展重工业的战略一直到改革开放初期才随着时代的变化真正改变。

第二节
工业化建设资金的筹集

新中国成立前，中国经济发展的基础是非常薄弱的。在 1937 年前，“现代工业总产值仅占全国总产值的百分之十左右。其中帝国主义在华投资经营的工业和国民党官僚资本主义的工业居于垄断和统治的地位，幼弱的民族工业被压制而不能生长，这样就使得中国长期成为帝国主义商品倾销的市场和侵略的对象”①。在这种情况下，中国产业发展缓慢。尽管中国工业发展的历史不算短，但是由于长期战乱和反动派的破坏，国内工业发展面临着技术水平低、资本积累少、产业结构布局不合理等问题。对于中国工业的发展，陈云曾经指出：“中国从张之洞办工业开始，到中华人民共和国成立，私营工业的固定资产一共只有二十二亿元左右。”②新中国成立初期社会经济基础极端落后，正如邓小平所说：“建国以后，我们从旧中国接受下来的是一个烂摊子，工业几乎等于零，粮食也不够吃，通货恶性膨胀，经济十分混乱。”③

新中国是经过长期走农村包围城市、武装夺取政权的道路建立起来的。新中国成立后，又面临着国内外严峻复杂的局面：一方面国内还没有完全统

---

① 中国社会科学院、中央档案馆编：《1949—1952 中华人民共和国经济档案资料选编：工业卷》，中国物资出版社 1996 年版，第 797 页。

② 中共中央文献研究室编：《建国以来重要文献选编》第十五卷，中央文献出版社 2011 年版，第 207 页。

③ 邓小平：《邓小平文选》第三卷，人民出版社 1993 年版，第 63 页。

一，解放战争还在继续进行；另一方面以美国为首的帝国主义国家阻挠中国对台湾地区的解放，在中国周边进行大量武力部署，对中国实施封锁禁运等政策。这种情况影响了中国工业化发展的路径选择。关于优先发展重工业的战略，毛泽东概括说："重点是用一切方法挤出钱来建设重工业和国防工业。"①1953 年 6 月，在全国财经会议上听取编制五年计划情况的汇报时，毛泽东进一步指出："为了保证国家的独立，我们在编制五年计划时要把建设重点放在重工业上，以增强国防力量，向社会主义前进。"②

对于中国工业化的发展道路，1954 年 5 月 10 日，陈云出席全国各大区财委副主任会议时曾指出："我国工业化与资本主义工业化不同，资本主义工业化是长期的过程，我们是突击；资本主义可以去掠夺殖民地，我们要靠自己；资本主义开始是搞轻工业，我们一开始就搞重工业；资本主义在盲目中依靠自然调节，能够相当地按比例发展，而我们说要按比例发展是从长时间算的，在短时间内，只是力求建设与消费、重工业与轻工业之间不要脱节太远，实质上并不是按比例的发展。吃穿的供不应求，实质上是工农业矛盾的反映。"③

工业化特别是重工业的发展需要大量的资金支持。据不完全统计，"一五"时期全国经济建设和文化教育建设支出总数达 766.4 亿元。"一五"时期，国家财政集中的财政收入占国民收入的 32.7%，财政拨款 531.18 亿元，集中力量建设 156 个重点项目，奠定了我国社会主义工业化的初步基础。

① 中共中央文献研究室编：《建国以来重要文献选编》第二册，中央文献出版社 2011 年版，第 418 页。

② 中共中央文献研究室编：《毛泽东传：一八九三～一九七六》三，中央文献出版社 2013 年版，第1235 页。

③ 中共中央文献研究室编：《陈云年谱（修订本）》中卷，中央文献出版社 2015 年版，第 317—318 页。

“一五”结束后，全国新增固定资产492.18亿元，相当于1952年底全民所有制企业固定资产原值的2.05倍。

对于新中国而言，重工业所需的人才、资金和技术力量严重不足，能否筹集到足够的资金是推进中国工业化的关键环节。为筹集工业化发展资金，党和政府进行了多方面努力。从大的方面来说，工业化发展资金主要有农业方面带来的收入、国内外借款收入、工业发展带来的收入、侨汇收入、节约而来的资金等几项。

一、农业方面带来的收入

中国是个传统的农业国，农业在国民经济中占很大比重。农业对工业化初期的资金积累发挥了重要作用。对于农业的重要作用，新华社1959年12月20日编印的《内部参考》第2940期刊载的《我国农业在国民经济中的地位》一文说：“我国现在还是一个大农业国，农业是整个国民经济发展的基础。目前我国人民生活消费的全部消费品中，农产品和以农产品为原料的工业品约占百分之八十五以上；在我国的工业生产中，以农产品为原料的工业部门所占比重很大，农村是工业消费品的主要市场，历年供应农村的生产资料也迅速增长；目前国家财政收入中，百分之五十左右是直接或间接与农业有关的；目前我国的出口物资中，农产品及农产品加工品占百分之七十以上。”[①]可以看出，农业对国民经济具有重要意义，农业对工业化的发展贡献是非常大的。

（一）农牧业税收入

新中国成立以来，农业为工业化作出了重要贡献，其中一个重要方面就

① 中共中央文献研究室编：《毛泽东年谱（一九四九—一九七六）》第四卷，中央文献出版社2013年版，第296页。

是农牧民向国家缴纳了农牧业税。新中国成立头几年，农牧业税在国家财政收入中的比重较高。随着工业化进程的加快、国家财政收入的不断增加，农牧业税长期稳定在30亿元左右，占比也逐渐降低，1950年农业税收在财政收入中的比重为39%，1979年为5.5%。1952年农业增加值占国内生产总值比重的50.5%，1978年则为28.1%。这既反映了农业在国家工业化发展初期所作的重大贡献，也反映了国家工业化发展迅速并取得了很大成就。

（二）农产品的出口收入

中国是个传统的农业国，中国工业发展所需资金很大一部分来自农产品出口收入。1961年以前，中国是农产品净出口国，大量的农产品出口换来的外汇收入被投入到国家工业化建设方面。1955年7月21日，陈云在第一届全国人大第二次会议上指出："解放以后的一九五〇年到一九五三年的四年中，平均每年出口粮食三十一亿斤，比前述时期每年平均只多出口八亿斤。去年虽然是出口较多的一年，但是其中半数以上是大豆。我们认为我国的粮食虽然并不宽裕，但是我国是一个农业人口众多的产粮食的国家，只要分配合理，调度得当，不但不需要粮食进口，而且可以继续出口一定数量的粮食。减少必要的粮食出口，对于国家是不利的。因为减少必要的粮食出口，就要减少工业设备的进口，因此就要降低社会主义工业化的进度。"①陈云的发言意思很明确，那就是大量进口粮食既不利也不需要，因为这不仅会减缓社会主义工业化的进度，而且像中国这样人口众多的大国，决不能靠进口粮食来解决人民的粮食需要。

1953年11月13日，陈云为政务院财政经济委员会起草的向中共中央的报告指出："（食油出口）战前一九三六年出口总量为二十六万八千吨，一

① 《粮食政策文件选编》，法律出版社1955年版，第7—8页。

九五二年为二十九万吨,已超过战前。一九五三年出口又增长至三十三万七千吨,约占总产量的百分之二十一点三,这是一个很大的数量。出口增加的原因,一方面是苏联等国家要得多,很难减少;一方面是我们需要以此增加外汇,换进基建物资(一吨食油可换四吨钢材)。"①

1954 年 9 月 23 日,陈云在第一届全国人大第一次会议上作题为《关于计划收购和计划供应》的报告,指出:"我们必须进口大量的机器装备,来建立我国的工业基础,以便在若干年以后,把我国改造成为一个高度工业化的国家。为了进口机器装备,我们必须用出口物资去交换。我国现在还是一个农业国家,能够出口的主要物品是农产品。如果在国内消费方面,不能节省出农产品去出口,那末,我们就不可能进口机器装备来进行工业建设。因此,全国人民应该自觉地节省凡属可以节省的消费品,以便供应出口。为了保证人民的需要,国家对于粮食、油料、肉类只准许一定数量的出口,对于其他农产品,那是应该尽可能首先供应出口,出口有余,再来供应国内需要。减少消费,当然是一件不舒服的事情,但是我们必须在两者中间选择一个:或者是暂时减少可以减少的消费,以便完成国家工业化,由此来建立我国能够进一步地发展农业和轻工业的基础,使我们有可能在将来迅速地增加各种消费品的产量;或者是尽其所有在国内消费掉,因而不能建设工业,使我国经济长期处于落后状态。全国人民自然应该选择前者,不应该选择后者。我们以为,不但是现在,而且是今后十多年内,只能采取节省国内消费、首先供应出口的办法。只有工业基础建立以后,工业装备的进口可以减少的时候,这种情况才能有所改变。"②

---

① 陈云:《陈云文选》第二卷,人民出版社 1995 年版,第 219 页。
② 陈云:《陈云文选》第二卷,人民出版社 1995 年版,第 257 页。

1955年10月7日，陈云在党的七届六中全会第四次会议上指出："工业和农业是国民经济的两个主要部门。第一个五年计划的投资重点是重工业，这是完全正确和必要的，但农业生产不仅要供应全国人民的粮食，而且工业设备和建设器材所需的外汇，绝大部分是出口农产品换来的；用农产品作原料的工业品，又占目前国家工业总产值的百分之五十以上。农村经济发展了，也扩大了我国工业品的市场。"①

（三）农产品的统购统销所带来的收入

1953年10月16日，中共中央通过《关于实行粮食的计划收购与计划供应的决议》。11月19日，政务院第一百九十四次政务会议通过，并于11月23日发布《关于实行粮食的计划收购和计划供应的命令》，正式实行粮食统购统销政策。同年，国家又根据实际情况，对油料、棉花等实行了统购统销。1957年8月17日，国务院发布《关于由国家计划收购（统购）和统一收购的农产品和其他物资不准进入自由市场的规定》，正式规定烤烟等重要农产品、集中产区的重要木材、38种重要中药材、供应出口的苹果和柑橘、若干产鱼区供应出口和大城市的水产品等，属于国家统一收购的物资。1957年10月26日，国务院又将核桃列入统一收购物资。国家计划收购和统一收购（后称"派购"）的产品占农产品中的大多数，另外还规定这些农产品即使完成了国家计划收购或统一收购任务，也不能在市场上自由销售，必须卖给国家及其委托的收购商店。

在农副产品统购统销制度下，农民需按较低的价格将剩余农副产品统一卖给国家，由国家向城镇工商业部门和居民按计划供应。农副产品的低

---

① 中共中央文献研究室编：《陈云年谱（修订本）》中卷，中央文献出版社2015年版，第400页。

价降低了工业的原材料投入及商业营业成本,并降低了国家对工商业发展的劳动投入成本,城镇居民也因此获得了实物福利。工商业在低成本的基础上获得较快的发展和较高的利润。政府部门通过财政上的统收,将工商业部门的高利润集中到国家手中,获得了超常水平的财政收入,而较高的财政收入为政府履行国家职能和投资社会经济建设等方面提供了较有力的财政保障。

二、国内外借款收入

新中国工业化发展初期,国家还通过借款的方式筹集建设资金,一方面在国内发行债券,另一方面向国外借款。这有效弥补了建设资金的不足,又在一定程度上避免了多发货币带来的不良影响。

(一)发行债券收入

债券发行也是国家筹措建设资金的方式之一。1949 年 12 月 2 日,中央人民政府委员会第四次会议通过《关于发行人民胜利折实公债的决定》,规定人民胜利折实公债的单位是分。每分以上海、天津、汉口、西安、广州、重庆 6 大城市的四种生活必需品的平均批发价格的总和计算。1950 年 1 月 5 日,第一期人民胜利折实公债开始发行,当时计划发两期,至 3 月完成了一万万分的第一期发行任务。第二期公债(一万万分)因国家财经状况好转未再发行。

1953 年,我国开始实行“一五”计划,进入大规模建设时期。为弥补经济建设资金的不足,国家发行了国家经济建设公债,从 1954 年开始到 1958 年连续五年发行了 35.44 亿元的国家经济建设公债,年息 4 厘。这些公债的发行为国家提供了急需的建设资金,相当于同期国家预算经济建设支出总数 862.24 亿元的 4.11%。从 1959 年起,中央不再发行国债。

1958 年 5 月召开的中国共产党八大二次会议,正式通过了“鼓足干劲、力争上游、多快好省地建设社会主义”的总路线。1958年6月5日，全国人民代表大会常务委员会第九十七次会议通过《中华人民共和国地方经济建设公债条例》，其中第一条和第二条规定：“为了便于各地筹集工农业大跃进所需要的资金，促进人民节约储蓄，有利于鼓足干劲、力争上游、多快好省地建设社会主义，特制定本条例。”“省、自治区、直辖市认为确有必要时，可以发行地方经济建设公债，由各该省、自治区、直辖市人民委员会统一办理。”①这表明中央开始把建设公债的发行权下放到地方，允许地方政府利用债券筹资。根据总路线的精神和地方公债条例的规定，各地开始投入资金大搞建设，一些省份发行了公债。

（二）国外借款收入

除了靠自我积累外，国家还采取了对外借款的办法筹集国家经济建设所需的巨额资金，当时借款的对象主要是苏联等社会主义国家。

1949年12月至1950年2月，毛泽东访苏。1950年2月，双方在莫斯科签订了关于苏联政府向中国政府提供3亿美元贷款的协定。从1951年至1955年，中苏两国政府又签订了10笔贷款协议。上述11笔贷款总金额为12.74亿新卢布，折合人民币53.68亿元。② 利用苏联的贷款，中国购买到大量经济建设所急需的物资与设备，最后落实引进了156项工业建设项目，在相当程度上改变了中国工业的结构和布局，奠定了新中国工业化的初步基础。156项工程建设是新中国首次利用国外资金、技术和设备开展的大规模的工业建设，构成了中国现代化大工业的骨干，为中国社会主义工业化

① 《当代中国财政》编辑部：《中国社会主义财政史参考资料（一九四九—一九八五）》，中国财政经济出版社1990年版，第288页。

② 《中国对外经济贸易50年》编辑部编：《中国对外经济贸易50年》，当代世界出版社1999年版，第7页。

建设奠定了初步基础。

苏联向中国提供机器设备的援助,中国则需要向苏联提供其急需的农副产品乃至矿产原料的援助。1956 年 9 月 30 日,陈云接见应邀参加中共八大的匈牙利劳动人民党代表团。在回答客人提出的增加两国贸易问题时他指出:“我们在第二个五年计划期间对苏联的外汇支付很大。在第一个五年计划时,苏联供给了我们许多大的工厂设备和钢材,我们总计要偿付苏联六十亿卢布的欠债。”①

中苏关系破裂后,偿还苏联债务成为财政支出的一个重要任务。随着国际关系和国内指导思想的变化,中国开始更多强调自力更生。1964 年 7 月 16 日,毛泽东在会见巴基斯坦商业部部长瓦希杜扎曼时说:“苏联还逼我们还债,到明年可以还清,到一九六八年可以还清内债。以后内债外债都不借,完全靠自力更生。资金从农业和轻工业方面来,从重工业方面也来一些。”②

三、工业发展带来的收入

随着中国三年经济恢复时期的结束,特别是“一五”计划的胜利完成,国家财政收入中来自工业企业的收入出现了大幅上涨的局面,到 1958 年,国家财政收入中来自工业企业的收入就已经超过了各项税收收入。

(一)工业产品的高利润率

重工业产品利润高,重工业项目一旦建成,往往会成为国家工业化资金积累的重要来源。1955 年 4 月 27 日,中共中央政治局会议通过陈云代中央

① 中共中央文献研究室编:《陈云年谱(修订本)》中卷,中央文献出版社 2015 年版,第 488 页。

② 中共中央文献研究室编:《毛泽东年谱(一九四九—一九七六)》第五卷,中央文献出版社 2013 年版,第 376 页。

起草的批转国家计委《关于重工业产品价高利大问题的报告》的批示。批示指出："这几年重工业产品成本有所下降，税金又较轻工业为少，因此，利润普遍较大。平均利润率，钢铁产品为百分之五十七，机械产品为百分之三十七，重化工产品为百分之三十八。"①随着重工业品的产出越来越多，其对国家工业化资金积累的贡献也不断加大。1959 年 11 月 18 日，刘少奇在《政治经济学教科书》学习讨论会上的发言指出："鞍钢一个工人，一年创造一万八千八百元，物化劳动和活劳动的消耗，需要补偿八千八百元，剩下一万元，交给国家。我们向工人宣布这件事，工人感到光荣，更加努力多为国家创造财富，工人并没有因为你赚我的钱，我要增加工资。"②刘少奇的话也从侧面反映出重工业在国家工业化的资金方面所发挥的作用。

1956 年 3 月 1 日，毛泽东听取国务院主管轻工业部门的第四办公室和纺织工业部汇报。毛泽东从汇报材料中的"新建一个八万纱锭的纺织厂，生产一年就可以收回投资"得到启发，说："轻纺工业为国家建设积累资金，很重要，能多搞尽量多搞些；多积累资金，就是多搞重工业。"③1956 年 4 月 1 日至 6 日，陈云在访问越南期间，介绍了中国经济建设的经验，他指出："中国办的生产消费品工厂，一般一至两年内就可收回全部投资。中国烟业一年纳的税，超过国家一年发行的公债。办这样的工业，可以为办重工业积累资金，又可以满足农民购买力提高后的需要，进一步解决城市职工的就业问题。"④轻工业的发展也为国家工业化的资金积累作出了贡献。

---

① 中共中央文献研究室编：《陈云年谱（修订本）》中卷，中央文献出版社 2015 年版，第 371 页。

② 中共中央文献研究室编：《刘少奇论新中国经济建设》，中央文献出版社 1993 年版，第 403 页。

③ 中共中央文献研究室编：《毛泽东年谱（一九四九—一九七六）》第二卷，中央文献出版社 2013 年版，第 539 页。

④ 中央文献研究室编：《陈云年谱（修订本）》中卷，中央文献出版社 2015 年版，第 439 页。

随着中国工业化的初步成功,国家财政收入中来自工业的比重不断上升,到1958年,国家财政收入中来自企业的收入为189.19亿元,各项税收总和为187.36亿元。①

（二）工业产品出口收入

中国在“一五”计划实施过程中,便已经尝试工业品的出口,当时主要是出口轻工业品。1954年3月6日,陈云主持政务会议,在讨论纺织工业问题时指出:“纺织部应看到毛纺的前途,早作准备,改良羊种。羊毛国内需要,出口也需要。不增加出口,外汇就有困难,五年计划所需要的机器就装备不起来。”②

1955年9月23日,陈云在主持国务院第十九次全体会议时指出:“我们也要出口一些工业品,我们的工业品虽然不能同资本主义国家竞争,但我们的成本要低一些。要学习苏联,好的东西自己不用,出口换外汇买机器,还可换回原料维持生产。比如,进口棉花,既可维持纺织厂生产,又可将纱布出口。最近,印尼要买日本纱布,没有谈成,我们就向印尼出口三千多万匹纱布,这是对印尼很大的支持。当然,出口的东西要讲信用,质量要好,要成立专门的商品检验机构。”③

正是由于领导的重视,纺织品出口创汇能力增长很快。1979年2月25日,李先念在一份反映纺织工业部出口创汇材料的批语中指出:“从一九五五年到一九七七年,我们没有重视纺织品创汇情况,而且遇到不少干扰,即

① 国家统计局综合统计司编:《新中国五十年统计资料汇编》,中国统计出版社1999年版,第9页。

② 中共中央文献研究室编:《陈云年谱(修订本)》中卷,中央文献出版社2015年版,第305页。

③ 中共中央文献研究室编:《陈云年谱(修订本)》中卷,中央文献出版社2015年版,第398页。

使这样，纺织品在出口中仍占着百分之二十二的比例。”①除了纺织品的出口外，国家在矿产品和成套机器产品出口方面也有突破。

四、侨汇收入

侨汇是指侨居在国外的本国公民或侨居在本国的外国公民汇回其祖国的款项，是我国非贸易外汇收支的主要内容之一，在新中国成立初期的工业化资金积累方面也发挥了重要作用。新中国成立伊始，党和政府就采取了一些便利侨汇的措施，侨汇一度迅猛上升，1950 年收汇 1.18 亿美元，1951 年收汇 1.68 亿美元，1952 年收汇 1.7 亿美元。新中国成立初期外汇储备很缺乏，中国外汇储备 1950 年为 1.57 亿美元，1951 年为 0.45 亿美元，1952 年为 1.08 亿美元。可见，侨汇收入在有些年份甚至超过了国家的外汇储备。

对于外汇资金短缺的中国来说，侨汇收入方便了国家的对外贸易，有利于从一些资本主义国家进口急需的建设物资。侨汇收入是广大华侨对新中国经济建设的支持。

侨汇工作并不是一帆风顺的，随着国内社会主义改造的加速，一些政策也影响了侨眷和侨汇工作。为了认真总结侨汇工作中的经验教训，1955 年 2 月 10 日，中共中央批转华侨事务委员会党组和中国人民银行党组关于侨汇问题的报告。该报告指出：从 1950 年到 1954 年，全国侨汇收入 6.8 亿美元，等于同期我国对资本主义国家出口外汇收入的一半左右。针对侨汇工作中存在的问题，该报告建议：今后要大张旗鼓地贯彻侨汇政策，使干部和群众认识到华侨汇款回国是爱国的具体表现，侨汇是社会主义工业化外汇资金的来源之一，侨汇业具有国家资本主义性质，国家的政策是长期保护和

---

① 《李先念传》编写组、鄂豫边区革命史编辑部编写：《李先念年谱》第六卷，中央文献出版社 2011 年版，第 15 页。

利用;要坚决纠正强迫命令或变相强迫借用侨汇的行为;承认侨眷依靠侨汇生活是合法的,适当照顾侨眷生活消费品的供应;鼓励用侨汇建筑房屋、兴办学校和医院及修桥铺路;在国家经营的投资公司的华侨股金,到社会主义建成时,仍按个人股金处理,股息八厘,阶级成分不因投资关系而转变。2月17日,国务院通过并颁发了《关于坚决贯彻保护侨汇政策的命令》。总体而言,侨汇收入是新中国成立后一段时期内重要的外汇来源,为新中国工业化资金积累作出了历史性的贡献,也是广大华侨在特殊时期为国家工业化发展所作的特殊贡献。

五、节约而来的资金

发展工业化的资金不足,通过节约来积蓄资金,也是一种不得已而为之的方法。

艰苦奋斗是中国共产党的政治本色,也是中华民族的优良传统,在社会主义经济建设过程中,这表现为对建设资金的节约。1951年12月,毛泽东审阅《中共中央关于实行精兵简政、增产节约、反对贪污、反对浪费和反对官僚主义的决定》稿时改写和加写了三段文字,其中指出:"为了建设重工业和国防工业,就要付出很多的资金,而资金的来源只有增产节约一条康庄大道,这是应为全党同志所明白了解的。"①

1956年11月13日,毛泽东在党的八届二中全会小组长会议上指出:"要在全党和全国人民中发动一个增产节约运动。增产必须在原料有保证和社会需要的条件下进行,同时必须保证质量和减少工伤事故。节约是有希望的,必须在不降低质量和减少工伤事故的条件下讲求节约。在企业、事业和行政开支方面,必须反对铺张浪费,提倡艰苦朴素作风,厉行节约。在

① 中共中央文献研究室编:《毛泽东文集》第六卷,人民出版社1999年版,第207页。

生产和基本建设方面，必须节约原材料，适当降低成本和造价，厉行节约。"①

1955年，周恩来在政府工作报告中指出："发展国民经济的第一个五年计划，是以大力发展重工业为中心的五年计划。建设重工业，必须长期地投入大量的建设资金。这种工业化所必需的资金是要依靠我国内部的积累来取得的。因此，就必须实行极严格的节约制度，消除一切多余的开支和不适当的非生产的开支，不能容许任何微小的浪费，以便积聚一切可能的资金，用来保证国家建设事业的需要，并增加国家必要的后备力量。"②

1955年6月18日，陈云主持国务院第十二次全体会议，在讨论中共中央提交国务院的第一个五年计划草案时，他指出："五年计划的规模是很大的，历史上没有一个政府在这样短的时间内进行这么大规模的建设。我们是依靠自己的财力进行建设的，也有外援，但数量很少。这个计划的中心是重工业，重工业花钱很多，我们必须做好吃苦的准备。"③

节约财政资金的另一个重要渠道是行政管理费支出的减支。新中国成立以后，行政管理费支出占财政支出的比重长期保持在低位。新中国成立后头两年的行政管理费占财政支出比重分别为19.3%和14.2%。自1953年至1987年的35年中，行政管理费支出占国家财政支出比重一直低于10%。国防费支出自朝鲜战争结束后，也一直长期保持在20%左右的水平上。而国家经济建设支出占国家财政支出比重自1954年开始直到1988年

① 中共中央文献研究室编：《毛泽东文集》第七卷，人民出版社1999年版，第160页。

② 中共中央文献研究室编：《建国以来重要文选选编》第六册，中央文献出版社2011年版，第486页。

③ 中共中央文献研究室编：《陈云年谱（修订本）》中卷，中央文献出版社2015年版，第381页。

长期保持在50%及以上的水平。①

1957年2月27日,毛泽东在最高国务会议第十一次(扩大)会议上指出:“我们要进行大规模的建设,但是我国还是一个很穷的国家,这是一个矛盾。全面地持久地厉行节约,就是解决这个矛盾的一个方法。”“在一九五二年‘三反’运动中,我们反对过贪污、浪费和官僚主义,而着重在反对贪污。一九五五年提倡过节约,重点是在非生产性的基本建设中反对了过高的标准,在工业生产中节约原料,成绩很大。那时,节约的方针还没有在国民经济各部门中认真地推行,也没有在一般机关、部队、学校、人民团体中认真地推行。今年要求在全国各方面提倡节约,反对浪费。”②

面对中国工业化资金短缺的困境,党和政府千方百计筹集工业化建设资金,使得中国工业化发展能够突破后发工业化国家所遇到的资金瓶颈问题,加上苏联等国对中国工业化的大力援助,中国工业化发展很快。1957年全国工农业总产值达到1241亿元,比1952年增长67.8%。其中,工业总产值超过原计划的21%,比1952年增长128.5%。原定“一五”计划期间工业总产值平均每年增长14.7%,实际达到了18%。钢、煤、电、机床、棉布、糖等工业品都实现了两位数或三位数以上的大幅增长。我国工业技术水平差、产业布局不合理的局面得到初步改变,基础工业实力增强,为建立独立的比较完整的工业体系和国民经济体系打下了基础。

---

① 财政部综合计划司编:《中国财政统计(1950—1991)》,科学出版社1992年版,第108—109页。

② 中共中央文献研究室编:《毛泽东文集》第七卷,人民出版社1999年版,第239页。

第三节
重工业发展与独立完整的工业体系的建立

一、“一五”计划工业化建设的成就

中国的“一五”计划是以156项工程为中心的，这些项目和配套项目的建设，很大程度上改变了我国产业结构不完整和产业布局不平衡的状况，填补了中国工业发展的很多空白，奠定了社会主义工业化的初步基础。

“一五”计划期间，全国完成基本建设总投资550亿元，其中，国家对经济和文教部门的基本建设投资为493亿元，超过原定计划的15.3%。建成了大批工业基础项目，工业生产能力大大增加。“一五”计划期间，全国工业建设单位共有1万多个，其中包括黑色金属、电力、煤炭、金属加工、化工等项目几千个。这些建设单位中，到1957年底全部投产的有400多个，部分投产的有100多个；156项重点建设中的68项全部或部分建成投产。工业基础产能和产量实现了较大增长。1957年钢产量达到535万吨，煤炭产量达到1.31亿吨，发电量193亿千瓦小时。工业生产能力大为增加，部分工业产品在“一五”计划期间增加的生产能力为：发电（以发电机容量计算）246.88万千瓦，原煤6376万吨/年，原油131.2万吨/年，生铁306.9万吨/年，钢278.9万吨/年，金属切削机床13549台/年，汽车30000辆/年，水泥261.3万吨/年，纸24.9万吨/年，糖62万吨/年，棉纺锭190.33万锭/年，等等。

据一机部调查，“一五”时期的大中型项目，建成后平均3年半就能收回投资，投资效果是很好的。正是由于“一五”计划的顺利推进，党的八大才得以提出建立“完整的工业体系”的目标，而且对中国“二五”计划乃至今后更长一段时期的工业化建设任务作出了安排。

二、完整的工业体系建设

1956年的党的八大是新中国成立后召开的第一次党的代表大会，这次大会是在“一五”计划即将完成、社会主义改造取得决定性进展的关键时刻召开的一次重要会议，大会对下一步的重点任务和发展目标进行了展望。社会主义改造完成后，中国社会的主要矛盾是什么？主要矛盾的确立将决定主要任务。刘少奇在大会上所作的政治报告中提出：我们国内的主要矛盾，已经是人民对于建立先进的工业国的要求同落后的农业国的现实之间的矛盾，已经是人民对于经济文化迅速发展的需要同当前经济文化不能满足人民需要的状况之间的矛盾。对于中国经济发展目标则提出建成一个工业体系的构想：根据我国人口众多、资源丰富的条件，我们应当在三个五年计划的时期内，基本上建成一个完整的工业体系。三个五年计划就是十五年，刘少奇所提出的基本上建成一个完整的工业体系的时间大约在1970年。

周恩来在党的八大会议上所作的《关于发展国民经济的第二个五年计划的建议的报告》提出：我国社会主义工业化的主要要求，就是要在大约三个五年计划时期内，基本上建成一个完整的工业体系。他对完整的工业体系进行了简单的描述：“这样的工业体系，能够生产各种主要的机器设备和原材料，基本上满足我国扩大再生产和国民经济技术改造的需要。同时，它也能够生产各种消费品，适当地满足人民生活水平不断提高的需要。”[①]此后，周恩来在党的八届二中全会上进一步对完整的工业体系进行了说明，他指出：“我们所说的在我国建立一个基本上完整的工业体系，主要是说：自己

① 周恩来：《周恩来选集》下卷，人民出版社1984年版，第225页。

能够生产足够的主要的原材料；能够独立地制造机器，不仅能够制造一般的机器，还要能够制造重型机器和精密机器，能够制造新式的保卫自己的武器，象国防方面的原子弹、导弹、远程飞机；还要有相应的化学工业、动力工业、运输业、轻工业、农业等等。但是，应该指出，基本上完整并不是说一切都完全自足。就是大国也不可能什么都有。美国算是一个有完整工业体系的大国吧，但是有的东西它也没有，橡胶就没有。苏联也有它没有的东西。”①

周恩来认为，中国这样一个人口众多、资源较富、需要很大的国家，有必要建立自己的完整的工业体系。他从国内需求和国际需求两个方面进行了论述：“从国内的要求来说，我们必须迅速改变国民经济长期的落后状态；从国际的要求来说，我国建立起了强大的工业，可以促进社会主义各国经济的共同高涨，并且可以增强保卫世界和平的力量。”②此后周恩来又进一步从大国的角度来分析中国建立完整的工业体系的必要性，他指出：“任何一个国家建设社会主义总要有一点独立的能力，更不用说象我们这样一个大国。太小的国家，原料很缺，不可能不靠旁的国家。而我们这样的大国，就必须建立自己的完整的工业体系，不然一旦风吹草动，没有任何一个国家能够支援我们完全解决问题。”③周恩来还指出完整的工业体系和工业产量之间的关系，他说：“产量是要高一点，但是不一定很高，这个任务的实现是决定于东西的有无，不决定于是否有很高的产量。”④周恩来认为，那种觉得中国不必建立自己的完整的工业体系而专门靠国际援助的依赖思想是错误的。

① 周恩来：《周恩来选集》下卷，人民出版社1984年版，第232页。
② 周恩来：《周恩来选集》下卷，人民出版社1984年版，第225页。
③ 周恩来：《周恩来选集》下卷，人民出版社1984年版，第232页。
④ 周恩来：《周恩来选集》下卷，人民出版社1984年版，第232页。

对“完整的工业体系”的理解，陈云也提出了自己的看法。他指出所谓完整的体系只能是“比较”完整的，不能是完整无缺的。而且工业经济是一种协作经济，所谓“万事不求人”的想法，是办不到的。工业要求各方面的协作，全国如此，大区也如此。

1959 年底至 1960 年初，毛泽东在读苏联《政治经济学教科书》过程中，结合中国经济建设情况对有关问题作了解释和阐发。《政治经济学教科书》指出中国是一个大国，人口居世界第一，拥有丰富的种类繁多的自然资源，因此自然给自己提出建立完整的工业体系的任务。毛泽东读到这一段时指出：“过去，他们和东欧的一些国家都曾经要我们不搞完整的工业体系。象捷克、日本这些国家，铁矿等资源靠外国，还发展了钢铁工业，我们资源多，怎么能不搞呢？”①毛泽东对中国建立完整的工业体系的背景作了补充说明。

“大跃进”中各地都要求建立完整的工业体系，这种要求从地方的角度看是合理的，但从全国来看，由于资源和资金等方面的限制，各地要求建立完整的工业体系对当时的经济造成了一定的混乱，也造成了浪费。对此，党和政府进行了反思。

1958 年 10 月，陈云在西北协作区基本建设工作会议上对完整的工业体系如何建设进行了解释，他指出了从何处开始建立比较完整的工业体系的问题：“建立比较完整的工业体系，首先是在全国，其次是在各个协作区。如果每个省都要搞，结果会把材料、设备都分散了，在全国和协作区的建设进度就要放慢。有了全国的工业体系，各大区的工业建设就有了保证；建立了

---

① 中国人民解放军政治学院党史教研室编：《中共党史参考资料》第二十三册，人民出版社 1986 年版，第 263 页。

大区的工业体系，各省的工业建设就有了保证。西北五省的布局，应当从整个协作区出发，建设才能加快。”①

1960 年 11 月，李富春在第九次全国计划会议上讲话指出：“三年来的经验证明，单讲工业布局是不够的，不全面的。布局应该以工业为中心，包括农业，包括整个国民经济。应该在建成全国经济体系的基础上，逐步建成各大区不同水平、各具特点的经济体系。”②

对于不切实际地在全国各地建立独立完整的工业体系的做法，刘少奇提出了批评，并对造成这种错误的原因进行了初步分析。他指出：“在第二个五年计划时期，我们在建设工作的某些方面就犯了一些严重的错误。”“为什么这样说？因为我们这几年提出的过高的工农业生产计划指标和基本建设指标，进行一些不适当的‘大办’，要在全国建立许多完整的经济体系，在农村中违反按劳分配、等价交换的原则，刮‘共产风’，以及城市人口增加过多等等，都是缺少根据或者是没有根据的，都没有进行充分的调查研究，没有同工人和农民群众、基层干部和技术专家进行充分的协商，没有在党的组织、国家组织和群众组织中严格地按照民主集中制办事。”③

三、独立的完整的经济体系的提出

“大跃进”的挫折和中苏关系破裂对中国经济的影响是非常大的。1960 年 7 月 16 日，苏联政府突然采取措施，单方面撕毁了同中国签订的专家技术等方面的援助合同，停止派遣专家，并且决定在 1960 年 7 月 28 日后在一个月左右的时间内撤走 1300 多名在华专家。没有了专家指导和技术资料，

---

① 陈云：《陈云文集》第三卷，中央文献出版社 2005 年版，第 248 页。

② 中共中央文献研究室编：《建国以来重要文献选编》第十三册，中央文献出版社 2011 年版，第 631 页。

③ 中共中央文献研究室编：《刘少奇论新中国的经济建设》，中央文献出版社 1993 年版，第 488—489 页。

工业企业建设的设备和零部件中来自苏联的部分大幅减少，中国不少建设项目陷入停顿状态。苏联这种行为发生在中国经济困难之时，致使经济困难的形势进一步加剧。3 年后的 1963 年 12 月 26 日，邓小平在同日本客人谈话时指出："赫鲁晓夫限期一个月内，撤走全部在华苏联专家，撕毁几百个协定和合同，直接影响到我们几百个大企业的建设，使得为这几百个大企业而建立的成千个项目也不能进行建设。"①

此后中国进行了以"调整、巩固、充实、提高"八字方针为中心的经济调整，对产业结构进行了艰苦的调整，压缩基本建设规模和重工业建设项目，把农业发展放在国民经济发展的第一位。经济调整前后，党和政府对中国经济发展的观念也发生了变化。

1962 年初，刘少奇在七千人大会的报告中提出了中央关于从 1963 年到 1972 年国民经济的发展的初步设想。这个设想有两个主要目标，一是基本上解决我国人民的吃、穿、用的问题；二是基本上建成一个独立的完整的经济体系。对于实现十年初步设想的意义，刘少奇指出，我国将能够奠定工业现代化、农业现代化、科学技术现代化和国防现代化的巩固基础，使我国的经济建设和国防建设切实地建立在自力更生的基础上。从建设"工业体系"转变为建设"经济体系"，这是中央对经济发展目标认识的一个重要提升。

随着经济调整的成功和国民经济的逐步好转，中央对于中国经济发展目标的认识也在深化。1963 年 8 月 23 日，周恩来在中共中央《关于工业发展问题》起草委员会会议上提出建立独立的国民经济体系的问题，他说："经过一九六三至一九六五年三年过渡和一九六六至一九七五年十年规划，基

① 中共中央文献研究室编：《邓小平文集（一九四九～一九七四）》下卷，人民出版社 2014 年版，第 167 页。

本建立一个独立的国民经济体系。国民经济体系不仅包括工业，而且包括农业、商业、科学技术、文化教育、国防各个方面。工业国的提法不完全，提建立独立的国民经济体系比只提建立独立的工业体系更完整。”①

1964 年 12 月，周恩来在第三届全国人大一次会议上所作的《政府工作报告》中，根据毛泽东的指示提出了“两步走”的发展设想：“今后发展国民经济的主要任务，总的说来，就是要在不太长的历史时期内，把我国建设成为一个具有现代农业、现代工业、现代国防和现代科学技术的社会主义强国，赶上和超过世界先进水平。为了实现这个伟大的历史任务，从第三个五年计划开始，我国的国民经济发展，可以按两步来考虑：第一步，建立一个独立的比较完整的工业体系和国民经济体系；第二步，全面实现农业、工业、国防和科学技术的现代化，使我国经济走在世界的前列。”“第三个五年计划时期，是实现上述第一步任务的一个关键时期。这个时期的工作做好了，再经过大约两个五年计划的时间，就可以有把握地使我国建立起一个独立的比较完整的工业体系和国民经济体系。”②

1975 年 1 月 13 日至 17 日，第四届全国人民代表大会第一次会议召开，周恩来代表国务院作《政府工作报告》，重申 1964 年三届人大一次会议《政府工作报告》里提出的“两步设想”。

第三、第四个五年计划期间，由于“文化大革命”的干扰，原有发展战略和方针政策的实施受到影响与冲击，对适合中国国情的经济发展战略的探索也被打断。

尽管中国工业化在发展过程中走了一些弯路，遇到了一些挫折，但是经

① 中共中央文献研究室编：《周恩来年谱（1949～1976）》中卷，中央文献出版社 2007 年版，第 575 页。

② 周恩来：《周恩来选集》下卷，人民出版社 1984 年版，第 439 页。

过全国人民的艰苦努力,中国在改革开放前工业化建设方面所取得的成就仍然是伟大的,一大批工业基地和工业部门建立起来,中国的工业体系和国民经济体系得以初步建立,这为国防安全和经济发展提供了物质保障,也为改革开放后中国实现较快速度的经济增长准备了技术条件。

1981 年 6 月,党的十一届六中全会通过的《关于建国以来党的若干历史问题的决议》在评价这一时期的成就时指出:在工业建设中取得重大成就,逐步建立了独立的比较完整的工业体系和国民经济体系。

小　结

产业发展是中国式现代化的重要内容和经济基础。新中国成立初期的产业选择是党和国家对当时国内外各种因素综合分析、反复权衡后作出的战略决策。

中国自鸦片战争以来长期处于落后挨打的地位,中国共产党作为一个马克思主义政党,自成立之日起就背负着为中国人民谋幸福、为中华民族谋复兴的历史重任。新中国成立以后,国内外环境严峻复杂,现实和历史都告诉新中国,只有强大的工业和国防,才能摆脱被侵略压迫的命运。经过综合权衡,新中国选择了优先发展重工业的战略。

新中国优先发展重工业战略的确立经历了一个演进的过程。新中国成立初期,曾有过优先发展农业和轻工业再集中力量发展重工业的设想,也有过通过商业的活跃来促进国民经济恢复发展的想法。但朝鲜战争的爆发、巩固国防的迫切需要使得加快实现工业化成为新中国更为紧迫的任务。面对美帝国主义的战争威胁和西方资本主义国家的经济封锁,为了保卫新生的人民政权,巩固新民主主义革命的成果,党和政府不得不加强国防建设,优先发展重工业。

优先发展重工业战略对中国式现代化道路的形成和发展作出的贡献主要有以下几点：第一，为中国在较短时间内建立独立的比较完整的工业体系和国民经济体系奠定了基础；第二，维护了国家安全，巩固了新中国政权，为中国式现代化建设创造了稳定的政治条件；第三，大大提升了中国人民的自信心；第四，为日后的改革开放和中国特色社会主义建设积累了物质基础，奠定了中国式现代化的发展格局和模式。此外，优先发展重工业也是新中国对社会主义阵营的重要贡献。

优先发展重工业战略既是这一时期中国式现代化的主要内容，也在很大程度上规定了这一时期中国式现代化的发展路径。由于中国的工业化和资本主义的工业化发展路径很不相同，中国工业化在许多方面展现出了后发国家推行工业化所具有的一些特征。

新中国在具体实施这一战略过程中不可避免地存在历史局限性，优先发展重工业也导致了中国式现代化发展中一些问题的产生，如产业结构发展不均衡、人民生活水平长期得不到提高以及大量社会问题得不到解决等。随着对国情和世界形势认识的深化，转变发展观念、调整产业结构成为新时期党和政府面临的一项重要任务。

第三章 国营企业的建立和发展：奠定计划经济基础

国营企业是社会主义公有制的具体体现，是计划经济的重要基础，也是中国式现代化的重要内容。按照管理权限的划分，国营企业一般分为中央企业和地方企业。国营企业的运行发展对整个国民经济发挥着重要的基础作用。中国国营企业在管理、运行等方面曾深受苏联模式的影响。在国营企业建立和发展过程中，党和政府进行了多次探索和改革。

第一节 国营企业的建立

国营企业是社会主义公有制的重要载体，也是社会主义生产力发展水平的重要展示平台。但是新中国成立前后，现代工业水平较低，国营企业在国民经济中所占比例也不高。

1949年3月5日，毛泽东在党的七届二中全会上对中国经济现状作了分析，指出：中国的现代性工业的产值虽然还只占国民经济总产值的百分之十左右，但是它却极为集中，最大的和最主要的资本是集中在帝国主义者及其走狗中国官僚资产阶级的手里。没收这些资本归无产阶级领导的人民共和国所有,就使人民共和国掌握了国家的经济命脉。整个国民经济中居于领导地位的经济成分必须是国营经济。国营经济不是资本主义性质的经济而是社会主义性质的经济。对于恢复和发展生产,毛泽东列出了一个顺序,指出"必须确定:第一是国营工业的生产,第二是私营工业的生产,第三是手工业生产"①。

随着解放战争的胜利推进,党和政府对国营经济的认识逐渐深入,在新中国成立前夕制定的一系列重要文件中对国营经济的性质和作用作了进一步的规定。

1949 年 9 月 29 日,中国人民政治协商会议第一届全体会议审议通过的《中国人民政治协商会议共同纲领》发挥了临时宪法的作用。其中第二十八条规定:国营经济为社会主义性质的经济。凡属有关国家经济命脉和足以操纵国民生计的事业,均应由国家统一经营。凡属国有的资源和企业,均为全体人民的公共财产,为人民共和国发展生产、繁荣经济的主要物质基础和整个社会经济的领导力量。

这一时期中国的国营经济大致包括以下几个部分:中国共产党在革命根据地时期创办的各种类型的企业,中国革命胜利后接管的官僚资本企业,征用接管的外国企业,新中国成立后通过各种方式新建的国营企业以及国有金融与商贸体系。

一、中国共产党在革命根据地时期创办的各种类型的企业

在中央苏区和延安时期,党和政府为了革命事业的需要,都曾经在根据地内创办各类公营企业,这些企业大都服从于革命和生产生活的需要。由

① 毛泽东:《毛泽东选集》第四卷,人民出版社 1991 年版,第 1428 页。

于环境闭塞,经济基础差,这个时期所创办的公营企业还是比较简陋的,技术和装备水平都相对落后,有的只能进行简单的维修加工。但根据地创立这些公营企业,其所形成的管理模式和产业布局,却对新中国成立后国营经济的发展产生了一定的影响。

金融业方面,各个大的根据地为更方便筹集革命事业资金,大都建立了银行,发行了货币。根据地金融有一定程度的发展。据统计,到解放战争全面胜利时,全国解放区银行共有 30 多家。1948 年 12 月 1 日,中国人民银行在华北银行、北海银行、西北农民银行等三家银行的基础上合并成立,并发行了统一的货币。新中国成立后,国家首先完成了对私营金融业的社会主义改造,国营金融业在国内金融领域占据了绝对的统治地位。

二、中国革命胜利后接管的官僚资本企业

国民党政府在经济上的重要特征之一是发展官僚资本,资本借助官僚体系的力量实际上垄断了当时中国的经济命脉。南京国民政府统治时期,以“四大家族”为代表的官僚集团通过各种方式形成了庞大的、控制国民经济命脉的官僚资本。据 1947 年国民党政府公布的统计数据,仅国民党政府资源委员会控制的工业企业,其产量(包括控制的产量)占全国总产量的比重为:电力 66%,煤炭 33%,钢铁 90%,钨锑 100%,锡 70%,水泥 45%,糖 90%;1947 年全国私营行庄放款 1 万亿元,而国民党中央政府控制的行局即达 17 万亿,还不包括省市政府银行;至于现代交通运输和国际贸易,则基本上为官僚资本所独占。国民党政府高度集中和庞大的官僚资本构成了国民党反动统治的重要经济基础。

新民主主义革命的三大经济纲领之一是没收官僚资本归新民主主义的国家所有。对于如何接收官僚资本企业,早在 1949 年 1 月 15 日刘少奇就指出,不要打乱企业组织的原有机构,“对于接收来的工厂、矿山、铁路、邮

政、电报及银行等，如果原来的厂长、矿长、局长及工程师和其他职员没有逃跑，并愿意继续服务者，只要不是破坏分子，应令其担负原来职务，继续工作，军管会只派军事代表去监督其工作，而不应派人去代替他们当厂长、局长、监工等”①。这对官僚资本的有序接管是有利的。

1949年4月25日，毛泽东、朱德发布《中国人民解放军布告》。其中“没收官僚资本”的没收对象是由国民党各级各类政府经营的企业以及国民党大官僚所经营的企业。小官僚和地主所办的工商业或官僚企业中的民族资本家的私人股份，均不在没收之列。官僚资本包括国民党政府所拥有的国家资本和高级官吏（一般指县、团级以上的官员）的私人资本两部分。这些官僚资本既有独资企业，也有合营企业，投资形式多种多样。

新中国的成立，改变了中国近代以来积贫积弱的历史。而没收官僚资本使党和政府掌握了一大批对国民经济发展具有至关重要作用的企业，这些企业成为当时国营企业的中坚力量，为新中国国营经济的建立提供了雄厚的物质条件。

对于没收官僚资本，周恩来在1949年12月22日、23日的讲话中指出：“这种官僚资本不但奴役人民而且也窒息私营经济的发展，应该将它没收。但是另一方面，官僚资本垄断使得许多大的企业不断地集中，给我们的国家准备了集中的生产组织。”②

据不完全统计，在新中国没收国民党政府的官僚资本后，在交通、金融、商业、航空等一些垄断产业方面国营经济占有绝对的优势。交通运输方面，

① 中共中央文献研究室编：《刘少奇论新中国经济建设》，中央文献出版社1993年版，第59页。

② 中共中央文献研究室编：《建国以来重要文献选编》第一册，中央文献出版社2011年版，第70页。

接管机车4000多台，铁路2万多公里，汽车客车约4000辆，货车约47000辆，各种船舶20多万吨，机车船舶修造厂约30个。金融方面，除接收国民党的国家和地方银行2400余家外，也接管了一些属于官僚私人资本金融业的银行（如山西裕华、亚东商业等）；中国银行等在海外的分支机构职工也接受了人民政府的领导。商业方面，国民党政府经营的复兴、富华等商业外贸公司收归国营，大官僚私人经营的孚中、金山、利泰、扬子建业等公司也被没收。[①] 航空方面，被国民党劫持到香港的12架飞机由中国航空公司、中央航空公司起义职工驾驶飞回祖国怀抱。

通过没收官僚资本，新中国的国营经济在工业领域也占据了主导地位。国营企业在全国工业总产量中所占的比重为：发电机容量占73%，煤炭占70%，铁占60%，钢占90%，水泥占60%，工作母机占50%左右，纱锭占43%。综合起来，国营经济在现代主要工业中所占比重达到50%左右。

1950年3月中旬，陈云等签署中财委《关于各公营、公私合营及工业生产合作社的工矿企业进行统一的全国普查的训令》。这次普查的结果是：截至1949年底，全国工矿企业公营2858个，公私合营359个，中苏合营109个，合计3326个；职工共有118万人。[②]

在没收官僚资本后，社会主义性质的国营经济在新中国国民经济的大部分行业领域占据了不小的比重。1952年10月，刘少奇在讲话中指出：中国现在的工业生产总值（不包括手工业），国营企业已占67.3%，私人企业只占32.7%。而在1949年国营企业只占43.8%，私人企业占56.2%。[③]

---

① 许涤新、吴承明主编：《中国资本主义发展史》第三卷，人民出版社1993年版，第703页。

② 中共中央文献研究室编：《陈云年谱（修订本）》中卷，中央文献出版社2015年版，第52页。

③ 中共中央文献研究室编：《刘少奇论新中国经济建设》，中央文献出版社1993年版，第239页。

1951 年至 1952 年底全国进行了清产核资工作，结果显示国营企业资产余值为 129.86 亿元。

三、征用接管的外国企业

外国资本在旧中国享有特殊的地位。它们依靠帝国主义国家的力量，并和中国当政者进行勾结，在关系国计民生的重要行业和关键产业领域进行投资布局。

新中国成立后对在华外国资本依据不同国别实行不同的处理政策。到 1953 年，外资企业所有资产由 12.1 亿元减至 1.5 亿元，企业个数由 1192 个减至 563 个。外资企业被征用后一般都转变为国营企业，这有助于增强国营经济实力。

苏联和中国有着特殊的关系。中华人民共和国成立的第二天，苏联就同新中国建立了外交关系。1949 年 12 月，毛泽东对苏联进行访问。1950 年 2 月 14 日，中苏两国在莫斯科签订《中苏友好同盟互助条约》，确立了两国的同盟关系。同时，两国签订《关于中国长春铁路、旅顺口及大连的协定》。根据该协定，苏联在 1952 年底之前将中国长春铁路的一切权利和财产无偿移交中国政府。这些资产都成为新中国国营经济的组成部分。

四、新中国成立后通过各种方式新建的国营企业

1949 年 9 月，《中国人民政治协商会议共同纲领》规定了优先发展国营经济的方针政策，各级政府都把积极发展国营经济放在优先安排的位置。在这个阶段，由于国民经济正处于恢复过程中，国家的财力还非常有限，因此在 1950 年 3 月中央统一财经工作后，中央集中投资新建国营企业。政府的投资大致可以分为两个部分。一部分投资用于金融和贸易企业。主要用于扩大国有银行和贸易企业的自有资本，扩大其经营规模，提升其控制能

力。在经济恢复时期，国家在迅速扩大中国人民银行规模和增设机构的同时，还通过金融业的社会主义改造，实现了金融业的全行业公私合营。在贸易方面，这个时期的国营贸易企业迅速发展，一方面成立了一批对外贸易公司，控制了进出口贸易；另一方面则成立和扩充了国营商业企业，在很短时间内实现了对市场和主要商品供销的控制。另一部分投资用于以工业和水利为主的基本建设。1950 年到 1952 年，三年间用于基本建设投资的总额为 66.33 亿元，如果加上地方政府的自筹资金，三年共完成投资 78.4 亿元，超过了国民党政府在抗战前 10 年的基本建设投资。这些投资的主要方向有三个：一是兴修水利，二是恢复交通运输，三是对工业进行恢复性建设。在工业投资中，除了恢复性的投资外，新建项目的投资则是以重工业为投资重点。

五、国有金融与商贸体系

随着解放战争的胜利推进，中国人民银行根据“边接管、边建行”的方针，在接管官僚资本银行的同时，迅速建立了各地的人民银行的分支机构。按照行政区划，中国人民银行先后建立起总行、区行、分行、支行四级机构。

1949 年 10 月 20 日，中国人民保险公司正式成立，并陆续在全国各地设立分支机构。1951 年 8 月，经政务院批准，中央政府又成立了农业合作银行，但并未在各地设立分支机构。

新中国成立之前，出于保障革命战争供给和控制市场的需要，解放区的公营商业迅速发展。新中国成立以后，各解放区政府所办的商业贸易公司成为国营公司并迅速扩张。各个国营贸易公司大体在 1949 年第四季度至 1950 年第一季度的半年里相继成立。

国营外贸公司起初主要来源于东北解放区和华北解放区创办的对外贸易公司，这些公司随着华东、华南的解放，业务不断扩大，在新中国成立以后则转为国营贸易公司。1950 年初，根据政务院统一财经的规定，机关、部队、学校所设商店也移交给国营贸易机构。关系国计民生的重要商品，如粮食、棉、纱、布、食用油、煤炭、盐、钢材、水泥、石油以及进出口贸易基本控制在国营商业公司手中。这也是新中国成立初期国家控制市场的主要力量。

随着中国法治建设的完善，1954 年 9 月通过的《中华人民共和国宪法》对国营经济在国民经济中的地位和作用作了明确规定：国营经济是全民所有制的社会主义经济，是国民经济中的领导力量和国家实现社会主义改造的物质基础。国家保证优先发展国营经济。

第二节 国营企业领导体制的演变

一、"一长制"的产生以及在中国的发展

国营企业的管理体制经历了不断变化的过程。新中国成立初期学习借鉴苏联的管理体制，实行党委领导下的"一长制"，对企业管理体制进行了改革，因此，"一长制"成为新中国最早的国营企业基本领导制度。

苏联实行的是"一长制"管理。"一长制"也叫"厂长负责制"，在这种制度下，厂长（或经理）是企业经营管理的最高领导人，在企业内实行层层负责制。列宁在领导苏联经济建设过程中，认为"一长制"对生产资料公有制发展和组织社会化大生产有很大作用，但"一长制"的前提必须是民主管理。苏联实行"一长制"管理有其特殊的条件和原因，"一长制"也对苏联在复杂严峻的国际形势下推进优先发展重工业战略的实施发挥了重要作用。

中国革命深受苏联的影响。党早期的许多领导人都到苏联学习过，苏

联经济建设和企业管理的经验无疑是中共学习的重要内容。苏联"一长制"对新民主主义革命时期根据地的企业建设产生了很大影响。

1934 年 4 月,中央苏区政府发布《苏维埃国有工厂管理条例》,该条例规定:国有工厂厂长由所隶属的上级苏维埃机关委任;厂长向苏维埃政府负绝对的责任,对于厂内的一切事务有最后决定权;由厂长、党支部代表、工会代表、团支部代表、工厂其他负责人、工人代表等 5～7 人组成工厂管理委员会,以解决厂内的重大问题;由厂长、党支部代表和工会代表组成管理委员会"三人团",协同处理厂内的日常问题。

延安时期,根据地面积扩大,根据地所办企业数量种类增多,根据地的公营企业实行"一元化"领导体制和"厂务会议"制度。厂长负责工厂的经营管理,并依靠党支部、工会和全厂职工进行企业内部管理。

国营企业建立起来后,就面临着如何经营管理的问题。新中国成立前后,国营企业管理基本上沿用根据地时期实行的厂长负责制。1949 年 8 月,华北人民政府颁布的《关于在国营、公营工厂企业中建立工厂管理委员会与工厂职工代表会议的实施条例(草案)》规定:厂长由上级机关任命;由厂长、副厂长、总工程师、工会主席、其他生产负责人(由厂长提名、上级机关决定)和相当于以上人数的职工代表(由全体职工大会或职工代表会议选举产生)组成工厂管理委员会,工厂管理委员会以厂长为当然主席。厂长意见与管理委员会多数委员通过的决议不一致时,须报告上级请求指示,但是在未经上级指示前,应执行厂长的决定。

1949 年 9 月颁布的《中国人民政治协商会议共同纲领》对国营企业管理也作了规定:在国家经营的企业中,目前时期应实行工人参加生产管理的制度,即建立在厂长领导之下的工厂管理委员会。1950 年 2 月,政务院财政经济委员会发出《关于国营、公营工厂建立工厂管理委员会的指示》,并附发了1949年8月华北人民政府颁布的《关于在国营、公营工厂企业中建立工厂管理委员会与工厂职工代表会议的实施条例(草案)》。

新中国成立后,在企业管理中进行了民主改革运动,企业中的党组织发挥的作用越来越大。如何理顺企业内部党政关系,更好地实现企业管理成为当时党和政府急需解决的一个问题。

1950年2月6日,《人民日报》发表了题为《学会管理企业》的社论。该社论提出改变旧的官僚主义的管理制度,实行管理民主化,建立工厂管理委员会,并指出:建立工厂管理委员会和职工代表会议的制度,乃是目前改造旧的官僚资本企业为新民主主义人民企业的中心环节。①

1951年5月16日,刘少奇就国营工厂管理问题致信东北局领导人高岗:"关于在国营工厂中实现统一领导问题,华东城市工作会议及其他多数同志都主张在工厂中建立党委来实现这种统一领导。理由是我们暂时还没有或少有既懂得经济工作和技术又懂得党与群众工作的干部来管理工厂。""而以党委方式来实行集体领导,则既可补足厂长的某些缺点,又可统一各方面主要是党、政、工、团的领导。""党委负责制,并不取消或妨碍厂长负责制,相反,它加强并支持厂长负责制,同样,也加强党的、工会的、青年团的工作,各方面的缺点则可得到一些补助,少犯一些错误。"②

1951年上半年,东北局根据李富春的建议对厂长负责制进行了总结。7月19日,东北局向中央报送《关于党对国营企业领导的决议》。该决议指出:国营厂矿中党的组织、行政组织、工会组织、青年团组织,均应以提高厂矿的生产作为自己最高与最基本的任务,并在这个共同任务下团结一致,互

---

① 《学会管理企业》,《人民日报》1950年2月6日第1版。

② 中共中央文献研究室编:《建国以来重要文献选编》第二册,中央文献出版社2011年版,第243页。

相配合,以便达到不断提高生产的目的。厂矿中的生产行政工作实行厂长负责制,厂长由国家的经济机关委派,并由国家取得必要的生产资料和资金,实施对生产行政工作的专责管理。厂长领导下的管理委员会,是目前时期实行工人参加生产管理的制度。厂矿中的党组织对厂矿中的政治思想领导负有完全的责任,对厂矿中行政、生产工作负有保证和监督的责任。

1951 年 7 月 22 日,李富春就国营企业实行厂长负责制问题提出了一些意见。(1)东北局关于党对国营企业领导的决议,中心思想是实行厂长负责制,加强党的政治领导和保证监督作用。根据东北情况,此一文件可以施行,中央可予批准。(2)在工厂管理上,建立行政生产上的厂长负责制是近代化企业必须做到的事。厂长负责制,根据中国的特点,特别是在我们还未掌握技术、经验还不丰富的时期,必须依靠两个条件才能巩固并保证实施。第一是党在思想政治上的统一领导,把行政、工会、青年团的思想、行动、步调统一起来,保证和监督生产任务的完成与超过。第二是行政管理的民主化,使行政管理不仅有党的政治领导和保证监督,而且建立在民主的集中基础上(即经过讨论,厂长最后决定)。这两条结合起来,就是贯彻依靠工人阶级的思想,这对行政生产上的厂长负责制并不妨害,只有好处。(3)其他的地方,如强调了党、政、工、团基本立场和基本任务的一致性,这是对的。但是由于公与私、个人与集体的矛盾,会产生如列宁曾经讲过的一方面是工人群众,一方面是国家企业经理、管理人及其所属机关间利益上的某种对立现象这个次要的非阶级对抗的矛盾与对立。应指出来,承认之,并注意加以调整。① 8 月 16 日,中共中央致电东北局,表示同意他们上报的《关于党对国

① 中共中央文献研究室编:《建国以来重要文献选编》第二册,中央文献出版社 2011 年版,第 378—380 页。

营企业领导的决议》，实行厂长负责制。

1951年12月，中共中央政策研究室召集各大区和中直机关、中央各工业部、全国总工会及产业工会的代表讨论《中共中央关于国营工厂管理的决定(草案)》。会议认为：东北的厂长负责制是好的，将来工厂管理必须走向厂长负责制。但是由于关内各地具体情况不成熟，必须经过过渡时期。即厂长负责制必须在民主改革完成、生产改革有了一定基础后才能实行，而在此期间，以党委领导制较为适宜。关于过渡到厂长负责制的条件，东北的经验是：(1)民主改革基本完成；(2)工厂已能实行计划管理和经济核算制；(3)专业管理机构建立，有了技术管理规程；(4)党群工作有了基础，干部有了管理经验。此外，华东还加了一条：企业外部的领导步调一致，克服了多头领导现象。

1953年是中国第一个五年计划的第一年，全国在企业管理方面推行了“一长制”。1954年4月，华北局发出《关于在国营工矿企业中实行厂长负责制的决定》，该决定对党组织在企业实行厂长负责制后的任务作了规定：领导政治思想；监督、保证生产行政工作；领导工会、青年团等群众组织。5月，中共中央批发该决定并指出：有必要也有可能在全国各国营厂、矿(包括地方国营厂矿)中实行厂长负责制，以便进一步地提高工业企业的领导水平，更好地完成国家计划。同时要求各地区、各部门随时将实行厂长负责制中所发生的问题和经验上报中共中央，以便积累全国的经验。①

1955年4月9日，刘少奇约集东北各省负责人谈话。在谈到厂矿实行“一长制”时他指出：“实行一长制，以便有人负责，这是没有问题的，但是党

① 中共中央文献研究室编：《建国以来重要文献选编》第五册，中央文献出版社2011年版，第222页。

委要监督、保证,管思想政治工作和群众工作。这些,不是破坏一长制,而是有利于更好地实现一长制。厂长要依靠党和群众才能做好工作。”①在谈到党委工作时他指出:“业务推出去了,党委的部门就可以管干部,管政治思想工作,管党的组织工作,就可以检查方针政策,实行监督。”②

1955 年 4 月,中央书记处第三办公室邀请了出席全国党代表会议的 24 位代表召开了工矿企业的领导问题座谈会,会议对于国营企业的党政关系形成了三种意见。第一种意见是主张实行党委领导下的“一长制”,这主要是湖北省委同志的意见。第二种意见是不同意实行党委领导下的“一长制”,主张实行厂长负责制,即企业的生产管理工作由厂长对国家负完全责任,党组织只负监督保证责任。第三种意见是既不主张实行党委领导下的“一长制”,也不完全赞同第二种意见。

1955 年 5 月,在全苏工业工作者会议上,苏联主管经济工作的领导人介绍了“一长制”在苏联实行的经过,并指出“一长制”对干部的素质要求比较高。同年 6 月 4 日、6 日、13 日,中共中央第三办公室分别邀请了 50 个厂的党委书记和厂长举行了三次座谈会,与会干部普遍反映了以下几个方面的问题:一是目前工厂中的领导制度还没有理顺;二是自 1953 年下半年各地推行“一长制”(东北地区是 1951 年开始推行)以来,真正贯彻了“一长制”管理原则的工厂并不多,许多厂长不熟悉业务,不敢大胆负责,遇事都要找党委商量;三是党的政治思想工作薄弱,对经济工作的监督保证还不够全面有力。

---

① 中共中央文献研究室编:《刘少奇年谱(一八九八—一九六九)》下卷,中央文献出版社 1996 年版,第 338 页。

② 中共中央文献研究室编:《刘少奇年谱(一八九八—一九六九)》下卷,中央文献出版社 1996 年版,第 338 页。

1955年10月24日，中共中央批转中央第三办公室《关于厂矿领导问题座谈会的报告》，要求："企业中的党组织必须认真帮助确立和巩固企业管理方面的一长制，并教育一切工作人员严格遵守企业行政纪律和秩序。党组织必须把确立一长制作为自己的一个基本的政治任务。因为在企业中只有建立了严格的一长制，才能确立各个方面的专责制，才能确立有效的经济秩序和工作秩序，这种秩序正是办好一个企业所必需的，而无人负责则是一种可怕的不良现象。"①

1955年12月26日，中共中央书记处第二办公室所作的《关于济南、青岛在工厂推行"一长制"的情况、问题和意见的报告》反映了山东推行"一长制"的情况。该报告列举了实行厂长负责制后的好处和存在的问题。好处是各级职能部门和人员的职责明确了，拖延不决、无人负责、多头领导等现象减少了；各级干部和职能人员的责任心强了，学习研究业务的积极性提高了；生产均衡了（扭转了过去生产"前松后紧"，月底、年底赶任务的现象）；党组织能专注于自己的事务了。存在的问题则是命令主义有所发展；党政关系不协调（过去就存在，现在更明显）；政治思想工作不知如何开展；厂长的管理、技术水平低。

1956年苏联模式问题暴露以后，党和政府借鉴苏联经验教训，开始改变一些完全照搬苏联模式的方法，立足中国国情探索适合自己的社会经济发展道路。毛泽东作了《论十大关系》的重要发言，在涉及社会经济发展的重大关系方面进行了探索。他提出要正确处理国家、生产单位和生产者个人的关系，必须兼顾三者的利益。

---

① 中共中央文献研究室编：《建国以来重要文献选编》第七卷，中央文献出版社2011年版，第278页。

中央领导同志也对中国经济建设存在的问题和经验进行了密集的调研活动，先是刘少奇进行调研，然后毛泽东听取了30多个中央部门的工作汇报。1956年2月15日，毛泽东听取电力工业部等汇报时着重谈了“一长制”问题。他说：“党委的集体领导无论如何不会妨害一长制，可以找两个厂子分别试验一下看，一个是一长制，一个是党委集体领导制，看后者是不是就一定搞得那么坏。”“一个工厂几千人，很不容易搞好，没有党的领导，很容易形成一长独裁。”“工厂的领导应当是这么几条：党委的集体领导绝不妨害一长制，绝不妨害厂长行使职权；平日大的问题一定要党委讨论；来不及的时候先斩后奏，就先做了然后再讨论；有争论时，双方意见上报，上报期间先执行厂长的意见；厂内的事情党内讨论后，以厂长的名义下达或公布。任何情况下，党的集体领导这个原则不能废除。”①2月16日，毛泽东听取第一、第二、第三机械工业部汇报。汇报过程中，毛泽东再一次就“一长制”发表看法，他说：“家庭也不能搞一长制，没有商量是不行的，工厂总比家庭复杂些。工厂要有一定的纪律，按时、按量、按质完成任务。为达此目的，没有集体领导、个人负责是不行的。单有一个集体领导不行，还要有个人负责，又对立又统一才行，两者缺一不可。只有统一没有个人负责不行，是集体领导基础上的个人负责制。”“单讲集体领导不讲个人负责，或者单讲个人负责不讲集体领导，都很危险。总之，一个原则，不妨碍厂长的指挥，工厂生产一定要有纪律，保证质量、数量、时间，为了这个，有集体领导比没有好。当然，一长制不是绝对的，苏联就是一长制打了胜仗。我们党委制比较好些。”②2月25

① 中共中央文献研究室编：《毛泽东年谱（一九四九——一九七六）》第二卷，中央文献出版社2013年版，第530页。

② 中共中央文献研究室编：《毛泽东年谱（一九四九——一九七六）》第二卷，中央文献出版社2013年版，第531页。

日，毛泽东听取重工业部汇报时再次讲到“一长制”问题。毛泽东说：“我看不要这个一长制名义，应该认真搞集体领导。集体领导，个人负责，比较好。”①毛泽东在上述谈话中对“一长制”和如何进行企业管理表达了自己的意见。

党和政府对“一长制”的认识日益深化。1956 年 9 月，毛泽东在党的八大预备会议第二次全体会议的讲话中说：“例如一长制，中央曾经批转过某些地区的经验，认为可以试行。那个时候对这个问题还没有经验，就不能下一个断语，说一长制不好。一直到不久以前，我们才断定一长制不好，集体领导同个人负责相结合的制度好。”②

1956 年 9 月，刘少奇代表中共中央在党的八大上作政治报告，正式提出在国营企业中实行党委领导下的厂长负责制。他指出：“在企业中，应当建立以党为核心的集体领导和个人负责相结合的领导制度。凡是重大的问题都应当经过集体讨论和共同决定，凡是日常的工作都应当由专人分工负责。”“企业领导工作的改进，不仅需要企业本身的努力，而且需要上级国家机关的努力。在这里，有必要指出这样一个事实，就是上级国家机关往往对于企业管得过多、过死，妨碍了企业应有的主动性和机动性，使工作受到不应有的损失。应当保证企业在国家的统一领导和统一计划下，在计划管理、财务管理、干部管理、职工调配、福利设施等方面，有适当的自治权利。”③

而邓小平在党的八大所作的《关于修改党的章程的报告》中则说：“中国人民解放军长期战争的经验，证明这个制度对于部队工作是有利的，它并

---

① 中共中央文献研究室编：《毛泽东年谱（一九四九—一九七六）》第二卷，中央文献出版社 2013 年版，第 537 页。

② 中共中央文献研究室编：《毛泽东文集》第七卷，人民出版社 1999 年版，第 102 页。

③ 中共中央文献研究室编：《刘少奇论新中国经济建设》，中央文献出版社 1993 年版，第 308 页。

没有妨碍部队的军事指挥。根据最近几年的经验，中央已决定在一切企业中同样实行党委集体领导的制度，也就是党委领导下的厂长负责制或经理负责制等等。”①

1956年10月16日，邓小平主持中共中央书记处会议讨论《关于国营工业企业的领导问题的决定（草案）》时讲话指出：“对苏联的一长制，我们过去没有经验，现在有了。开始我们是说党委领导下的一长制，以后毛主席说索性不要一长制，问题才明确了。列宁主张军队集中、企业集中，完全必要，因为当时苏联很混乱。现在搬列宁的说法，也要会搬。但文件不要写绝对了，因为苏联一长制、资产阶级一长制都搞了工业化。可以说党委制比较好。当然在理论上可以说一长制是蜕化的现象，发展了官僚主义、形式主义。”②

1957年1月12日，邓小平在清华大学师生大会上作报告。他联系不同管理制度的具体历史背景，对几种制度作了说明，指出：“不要把一长制、工人委员会和我们现在所提的党委领导下的个人负责制说成绝对好，也不要说成绝对坏，因为这些东西在某一个条件下是好的，在另一个条件下就是不好的。在十月革命胜利后列宁曾强调搞一长制，应该说是好的，因为当时生产管理是极端混乱的，要强调集中，强调统一，强调纪律，在企业管理里强调一长制。如果苏联在那时采用工人委员会，如何建立起秩序呢？在当时，是一长制有利于生产力的发展，还是工人委员会有利于生产力的发展呢？当然是一长制。所以强调工人委员会任何时候都是好的，绝对好的，是不对的。苏联现在还在运用一长制，只要他们认为合适，就可以继续采用。总

① 邓小平：《邓小平文选》第一卷，人民出版社1994年版，第230—231页。

② 中共中央文献研究室编：《邓小平文集（一九四九～一九七四年）》中卷，人民出版社2014年版，第255页。

之，在具体制度上，只要有利于发展生产，有利于发挥工人阶级的积极性、创造性，能够监督和防止领导上的官僚主义，什么制度合适，就采取什么制度。我们坚持八大上所确定的企业管理制度，它包括两方面：一方面是党委领导下的个人负责制，企业管理没有厂长是不行的，但又是集体领导；另一方面是搞工人代表大会。这就是党的作用、群众的作用。”①对“一长制”的缺点，邓小平有清楚认识，指出“企业实行一长制后，民主生活少了，思想政治工作也差了。事实证明，思想政治工作在任何时候也不够用”②。

1957 年 3 月 14 日，邓小平在召开太原市部分厂矿企业厂长、党委书记座谈会时指出：“党的八大确定了党委领导下的厂长负责制，现在再加上一个，党委领导下的群众监督制度，这是民主集中制在企业中的具体运用。党委对企业的领导，一是大政方针的讨论，一是领导群众监督。我们用这个新制度来克服官僚主义。”③1957 年 12 月 2 日，刘少奇向中国工会第八次全国代表大会致祝词，指出：在企业中已经开始实行的党委领导下的职工代表大会制度，是扩大企业民主的有效形式。这种以办好企业为目的的广泛民主，不但不妨碍企业行政领导的集中，而且更是为了加强集中。由于资本主义国家企业普遍实行“一长制”，社会主义企业管理应当与此相区别，而党委领导下的厂长负责制就是两种企业管理制度的根本不同。

“一长制”在特定的历史条件下起过积极的作用，但它的弊端也是明显的。1958 年 5 月，滕代远代表铁道部党组在《怎样把铁路修得快些、办得好

---

① 中共中央文献研究室编：《邓小平文集（一九四九～一九七四年）》中卷，人民出版社 2014 年版，第 272—273 页。

② 中共中央文献研究室编：《邓小平文集（一九四九～一九七四年）》中卷，人民出版社 2014 年版，第 309 页。

③ 中共中央文献研究室编：《邓小平年谱（一九〇四——一九七四）》下，中央文献出版社 2009 年版，第 1351 页。

些?》的报告中就指出:关于铁路内部的规章制度,主要是围绕“一长制”制定的。事无大小,全靠“一长”的命令,命令主义成为风气。人们习惯于照章办事,不问后果如何,只要合乎规章、命令,就心安理得。检查工作,不问实际情况如何,机械地按规章、命令逐条核对,稍有不合,即横加指责。“一长制”加上过多的监察制度,削弱了党的领导,限制了群众的积极性。在推行经济核算制中,片面强调利润,奖励制度中片面强调物质刺激,又助长了本位主义、个人主义。各部门孤立地强调自己的指标,各人有各人的算盘,以致在一个较长时期内互相扯皮之风盛行。

党和政府也意识到了“一长制”的局限性,逐渐批判“一长制”的不足。1959 年6 月1 日,《中央工业部关于目前企业管理工作中的若干情况和问题的报告》发布。该报告指出当时企业管理工作有了重大的改革,取得了很大的成绩。主要包括:彻底批判了“一长制”的思想和作风,进一步加强了党对企业的领导,贯彻执行了群众路线,推行了干部参加劳动、工人参加管理的制度,提出了领导干部、技术人员或经济工作人员和工人三结合研究和解决各种问题的方法,并且精简了庞大臃肿的管理机构,实行了管理权力下放,改革了不合理的规章制度,因而大大发扬了职工群众的主人翁积极性和创造性。

由于“一长制”没有很好地从中国的实际出发,在实践中出现了忽视党的领导和民主管理的倾向,因此,党的八大以后,全国企业逐步建立起职工代表大会制度,“一长制”被党委领导下的厂长负责制取代。对此,1960 年1 月7 日,毛泽东在上海主持中共中央政治局扩大会议时明确指出,党委制打败了“一长制”。

1960 年3 月11 日,中共鞍山市委向中共辽宁省委和中共中央作了关于工业战线上的技术革新和技术革命运动开展情况的报告。鞍山市委在报告中指出："鞍山地区的技术革新和技术革命，主要特点有三：一是广大职工干劲很大，参加技术革新、技术革命的人很广泛，运动进展很快。至二月底，提出的革新建议达六十二万余件。二是广大职工的首创精神大大发扬，短时期内，就出现了不少重大的新技术和尖端技术。三是促进了生产继续跃进。两个多月来，取得的初步经验是：第一，必须不断地进行思想革命，坚持政治挂帅，彻底破除迷信，解放思想。第二，放手发动群众，一切经过试验。最根本的问题是高度发挥广大职工群众的积极性和创造性。第三，全面规划，狠抓生产关键。第四，自力更生和大协作相结合。第五，开展技术革命和大搞技术表演赛相结合。"①毛泽东对鞍山钢铁公司在技术革新和技术革命上的做法高度评价，并把他们的经验称为"鞍钢宪法"。"鞍钢宪法"一个很重要的内容，就是大搞合理化群众运动，即干部参加劳动，工人参加管理，改革不合理的规章制度，实行领导干部、职工群众和技术人员三结合。对此，毛泽东批示说："鞍山市委这个报告很好，使人越看越高兴，不觉得文字长，再长一点也愿意看，因为这个报告所提出来的问题有事实，有道理，很吸引人。鞍钢是全国第一个最大的企业，职工十多万，过去他们认为这个企业是现代化的了，用不着再有所谓技术革命，更反对大搞群众运动，反对两参一改三结合的方针，反对政治挂帅，只信任少数人冷冷清清地去干，许多人主张一长制，反对党委领导下的厂长负责制。他们认为'马钢宪法'（苏联一个大钢厂的一套权威性的办法）是神圣不可侵犯的。这是一九五八年大跃进以前的情形，这是第一阶段。一九五九年为第二阶段，人们开始想问题，开始相信群众运动，开始怀疑一长制，开始怀疑马钢宪法。""现在（一九六〇年

① 中共中央文献研究室编：《毛泽东年谱（一九四九—一九七六）》第四卷，中央文献出版社2013年版，第353—354页。

三月）的这个报告，更加进步，不是马钢宪法那一套，而是创造了一个鞍钢宪法。鞍钢宪法在远东，在中国出现了。这是第三个阶段。”①毛泽东在批语中不但对“鞍钢宪法”高度赞扬，还具体划分了其发展阶段，可见毛泽东对鞍钢创造的企业管理方法的重视。

1960 年 4 月 13 日，毛泽东在一次会议上明确否定了“一长制”。他说：“我们不搞一长制，一长制同党的领导、群众路线都是对立的。党的领导、群众路线这一套要坚持。对人家的长处要学。现在有些同志只注意创造，不注意学人家或学不到底。对人家好东西没有学完的、没有学好的，要继续学。要很好地学苏联。我们学习苏联，开始由于不懂，采取搬过来的办法，也很正常。现在进入第二阶段了，不是照搬，而是有批判地学了，并且自己能创造了。”②

1960 年 11 月 2 日，国家经委主任办公室发布《关于当前工业生产应当注意的二十个问题（草稿）》，其中指出：要加强党的领导，更好地实行党委领导下的厂长负责制和职工代表大会制，使集中领导和大搞群众运动相结合。既要继续反对“一长制”的残余，又要反对在集体领导、分工负责的原则下厂长不负责任和下级不服从厂长生产调度的偏向。企业党委要摆脱不必要的行政事务，要政治挂帅，提高工人阶级共产主义觉悟，做好人的工作。

1961 年，我国国民经济全面转入调整阶段以后，对企业工作的调整成为当时的一个重点任务。

1961 年 4 月 16 日至 20 日，陈云在听取南京化学工业公司负责人的工

① 中共中央文献研究室编：《毛泽东年谱（一九四九—一九七六）》第四卷，中央文献出版社 2013 年版，第 353 页。

② 中共中央文献研究室编：《毛泽东年谱（一九四九—一九七六）》第四卷，中央文献出版社 2013 年版，第 373 页。

作汇报时指出："关于党政关系。过去搞一长制，强调行政领导个人负责，否定党的领导，这要反对。但一长制下的一套规章制度中合理的方面不能完全否定，同时，党委也不能包办行政事务，厂长一长制和党委书记一长制都不对。我们既要搞群众运动，又要遵守规章制度，群众运动如果冲破了企业合理的规章制度，也会破坏生产力。"①

推行党委领导下的厂长负责制的过程中也出现了一些问题。1961 年 6 月铁道部召开的全国铁路局长座谈会纪要指出：负责制是企业管理的根本制度，没有负责制就不能保证铁路运输有秩序、不间断地进行生产。1958 年以后，由于缺乏经验和思想认识的片面性，在反"一长制"的过程中，丢了负责制；强调了敢想、敢说、敢干的共产主义风格，但与科学分析的实事求是精神结合得不够，因而使过去一些行之有效的制度和先进经验逐渐荒废，以致设备质量下降，事故增多，劳动纪律松弛，无人负责现象严重。

1961 年 7 月，邓小平在视察东北期间指出："工业增长要从提高劳动生产率着手，根本问题是企业管理。""企业管理归根到底一定要集体领导，这是根本原则。不是书记专权，也不是厂长专权。多几个人出主意总比一个人好。集体领导有相互监督、相互制约的作用。党的八大所规定的管理制度就是集体领导，是根据我们党管理军队的经验提出来的。工业条例对厂长负责制一定要写清楚，包括副厂长、总工程师等的责任制，要规定一套制度。"②

1960 年 11 月，张闻天任中国科学院经济研究所特约研究员。1961 年 8

---

① 中共中央文献研究室编：《陈云年谱(修订本)》下卷，中央文献出版社 2015 年版，第 83—84 页。

② 中共中央文献研究室编：《邓小平文集(一九四九～一九七四年)》下卷，人民出版社 2014 年版，第 104 页。

月,张闻天在其所写的“社会主义政治经济学笔记”中对“一长制”问题发表了看法。他指出:全盘否定“一长制”,把“一长制”说得一无是处是不妥当的。把“一长制”说成不要党的领导等等,是不合实际的。过分强调党委领导会产生书记制代替厂长制或者有党委集体领导而无厂长负责两种结果。强调党委领导下的厂长负责制是对的,但党委的决定权也不能是无限的。凡上级党、政决定的工厂的生产计划、财务计划、调拨计划等,党委一定要保证其执行,不能任意改变。①

1961 年 9 月中共中央颁布的《国营工业企业工作条例(草案)》(即“工业七十条”)是经济调整时期规范企业管理的一个重要文件。该文件重申了党委领导下的厂长负责制,规定:在国营工业企业中,实行党委领导下的行政管理上的厂长负责制,这是我国企业管理的根本制度。对党委领导下的厂长负责制、职工代表大会制和以厂长为首的全厂统一的生产行政指挥系统的运行和职责,该文件作了详细规定。国营企业规章制度的恢复和建立,对于工业的成功调整发挥了积极作用。

1961 年 12 月 18 日,邓小平主持召开中共中央书记处会议,听取关于全国工业工作会议情况的汇报,在谈到关于“工业七十条”的修改问题时指出:“现在不能改,先试行。七十条是要解决具体问题,大家要求改,说限制得太死,如果照大家的意见改,无非是加一些‘成绩伟大’等空洞语言,那解决什么问题呢?”②1962 年 2 月 28 日,邓小平主持召开中共中央书记处会议,讨论党的监察工作和工业支援农业、宣传教育等问题。他在讲到工业问题时指出:“工业联系精简,还是搞‘工业七十条’。首先把直属企业搞好。有了

① 《张闻天选集》编辑组编:《张闻天选集》,人民出版社 1985 年版,第 527 页。
② 中共中央文献研究室编:《邓小平年谱(一九〇四—一九七四)》下,中央文献出版社 2009 年版,第 1677 页。

‘工业七十条’，生产规模就好定。‘工业七十条’的核心是责任制度、核算制度和协作制度，必须以五定为基础来减人。”①1962年7月11日至13日，邓小平和周恩来等听取关于国防工业问题的汇报。在谈到企业管理时邓小平指出：“‘工业七十条’明确规定了行政上由厂长负责，书记不干预日常事务。可以设一个书记、一个副书记，在编制上加以限制，其他都是兼职的委员。‘工业七十条’规定企业党委不设书记处，就是为了形成集体领导。‘工业七十条’也强调了技术责任制，总工程师应该是党委成员。应该由总工程师签字的，不仅书记不能代替，厂长也不能代替。会计人员和检验人员，在行使他们的职权时，厂的领导也不能为难，应该给予支持。至于中央各部直属企业和地方的关系，也是明确规定了的，包括人事在内，主要由中央各部来管，地方只管政治思想工作和监督。”②

1961年10月14日至11月3日，陈云在主持煤炭工业座谈会时，就企业管理制度问题发表了意见。他指出：“现在许多企业行政领导太弱，如果不配备比较强的干部，党委领导下的厂长负责制是行不通的。党委要集中精力处理重大问题，把党管好。要把党委领导工作中的缺点，如包揽行政事务、规章制度破多立少、强调政治挂帅不讲物质鼓励、强调算政治账不算经济账、不尊重科学和技术人员等等，统统去掉。群众运动要有利于加强企业管理而不能削弱企业管理，要把不应该废弛而废弛了的规章制度统统恢复。”③

---

① 中共中央文献研究室编：《邓小平年谱（一九〇四—一九七四）》下，中央文献出版社2009年版，第1693页。

② 中共中央文献研究室编：《邓小平年谱（一九〇四—一九七四）》下，中央文献出版社2009年版，第1715—1716页。

③ 中共中央文献研究室编：《陈云年谱（修订本）》下卷，中央文献出版社2015年版，第112页。

二、中央企业与地方企业

中国地域广大,新中国成立后,政府企业大致分为中央企业与地方企业,党和政府对如何正确处理中央企业与地方企业的关系进行了探索。1949 年 5 月,刘少奇在起草《中国人民革命军事委员会关于建立中央财政经济机构大纲(草案)》时,第一次初步设计了中央与地方管理国营企业的体制,提出地方财政经济机关负责管理中央与上级机关划归地方或委托地方管理之国家企业,监督与协调由中央直接经营之当地国家企业,也第一次对中央和地方在管理国有企业方面的权限作了划分。1949 年 11 月 19 日,中财委在《中财委会管理企业各处(将来各部)之待决问题》中进一步明确指出,具下列条件者,应划归国营:(1)影响国库收入,对积累资本有重大意义者;(2)对人民生活有重大关系者;(3)目前规模小,但须大力发展者(如中国之毛纺)。此外凡产销范围是地方性的,均可划归地方。

1950 年 3 月统一全国财经工作时,中央将国营工业分为三种类型进行管理,即中央直接管理的、中央委托地方管理的、地方自行管理的。1951 年 4 月 6 日,政务院颁布《关于一九五一年国营工业生产建设的决定》,指出国营地方工业在发展中国经济方面具有重要作用,必须采取积极发展的方针,增强各级地方政府经营工业的积极性。该决定对地方工业的经营范围作了规定:(1)不在输电网内的独立发电厂;(2)小型矿山(小矿区)的经营;(3)制造农具及小五金的铁工厂;(4)建筑器材工业(如砖瓦窑、锯木厂等);(5)纺织厂与针织厂;(6)民用的被服业;(7)地方需要的食品工业;(8)造纸厂与印刷文具业;(9)制造日用品的化学工业;(10)地方性的公用事业及其他地方需要而中央尚难筹办的轻工业。地方国营工业的经营发展方向为:(1)面向农村,解决广大农民需要的生活资料和生产资料;(2)为国家企业加工,成为国家企业的得力助手;(3)主要应利用当地原料;(4)地方资力与人力能办到的中小型工业，特别是民用的轻工业。①

对于不同的国营企业管理的问题，1951 年 5 月，政务院制定了《关于划分中央与地方在财政经济工作上管理职权的决定》。该决定指出：地方政府对其管辖区内的中央直管企业，负有监督、指导和协助的责任，这些企业的一切政治工作则归地方政府领导；对于地方代管的中央所属企业和若干地方所属的重要企业，地方政府均应定期向中央有关部门作业务和工作报告，并在业务方针和技术方面服从中央部门的领导，重要的生产计划和基本建设计划，应经中财委或中央主管部门批准。

1953 年以前，除了华北地区国营企业由中央直接管理以外，其他地区国营企业基本由各大行政区直接管理。1954 年撤销了大行政区后，多数大中型企业划归中央各工业部门管理，其余一部分划归各省、自治区、直辖市管理，国家投资兴建的工业和一部分公私合营企业由中央有关工业部门管理。

由于中央企业较多，在当时政府直接管理企业和社会经济不断发展的情况下，管得太多、太死的弊端日益显现，成为企业发展的障碍。1957 年，中央直属工业企业由 1953 年的 2800 个增加到 9300 个，各类企业的统配物资由 1953 年的 112 种增加到 231 种。但相应的政府机构却没有大幅增加，这就增加了很多管理的问题。企业的生产和物资供应大量地使用实物指标，产品和物资实行统分统配制度，而企业的生产计划和基本建设则受国家指令性计划指导，这同样增加了很多管理问题。

1954 年 10 月，李富春在第一次全国计划会上作报告时指出：地方工业，

---

① 中共中央文献研究室编：《建国以来重要文献选编》第二册，中央文献出版社 2011 年版，第 280 页。

要在全国综合平衡的基础上，根据就地取材、就地制造、就地销售的“三就”方针，合理布局。①

李先念则曾指出：“我们的国家是一个统一的整体，地方兴办的事业，也是国家整体发展的一部分。中央在某些省、自治区、直辖市投资兴办的企业，虽然是由中央直接兴办经营的，实质上也是地方经济发展的一个重要环节。”②

1958 年 3 月 10 日，毛泽东在成都会议期间听取华北各省市区党委负责人的汇报时，对地方工业的发展方向作出了指示：“地方工业有三大任务，一为农业服务（基本的），一为大工业服务，一为城乡人民生活服务。此外，还要为出口服务。”③

1958 年 4 月，中共中央和国务院发布了《关于工业企业下放的几项决定》，该决定提出，为了加快我国社会主义建设的速度，提早实现工业化，在工业管理体制方面作如下改变：国务院各主管工业部门，不论轻工业或者重工业部门，以及部分非工业部门所管理的企业，除开一些主要的、特殊的以及“试验田”性质的企业仍归中央继续管理以外，其余企业，原则上一律下放，归地方管理。同年 6 月，中共中央又作出《关于企业、事业单位和技术力量下放的规定》，提出了下放企业、事业单位和技术力量的 17 条具体办法，要求尽快、更多地下放企事业单位。1958 年底，中央企业数由 1957 年的 9300 多个减少到 1200 多个，下放了 87%；中央直属工业企业的产值占工业总产值比重由 1957 年的 39.7% 下降到 13.8%；中央统配物资由 1957 年的

① 《李富春选集》编辑组编：《李富春选集》，中国计划出版社 1992 年版，第 123 页。

② 李先念：《李先念论财政金融贸易（一九五〇—一九九一年）》上卷，中国财政经济出版社 1992 年版，第 269 页。

③ 中共中央文献研究室编：《毛泽东年谱（一九四九—一九七六）》第三卷，中央文献出版社 2013 年版，第 312 页。

231种减少到67种(1959年)。这次下放企业，由于带有突击性，造成了一定的混乱局面。

1961年1月，党的八届九中全会决定对国民经济实行“调整、巩固、充实、提高”的八字方针，上收“大跃进”时期下放的一些经济管理权限。会议作出了《关于调整管理体制的若干暂行规定》，上收下放给地方的企业。到1965年，中央直属工业企业的产值占全国工业总产值比重又上升到42.2%，其中属于生产资料的部分占55.1%。

第三节
20世纪60年代的托拉斯改革

20世纪60年代，由于计划经济体制在企业管理方面的弊端逐步显现，党和政府提出要改革经济管理体制。在探索适合中国自己的经济管理体制过程中，党和政府转变工作思路，向世界各国借鉴管理经验和方法。

一、实行托拉斯改革的背景和对托拉斯的早期认识

在20世纪60年代经济调整过程中，中国在企业管理体制方面对国营企业进行了托拉斯改革。

1960年中苏关系破裂后，两国之间的经贸交流活动急剧减少，为了获得技术和急需的商品，中国对外贸易的重点被迫转向了资本主义国家。与资本主义国家进行经贸往来的过程，也是中国对资本主义国家情况进行了解的过程。

针对当时的情况，中国对国民经济进行了调整。随着国民经济的整体好转，宏观经济形势逐渐趋于稳定，但是企业的管理方式等存在不少问题。

通过改革来提高企业管理水平，提高经济效益，扭转企业亏损局面就成为现实需要。这一时期，中国在实践中开始关注西方资本主义国家的企业组织形式——托拉斯，在国营企业改革过程中，向西方学习借鉴了托拉斯的管理模式和经验。

1959年12月15日，毛泽东在读《政治经济学教科书》第二十一章《社会主义工业化》时指出："都是全民所有制的企业，实行不实行中央和地方分权，哪些企业由谁去管，这些都是有关建设的重大问题。中央不能只靠自己的积极性，还必须同时依靠地方的积极性。中央和地方都要注意发挥企业的积极性。去年有些基本建设单位实行了投资包干制，就大大发挥了这些单位的积极性。"①这反映出当时毛泽东看到了企业管理中存在的问题。

1960年3月25日天津会议期间，邓小平在汇报企业发展问题时说："与企业下放相关联的，就有一个生产关系问题。大家赞成这个意见，就是生产关系要有个改革。实际上也是上层建筑要有个改革。目标就是速度加快，更节约，综合经营，综合利用。我们研究，恐怕要走托拉斯道路。就是主席提过的，一行为主，搞其他多行，搞托拉斯。"②毛泽东回应说："资产阶级发明这个托拉斯，是一个进步的方法。托拉斯制度实际上是个进步的制度，问题是个所有制，资本主义国家是资本家所有，我们是国有。"③毛泽东肯定了托拉斯制度，但也表示了对中国实行托拉斯的担心。

刘少奇也曾指出，资本家管工厂是管得好的，他们的垄断公司内部很有

---

① 中共中央文献研究室编：《毛泽东年谱（一九四九—一九七六）》第四卷，中央文献出版社2013年版，第259页。

② 中共中央文献研究室编：《毛泽东年谱（一九四九—一九七六）》第四卷，中央文献出版社2013年版，第363页。

③ 中共中央文献研究室编：《毛泽东年谱（一九四九—一九七六）》第四卷，中央文献出版社2013年版，第363页。

组织。而要有效地组织起社会主义经济，就应当学习和借鉴资本主义管理企业的经验，特别是搞垄断企业的经验。他说："办托拉斯就是要组织起来。不只是一个企业要组织起来，一个行业要组织起来，整个国民经济都要组织起来。""试办托拉斯的目的，就是要解决整个国民经济更有计划些，更有组织些。"①

1964年1月7日，毛泽东在听取关于1963年12月召开的全国工业交通工作会议情况的汇报时指出，要学会按照经济办法改进工业管理体制。当谈到试办托拉斯问题时，他认为目前这种按行政方法管理经济的办法不好，要改。当谈到企业管理不好的原因时，毛泽东说："商业为什么不能按经济渠道经营管理，为什么只能按行政设置机构？打破省、地、县界嘛！就是要按经济渠道办事。"②

1964年1月，邓小平在谈到试办托拉斯问题时也指出："托拉斯一定要和科学试验结合起来，每一个联合公司都要搞科学研究。科学研究同生产相结合，才是最快的方法，资本家搞竞争，靠的就是这一手。"③

二、托拉斯改革的实施

1964年后，托拉斯改革进入了具体实施阶段。6月29日，周恩来召集讨论试办托拉斯问题的座谈会。会上他指出了一些注意事项：(1)全国性的托拉斯及其分公司同所在地区和地方的关系，要单写一段。组织托拉斯以后，还要照顾地方。地方上对全国性的托拉斯，既有责任，也有权利和要求。

---

① 中共中央文献研究室编：《刘少奇论新中国经济建设》，中央文献出版社1993年版，第546页。

② 中共中央文献研究室编：《毛泽东年谱（一九四九—一九七六）》第五卷，中央文献出版社2013年版，第302—303页。

③ 中共中央文献研究室编：《邓小平年谱（一九〇四—一九七四）》下，中央文献出版社2009年版，第1788页。

(2)成立托拉斯以后,仍要注意搞好同外部的协作关系,同地方的协作关系,包括原材料、产品、零配件等生产供应方面的协作,不能什么都自己搞。(3)成立托拉斯以后,随着托拉斯职能的扩大,部的机构就要缩小,行政部门只留少数人就够了。将来有些专业部如石油部可改变为大企业,石油部本身就可以变成总托拉斯。(4)托拉斯要按照经济的办法来办,按照经济规律的要求来管理。公司的企业职能逐步扩大,行政职能要逐步缩小,行政的职能转化为经济的职能。将来地方上同托拉斯的关系,也要由行政关系为主转化为经济关系为主。①

在7月29日的讲话中周恩来又进一步指出:“工厂搞大而全,生产数量越来越大,产品的品种和质量则越来越少、越来越差;只重视新厂建设,企业折旧费也大部分用来搞基本建设,而忽视老厂技术改造和设备更新,不能发挥老厂的积极作用和提高劳动生产率;管理机构则越来越庞大,官僚主义就越来越发展。”“组织托拉斯,就是要解决行政管理和生产管理方面存在的问题,要对目前的一些官僚主义的办法来个革命,汲取资本主义企业管理的长处,当然不是只追求利润的办法,而是用社会主义经济革命的办法,来发展新技术,提高劳动生产率,发展生产力。”“组织托拉斯,可以有两种做法。一是开始就组织全国性的托拉斯,又设分公司。这种托拉斯既是集中,又要分权,地方上也管,但是要用经济办法来管。一是先从地区搞起,然后再组织全国性的托拉斯。例如,可以以天津钢厂、石景山钢厂为主组织一个托拉斯,以上海钢厂为主组织一个托拉斯,或者以天津钢厂、唐山钢厂为主组织一个河北省范围内的托拉斯。鞍钢本身就可以搞一个托拉斯。还可以和政

---

① 中共中央文献研究室编:《周恩来年谱(1949~1976)》中卷,中央文献出版社2007年版,第652页。

权改革结合起来，这样可以大大减少行政机构和人员。”①

1964 年 7 月，《国家经委党组关于试办工业、交通托拉斯的意见的报告》指出：新中国成立以来，我国的工业生产、建设取得了伟大的成就，工业管理工作也积累了比较丰富的经验。但是，我国现行的工业管理体制和管理制度还存在不少问题，不能很好地适应现代化工业生产发展的要求。这主要表现在：“工业的管理工作偏重于用行政办法（而不是用经济办法），管理多头多级，政出多门；管理机构重迭庞大，效能不高；有些规章制度不合理，等等。因此，就难以对企业实行具体的领导；难以对同一行业的生产、建设进行统一规划和合理布局；形成地区之间和企业之间，生产缺乏合理分工和密切协作，许多企业不必要地重复生产同一品种规格的产品，不少设备和技术力量分散使用，各不配套；某些行业的产、供、销结合不够好，中间环节多，物资流转慢，资源不能合理利用；特别是对新技术的研究、总结、推广不够有力；这些问题如不加以解决，将会影响我国工业生产、建设多快好省的发展。”②

1964 年 8 月 17 日，中共中央、国务院在批转国家经济委员会党组《关于试办工业、交通托拉斯的意见的报告》时指出：“用托拉斯的组织形式来管理工业，这是工业管理体制上的一项重大改革，是一件新事情，中央主管部门和各级党委要充分地重视这件事情，应当结合党的战略的要求，集中力量首先把这一批试办的托拉斯办好。”“切实加强领导，选派得力干部担任托拉斯的领导工作，以便通过典型试验，取得经验。”③

---

① 中共中央文献研究室编：《周恩来经济文选》，中央文献出版社 1993 年版，第 550—551 页。

② 中共中央文献研究室编：《建国以来重要文献选编》第十九册，中央文献出版社 2011 年版，第 120—121 页。

③ 中共中央文献研究室编：《建国以来重要文献选编》第十九册，中央文献出版社 2011 年版，第 118 页。

第一批获准试办托拉斯的企业有12个，其中，烟草公司和医药工业公司集中管理全国所有的烟厂和药厂，具有全行业的性质；地质机械、仪器公司管理原有的地质机械中央直属企业；汽车工业公司从全国169个地方专业汽车配件厂中上收了42个，在全国汽车配件产量中占39%；橡胶工业公司成立后，从全国205个地方橡胶企业中上收了103个；拖拉机、内燃机配件公司从全国122个地方拖拉机、内燃机配件厂中上收了23个；纺织机械公司从全国36个地方纺织机械企业中上收了3个；制铝工业公司从地方铝厂中上收了两个较大的铝厂。这一过程中先后共有300多个地方企业收归托拉斯管理。

根据中央试办托拉斯的精神，北京的玻璃总厂和塑料总厂，上海的轻工业机械公司、标准件公司和丝绸公司，天津的机床工业公司、造纸公司和染料化学公司，黑龙江的糖业公司，辽宁省的柞蚕丝绸工业公司，浙江的糖业公司，重庆的皮革工业公司等一些地方托拉斯由各省、市试办。1965年，石油工业公司、仪器仪表工业公司和木材加工工业公司等3个托拉斯又根据国务院的相关要求成立。1965年10月，全国基本建设工作会议决定按行业或联合相近行业，把工业、交通各部的专业安装队伍和专业性很强的土建队伍组成若干个全国性的建设托拉斯。

1964年10月13日，邓小平在主持中共中央书记处会议讨论计划问题时指出："搞托拉斯，是用经济办法管理企业，通过经济关系搞协作，有利于专业化、系列化，能更快发展新技术，发展生产。托拉斯不要搞大而全。"①

1965年5月10日至6月7日，国家经委党组召开了托拉斯试点工作座

① 中共中央文献研究室编：《邓小平文集（一九四九～一九七四年）》下卷，人民出版社2014年版，第216页。

谈会。6月1日，邓小平在谈话中指出："全世界都在讲托拉斯，我们要同他们有区别。资本主义搞托拉斯是为了垄断、竞争、利润。我们要办的是社会主义的托拉斯。但是，假如不能提高质量，增加品种，降低成本，提高劳动生产率，提高技术，那就不好了。我们也要创造利润，创造财富，但这不是主要的，主要是为了更加巩固全民所有制，发扬社会主义优越性。托拉斯要发挥优越性，非考虑合理布局不可。比如盐，一定要考虑矿盐、湖盐及其综合利用。所谓和战结合，也是布局问题。""为了解决托拉斯内部和外部的问题，要搞一个托拉斯章程。"①刘少奇在讲话中则要求有关部门不要害怕和回避目前出现的问题，要勇于实践，创造经验。他说："办托拉斯，资本主义和社会主义都给我们提供了一些参考资料，但都没有完整的经验，要我们自己创造。托拉斯不是只办十二个，我们要把眼光放大点，全面看问题。"②接着刘少奇提到了试办托拉斯的三种形式：第一种是人权、财权、物权全部统，工厂全部收；第二种是只统一计划、价格、原材料供应和产品销售；第三种是只管计划、安排任务、交流经验。并指出只一种不行，几种形式都要有。统起来是主要的。最后他总结道："总的目的，是要把经济组织起来，要有计划。不管中央的、地方的，都要组织起来。组织起来，就可以搞专业化、标准化、系列化，提高质量，增加品种，降低成本，提高劳动生产率。这样，对国家有利，对地方有利，对整个社会都有利。"③

总体上说，这一时期通过试办托拉斯、减少行政干预和管理层次、改革

---

① 中共中央文献研究室编：《邓小平年谱（一九〇四—一九七四）》下，中央文献出版社2009年版，第1864页。

② 中共中央文献研究室编：《刘少奇论新中国经济建设》，中央文献出版社1993年版，第546页。

③ 中共中央文献研究室编：《刘少奇论新中国经济建设》，中央文献出版社1993年版，第547页。

企业管理方式等，我国企业取得了比较好的实践效果。托拉斯主要运用于计划管理、企业缴纳税利以及资金管理等方面。托拉斯根据专业化协作原则对企业生产经营活动进行改组管理，克服了企业经营分散、各自为政的现象，这对于节约流通费用、加速物资周转、提高经济效益、精简机构、减少管理层次等有积极作用，一定程度上克服了行政命令方式管理企业所存在的弊端。一些行业企业通过试办托拉斯，逐步解决了企业亏损和管理混乱等方面的问题，生产、流通秩序明显改善，企业经济效益明显好转。

三、托拉斯改革存在的问题

在试办托拉斯过程中，也遇到了三个方面的问题。第一，全国性或跨地区性的托拉斯与地方的矛盾。这个矛盾突出反映在如下方面。(1)上收企业方面。在试办的12个托拉斯中，有些托拉斯是把所有的同类企业统统上收，有些则把主要的企业收了上来。一些地方有不同意见，以至于有些原定要收的企业收不上来，有些地方甚至发生了调动工厂设备、人员将工厂改行转产等情况。(2)改组生产、调整企业方面。在这方面，因地方有不同的看法，所以调整方案有些未能实行，或有的虽实行了，但有许多问题。例如上海工业基础雄厚，希望自己组织专业生产和协作。在医药、橡胶托拉斯进行改组时，他们就认为无此必要。江苏、山东、北京等省市也担心托拉斯实行统一管理后，影响地方利益。又如医药托拉斯也因统筹安排不妥，丢掉了一些小的品种，影响了某些药品的供应。(3)外部协作方面。有些托拉斯考虑行业内部的协作较多，对地方的协作则注意不够。第二，托拉斯内部统一经营与所属企业分级管理的矛盾。在试办托拉斯的初期，有些托拉斯因直属企业较少，分为公司和厂矿两级；有些因直属企业多而分为总公司、分公司和厂矿三级；有些托拉斯为了统一经营管理，着手将过去由各厂矿企业分散管理的计划、财务、供销、劳动等多项业务权集中到分公司或总公司，实行产、供、销和人、财、物的统一。这就同曾经是独立核算单位的厂矿产生了许多摩擦，也不利于及时了解和解决生产中的问题。第三，托拉斯同原有经济管理体制的矛盾。试办托拉斯是工业经济管理体制改革史上新的尝试，在当时的中国还是一件新事物，因而在试办过程中不可避免地与原有体制产生一些矛盾，主要表现在三个方面。(1)财政管理体制方面。当时，地方的财政收入主要依靠工业利润和税收。托拉斯上收的企业，多半是效益较好的企业，必然减少了地方财政的收入，这也是许多地方不赞同上收企业的重要原因之一。(2)物资管理体制方面。当时，物资是按企业隶属关系分配的。托拉斯对归口管理的地方企业，只管计划，不管物资供应。物资分配渠道没有打通，这些企业就很难完成计划任务。(3)物价管理方面。有些企业划归托拉斯领导以后，其产品价格仍由地方物价部门制定，对托拉斯的统一经营十分不利。

由于试办托拉斯经验不足，试办托拉斯过程中出现的种种问题并没有处理预案，因而问题没有得到及时解决，积累较多。此外，由于托拉斯形式来自资本主义国家，与资本主义市场经济更适应，而与中国当时的历史条件、社会氛围和计划经济体制不太适应，因此当时的托拉斯改革未能完全按经济规律来运行，改革效果受到影响。“文化大革命”以后托拉斯改革逐步终结。

对于企业管理体制改革存在的问题，1978 年 9 月 9 日，李先念在国务院务虚会上的讲话中指出：“我们要改革一切不适应生产力的生产关系，改革一切不适应经济基础的上层建筑。过去二十多年中，我们已经不止一次改革经济体制，并取得了许多成效。但是在企业管理体制方面，往往从行政权力的转移着眼多，往往在放了收、收了放的老套中循环，因而难以符合经济发展的要求。”①这既说明了过去企业改革中存在的问题,也为国营企业下一步改革提供了历史的经验教训。

小 结

社会主义革命和建设时期,中国式现代化在经济发展方面的重要基础之一就是国营企业。国营企业是社会主义公有制的具体体现和重要载体,是社会生产力发展水平的重要体现,也是计划经济的重要基础。国营企业的运行发展对整个国民经济发挥着重要的基础作用。

新中国成立后,党和政府通过多种途径建立起国营经济。当时国营经济大致包括以下几个部分:中国共产党在革命根据地时期创办的各种类型的企业,中国革命胜利后接管的官僚资本企业,征用接管的外国企业,新中国成立后通过各种方式新建的国营企业及国有金融与商贸体系。新中国成立后,国营企业发展很快,逐渐在国民经济中占据主导地位,成为中国式现代化的重要经济基础。

国营企业根据归属大体上划分为中央企业和地方企业。国营企业发展初期,在管理运行等方面受苏联模式的影响很大,随着经济的发展,国营企业出现了一些问题。为此,党和政府对国营企业的管理体制进行了一系列的改革探索,从“一长制”到党委领导下的厂长负责制,再到经济调整时期提出“工业七十条”等,不断积累国营企业管理的理论和实践经验。随着20世纪60年代中国经济调整的深入,中国借鉴资本主义企业管理模式对国营企业进行了托拉斯改革,这是国营企业管理方式一次重要的改革,并取得了一

① 李先念:《李先念文选(一九三五—一九八八年)》,人民出版社1989年版,第331页。

定的成绩。

受社会历史条件和计划经济体制影响，虽然这一时期的企业管理体制改革取得了许多成效，但仍然难以建立起一套完整的科学的国营企业管理制度，难以推出突破性的改革措施以符合经济发展的要求。这为国营企业下一步改革提供了历史的经验教训。

这一时期国营经济的发展为中国式现代化提供了重要的产业基础，但由于国营企业在结构布局和管理等方面存在一定的问题，企业健康发展受到了一定的影响，实行开创性的改革成为国营企业发展的必然选择。

第四章 ▶ 农业制度安排：重工业发展的重要积累来源

新中国成立之前，中国是一个传统的农业社会，农耕文明相对比较发达，但近代中国农业生产力还是较落后的，农业生产基本上是靠天吃饭，粮食产量长期在低水平徘徊，农业生产工具更新速度慢，农业机械化水平低，广大农村除少数农户使用牲畜生产外，大多数农业活动依靠人力来进行。

在社会主义革命和建设时期，农业在中国式现代化发展中发挥着重要的基础作用。改革开放前，中国农村先后经历了土地改革、农业社会主义改造、人民公社化运动等三次大的变革，深刻地影响了农业生产的发展，为工业化发展积累了巨额资金，也为中国式现代化发展开辟了道路，但农业生产发展的相对滞后也在一定程度上延迟了中国式现代化发展进程。

第一节 土地改革

土地是传统农业社会最重要的生产要素，是农民生活的基本保障。土地归谁所有和如何进行经营关乎农业生产、农民生活和农村稳定。中国是传统的农业大国，中国革命的基本问题是土地问题，改变地主阶级封建剥削的土地所有制，代之以农民的土地所有制是中国共产党领导革命的一个主要目标。

土地制度变革及其带来的经营体制的变化，也深刻影响着农业发展与农村经济社会结构。长期以来，封建势力束缚了中国农业的发展，而土地改革则是在农村消灭封建势力的一个最基本的步骤。

新中国成立后，按照《中国人民政治协商会议共同纲领》的规定，国家要有步骤地将封建半封建的土地所有制改变为农民的土地所有制。据此，从1950年冬到1953年春，在新解放区占全国人口一多半的农村，党领导农民完成了土地制度的改革，废除了封建地主土地所有制，实行农民土地所有制，大大解放了农村生产力。而这场改革也是符合马克思主义关于社会发展的基本矛盾原理的。

1950年1月，中共中央下达《关于在各级人民政府内设土改委员会和组织各级农协直接领导土改运动的指示》，开始在新解放区分批实行土地改革的准备工作。党中央明确规定了新解放区土地改革的总路线和总政策：依靠贫农、雇农，团结中农，中立富农，有步骤地有分别地消灭封建剥削制度，发展农业生产。新解放区土地改革的基本内容，是没收地主阶级的土地，分配给无地少地的农民，把封建剥削的土地所有制改变为农民的土地所有制。对于地主分子，同样分给一定数量的土地，让其在劳动中改造为新人。

1950年6月14日，刘少奇在中国人民政治协商会议第一届全国委员会第二次会议上作《关于土地改革问题的报告》。他在报告中指出："土地改革的基本目的，不是单纯地为了救济穷苦农民，而是为了要使农村生产力从地主阶级封建土地所有制的束缚之下获得解放，以便发展农业生产，为新中国的工业化开辟道路。”①

同年6月30日，中央人民政府颁布实施《中华人民共和国土地改革法》（以下简称《土地改革法》），这是指导土地改革的基本法律依据。该法第一条指出：“废除地主阶级封建剥削的土地所有制，实行农民的土地所有制，借以解放农村生产力，发展农业生产，为新中国的工业化开辟道路。”②同时规定应该没收和征收的土地包括：（1）地主的土地；（2）祠堂、庙宇、寺院、教堂、学校和团体在农村中的土地及其他公地；（3）工商业家在农村中的土地；（4）因从事其他职业或因缺乏劳动力而出租的超过当地每人平均土地数百分之二百以上的土地；（5）半地主式的富农出租的超出其自耕和雇人耕种的土地数量的土地。除此以外，富农的土地及其他财产一般保留不动，中农、贫农、雇农及其他农村人民自有的土地及其他财产均不动。《土地改革法》把过去征收富农多余土地财产的政策，改为保存富农经济的政策，以便更好地孤立地主，保护中农和小土地出租者，稳定民族资产阶级。

从1950年冬季开始，一场大规模的涉及约3亿人口的土地改革运动在广大新解放区广泛展开。土地改革的步骤首先是发动群众，划分阶级；然后是没收、征收和分配土地财产；最后进行复查和动员生产。为保证《土地改革法》的正确实施，各地政府都派出土改工作队领导土改运动。大批机关干部、知识分子（包括大学教授）和许多民主党派成员报名参加土改工作队。各地土改工作队把群众发动起来，建立以贫雇农为核心的农民协会作为土改执行机关。农民协会对地主阶级开展面对面的斗争，对其中罪大恶极的

① 中共中央文献研究室编：《刘少奇年谱（一八九八—一九六九）》下卷，中央文献出版社1996年版，第254—255页。

② 中共中央文献研究室编：《建国以来重要文献选编》第一册，中央文献出版社2011年版，第292页。

分子和破坏土改的分子采取了强制手段。农民协会在斗争胜利的基础上，把没收的地主土地和财产按人口分配给无地、少地的农民，并对分配结果进行复查，由人民政府颁发土地证，同时完善农村基层组织，引导农民发展生产。

土地改革整体进度很快，至1952年底，包括老解放区在内，已完成土地改革的农业人口占全国农业人口总数的90%以上。到1953年春，除新疆、西藏等少数民族地区外，中国普遍实行了土地改革。

新中国成立前后的土地改革，延续了新民主主义革命时期土地政策的一些做法，但由于这个时候中国共产党已经在全国范围内执政，所以土地改革政策影响范围更大，也推行得更为彻底。土地改革是中国几千年历史上土地制度的一次重大变革，改变了农村的社会基本结构，清除了封建剥削制度在农村的根基，使我国农村的土地占有关系发生了根本变化，对中国农村社会影响深远。没收征收的约7亿亩土地分给了约3亿无地或少地的农民，农民获得了土地等基本生产资料，实现了"耕者有其田"，这极大地激发了农民的生产积极性，促进了农村生产力的发展。原来每年向地主缴纳的沉重地租被免除，农民的负担大大减轻，农村贫富差距快速缩小，农村生产和生活秩序发生了根本变化。

通过土地改革，中国共产党领导下的政府和民众组织掌握了农村基层政权，党和政府直接深入农村和农户，为后来大规模动员社会资源奠定了基础。同时，由于封建统治的经济基础在土地改革中被摧毁，马克思主义的政治民主等观念在新的经济基础上被农民接受，农民的社会地位得到了提高。

1955年5月，邓小平在会见南斯拉夫客人时指出，土地改革的经验，主要可归结为三点。第一，坚决执行中共中央确定的关于土地改革的总路线与总政策。第二，认真贯彻有领导地放手发动群众的方针，做到领导骨干与广大群众相结合。第三,建立城乡最广泛的反地主的统一战线。①

由于实行了土地改革,另外还实行了增加农业投入、兴修水利等举措,新中国成立初期,农业经济出现了迅速恢复发展的局面。

第二节
农业的社会主义改造

一、农业合作化运动

1949 年 6 月 30 日,毛泽东在《论人民民主专政》一文中指出:“严重的问题是教育农民。农民的经济是分散的,根据苏联的经验,需要很长的时间和细心的工作,才能做到农业社会化。没有农业社会化,就没有全部的巩固的社会主义。农业社会化的步骤,必须和以国有企业为主体的强大的工业的发展相适应。人民民主专政的国家,必须有步骤地解决国家工业化的问题。”②毛泽东的这段话指出了中国农业的特点,初步指明了农业发展方向。新中国成立后,中国农业建设基本上是围绕国家工业化而展开的。

中国土地改革完成后,农业下一步该如何发展?农业如何才能支撑起中国“一五”计划实施的优先发展重工业的战略?经过探索,中国走上了通过合作化进行社会主义改造、促进农业发展的道路。在社会主义改造进程中,农村组织形式经历了互助组、初级社、高级社等几个阶段,实现了农村所有制形式从私有制、半公有制到公有制的根本性变化。

---

① 中共中央文献研究室编:《邓小平文集(一九四九~一九七四年)》中卷,人民出版社 2014 年版,第 220—221 页。

② 毛泽东:《毛泽东选集》第四卷,人民出版社 1991 年版,第 1477 页。

1952年底，中共中央提出了党在过渡时期的总路线。按照总路线的要求，国家从1953年起开展了对农业、手工业和资本主义工商业的社会主义改造。社会主义改造的主要任务是：把以农民和手工业者个体劳动为基础的私人所有制改造成为劳动群众集体所有制，把资本主义私人所有制改造成为全民所有制。而农业的社会主义改造实际上就是农业合作化运动。

1953年，中共中央先后颁布了两个关于农业合作化的决议，即《关于农业生产互助合作的决议》和《关于发展农业生产合作社的决议》，规定了我国农业社会主义改造的路线、方针和政策。在农业生产互助合作运动前期，在上述两个决议指导下，中国农村积极稳步地发展了多种形式的互助合作组织。互助组从1951年底的400多万个增加到1954年底的近1000万个，初级社从1951年的300多个激增到1954年底的48万个。参加互助合作的农户从1951年底的2100万户增加到1954年底的7000万户，在全国农户总数中的比重从19.2%增加到60.3%。大部分合作社实现了增产增收，广大贫苦农民欢迎互助合作运动，积极要求入社。老解放区的许多村庄参加合作社成为一种群众性的行动。

毛泽东认为合作化是粮食实现大大增产的重要基础。1953年10月15日，毛泽东在就农业互助合作问题同廖鲁言等人谈话时指出："办好农业生产合作社，即可带动互助组大发展。在新区，无论大、中、小县，要在今冬明春，经过充分准备，办好一个到两个合作社，至少一个，一般一个到两个，至多三个，根据工作好坏而定。要分派数字，摊派。多了冒进，少了右倾。"① "各级农村工作部要把互助合作这件事看作极为重要的事。个体农民，增产有限，必须发展互助合作。对于农村的阵地，社会主义如果不去占领，资本

① 中共中央文献研究室编：《毛泽东文集》第六卷，人民出版社1999年版，第298页。

主义就必然会去占领。”“资本主义道路,也可增产,但时间要长,而且是痛苦的道路。”“现在农民卖地,这不好。法律不禁止,但我们要做工作,阻止农民卖地。办法就是合作社。”“大合作社也可使得农民不必出租土地了,一二百户的大合作社带几户鳏寡孤独,问题就解决了。”“互助组也要帮助鳏寡孤独。合作社不能搞大的,搞中的;不能搞中的,搞小的。但能搞中的就应当搞中的,能搞大的就应当搞大的,不要看见大的就不高兴。”①“从解决这种供求矛盾出发,就要解决所有制与生产力的矛盾问题。”“个体所有制的生产关系与大量供应是完全冲突的。个体所有制必须过渡到集体所有制,过渡到社会主义。合作社有低的,土地入股;有高的,土地归公,归合作社之公。”“总路线也可以说就是解决所有制的问题。国有制扩大——国营企业的新建、改建、扩建。私人所有制有两种,劳动人民的和资产阶级的,改变为集体所有制和国营(经过公私合营,统一于社会主义),这才能提高生产力,完成国家工业化。生产力发展了,才能解决供求的矛盾。”②

11 月 4 日,毛泽东就农业互助合作问题再次同廖鲁言等人谈话,他指出:“搞农贷,发救济粮,依率计征,依法减免,兴修小型水利,打井开渠,深耕密植,合理施肥,推广新式步犁、水车、喷雾器、农药,反对‘五多’等等,这些都是好事。但是不靠社会主义,只在小农经济基础上搞这一套,那就是对农民行小惠。”“必须搞社会主义,使这些好事与社会主义联系起来。至于‘确保私有’、‘四大自由’,那更是小惠了,而且是惠及富农和富裕中农。不靠社会主义,想从小农经济做文章,靠在个体经济基础上行小惠,而希望大增产粮食,解决粮食问题,解决国计民生的大计,那真是难矣哉!”③

① 中共中央文献研究室编:《毛泽东文集》第六卷,人民出版社 1999 年版,第 299 页。
② 中共中央文献研究室编:《毛泽东文集》第六卷,人民出版社 1999 年版,第 301 页。
③ 中共中央文献研究室编:《毛泽东文集》第六卷,人民出版社 1999 年版,第 302 页。

到1955年，各地农业合作社的发展势头不减。据《人民日报》1956年4月30日报道，到这时全国农业社共1088000个，入社农户10668万户，占全国农户总数的90%。完全社会主义性质的高级农业生产合作社也有了很大的发展。参加高级社的农户已占全国农户总数的55%，河北、山西、辽宁、吉林、黑龙江、青海、广西、北京、天津、上海等十个省、市超过了85%。在农业合作化运动大发展的同时，很多农业生产合作社进行了适当的合并，由于小社并大社，3月底的社数比1955年底减少了816000个，但入社农户增加了3122万多户，平均每社已由40户增加到98户，初级社平均50户，高级社平均250户。

到1956年底，农业社会主义改造在经历了互助组、初级社、高级社三个阶段后基本完成，加入合作社的农户达到全国农户总数的96.3%，其中参加高级社的农户占全国农户总数的87.8%。中国农村在稳定发展的步骤中完成了几千年的分散个体劳动向集体所有、集体经营的历史性转变。

中国农业的社会主义改造不同于苏联的方法，它是在中国共产党的领导下，遵循自愿互利、典型示范和国家帮助的原则，经历了从互助组、初级农业生产合作社发展到高级农业生产合作社这样三个阶段，把以生产资料私有制为基础的小农经济逐步改造成为以生产资料公有制为基础的社会主义集体经济。

1955年5月，邓小平在与南斯拉夫客人谈到农业合作化问题时指出："土地改革完成后，我们党就着手进行农业的社会主义改造。因为不实行这种改造，农民就不可能摆脱贫困，获得彻底的解放，农业就不能为工业提供足够的粮食和原料。”①

1956 年 8 月 14 日，周恩来接见印度计划代表团，在谈到中国的合作化运动时说：“目前中国的农业生产，在相当大的程度上还受着自然界的影响。中国像印度一样，地少人多，每个农民只有三亩地。要增加生产，现阶段唯一的办法就是组织起来，合作化，再加上一些增产措施。中国目前也还谈不到农业的机械化和大规模开垦荒地的问题。农业的改造，需要分两步走，即：第一步，合作化加上一些增产措施；第二步，才是机械化和垦荒。因为我们国家大，地形不一，在丘陵和水田使用拖拉机还有问题，而且我们现在还不能生产拖拉机，即使有了拖拉机也还需要供应大量的汽油。至于开荒，成本不小，对于农业增产的意义并不太大。”②中国的农业合作化运动，还有力地促进了农村水利建设事业的发展。1956 年 9 月 15 日，刘少奇在党的八大上作报告时说：“在水利方面，我国过去三年内，在淮河流域、长江中游和其他许多河流上进行了一系列的建设。黄河的三门峡水利枢纽工程，已经进行了施工前一系列的准备工作。此外，各地农村还兴修了大量的小型水利工程。”③

1959 年 11 月，刘少奇在《政治经济学教科书》学习讨论会上谈到中国的农业合作化问题时说道：“我国合作化的特点，一是土地改革后立即搞合作化；二是逐步提高，从互助组到半社会主义的合作社，到社会主义的高级

---

① 中共中央文献研究室编：《邓小平文集（一九四九～一九七四年）》中卷，人民出版社 2014 年版，第 221 页。

② 中共中央文献研究室编：《周恩来年谱（1949～1976）》上卷，中央文献出版社 2007 年版，第 609 页。

③ 中共中央文献研究室编：《刘少奇论新中国经济建设》，中央文献出版社 1993 年版，第 297 页。

社；三是把富裕中农和下中农分开，富裕中农的生产资料入社，给以代价。”①这也是符合历史实际进程的。

尽管社会主义改造在后期也存在一些问题，如“在一九五五年夏季以后，农业合作化以及对手工业和个体商业的改造要求过急，工作过粗，改变过快，形式也过于简单划一，以致在长期间遗留了一些问题”②，但是，在一个几亿人口的大国短时间内顺利实现了如此复杂、深刻的社会变革，并从整体上促进了社会经济的发展，这是一个困难重重的重大任务，也是伟大的历史性胜利。通过社会主义改造，社会主义制度得以在我国建立，这为当代中国的一切发展进步奠定了社会制度基础。

二、粮食统购统销政策

粮食统购统销是与农业社会主义改造几乎同时进行的对农村社会乃至对中国经济影响巨大的政策。1953 年中国开始实施“一五”计划，推进大规模经济建设，这需要国家组织大量的人力、物力和财力予以保障。由于投资力度较大，短时间内需要从社会上汲取大量的资金，在农业领域如何保障粮食收购、保障城市和工业的粮食供给就成为亟待解决的问题。

对于粮食统购统销政策的提出经过，1977 年 6 月，陈云在一次讲话中曾回忆说：“一九五三年九月，新粮上市，还是收购的少，卖出的多。我们开了十天会，研究粮食问题，提出统购统销。在政治局会议上，我向毛主席汇报，如果不搞统购统销，计划经济就要被冲垮，社会主义建设和社会主义改造就

---

① 中共中央文献研究室编：《刘少奇论新中国经济建设》，中央文献出版社 1993 年版，第 379 页。

② 中共中央文献研究室编：《三中全会以来重要文献选编》下，人民出版社 1982 年版，第 800—801 页。

无法顺利进行。中央最后定下搞统购统销。"①

1953 年 10 月 2 日，毛泽东主持召开中共中央政治局会议，听取陈云关于粮食问题的报告。陈云介绍国家粮食收购少而销售多，不少地方粮食市场已出现混乱等严重情况，提出实行农村征购、城市逐步采取粮食配售、严格管制私商、逐步消灭粮食贩子等应对办法。他还汇报了召集全国粮食紧急会议需要作的几项准备工作。陈云作完报告后，毛泽东表示赞成陈云的报告，并作结论指出："粮食问题采取统购统销这样的措施是否迟了一步，将来再看，也许不迟。从现在起到十一月中旬或十一月底作准备，从十二月到明年一月征粮、购粮同时进行，因此，征粮的布置要推迟一个月。这也是要打一仗，一面是对出粮的，一面是对吃粮的，不能打无准备之仗，要充分准备，紧急动员。"②毛泽东指出，农民有自发性和盲目性的一面。农民的基本出路是社会主义，由互助合作到大合作社（不一定叫集体农庄）。现在他们正处在由个体经济到社会主义集体经济的过渡时期。我国经济的主体是国营经济，它有两个翅膀即两翼，一翼是国家资本主义（对私人资本主义的改造），一翼是互助合作、粮食征购（对农民的改造）。毛泽东对农村情况了解得很清楚。他说农村的底有六条。（1）小农经济。（2）10% 左右的缺粮户。共约有 4800 万的农民缺粮。（3）每年 2000 万到 4000 万灾民。（4）10% 左右的落后乡。（5）80% 到 90% 的农民欢欣鼓舞，拥护政府，缺粮户和灾民也拥护政府。不拥护政府的人中包括地主、富农在内。政府在农村的基础就是 80% 到 90% 的农民。（6）互助合作已经发展起来。老区已达 60% 到 70%，新区是 20% 到 25%。前面四条都是不好的方面，后面两条是好的方面。

① 中共中央文献研究室编：《陈云年谱（修订本）》下卷，中央文献出版社 2015 年版，第 234 页。

② 中共中央文献研究室编：《毛泽东文集》第六卷，人民出版社 1999 年版，第 295 页。

1953 年 10 月，中共中央作出了《关于粮食统购统销的决议》。11 月，政务院通过了《关于实行粮食的计划收购和计划供应的命令》。到 1954 年夏，国家又分别对食油和棉花实行了统购统销。1955 年 8 月，国务院又发布了《农村粮食统购统销暂行办法》和《市镇粮食定量供应暂行办法》，对农村粮食的"三定"（定产、定购、定销）政策和市镇粮食定量供应标准作了详细的规定和说明。继粮食、棉花、油料实行统购统销之后，国家又把烤烟、麻类、生猪、茶叶、蚕茧、羊毛、牛皮等重要副食品和工业原料指定为派购产品。1956 年 10 月 6 日，国务院发布《关于农业生产合作社粮食统购统销的规定》，要求国家对农业社的粮食统购统销一般以社为单位。农业社在进行社内粮食分配的时候，必须保证完成国家核定的粮食征购任务。

1957 年 10 月 11 日，国务院发布《关于粮食统购统销的补充规定》，提出国家对于粮食的分配在长时间内必须统筹兼顾，全面安排。当时的方针是：在坚持粮食"三定"政策的基础上，实行以丰补歉，保证国家正常的粮食收入，严格控制粮食的销售。1958 年，国务院颁布农产品及其他商品分级管理办法，将农副产品的统购统销和派购等政策进一步制度化、法规化。

粮食统购统销政策作为深刻影响中国社会经济的一个重要举措，其作用主要有以下两方面：

第一，粮食统购统销政策提供了工业化发展的粮食保障，降低了工业化的要素投入。1952 年底，农业产值占工农业总产值的 56.9%，轻工业产值占整个工业总产值的 64.4%，而其中以农产品为原料的产值又占轻工业产值的 87.5%。粮食统购统销政策实行后，城市粮食供应有了保障。国家对主要经济作物的统购统销，使轻工业生产原材料供应稳定，轻工业发展有了保障。轻工业提供的大量财政收入作为基本建设投资又被投入重工业建设，使得重工业发展有了资金支持。

第二，粮食统购统销政策是中国推行计划经济体制的重要措施，也是计划经济的组成部分。农业生产计划是国民经济计划的重要组成部分，是克服农业生产的无政府状态，防止局部地区自给自足偏向的有效办法，是保证军需民食、工业原料及外销物资的生产，与提高人民生活，使中国逐步走向工业化的有力手段。① 粮食统购统销政策的实施，取消了粮食的自由市场，国家掌握了粮食等主要农产品，通过制订粮食购销计划，保障了工业计划的实施。

同时，粮食统购统销政策在运行中也存在一些弊端。例如：在一定程度上打击了农民生产的积极性和创造性；由于农业生产受自然条件影响大、不确定性强、信息不对称等原因，粮食征购数量与农业实际产量之间存在着多重矛盾；需要花一定的时间和精力来处理好与农民的关系；等等。

尽管存在一定程度上的不足，但粮食统购统销政策总体上是必要的、正确的，是由当时具体的历史条件所决定的。

第三节
人民公社体制下的“三农”发展

一、农村人民公社的成立

随着“一五”计划的完成以及苏联模式问题的暴露，毛泽东提出要“以苏为鉴”，探索自己的建设道路，避免出现大的问题。毛泽东所关注的一个

---

① 中国社会科学院、中央档案馆编：《1949—1952 中华人民共和国经济档案资料选编：综合卷》，中国城市经济社会出版社 1990 年版，第 831 页。

重要问题是如何使国民经济高速发展。他认为,如果能更有效地把农民组织起来,那么农业就可以实现更快速度的发展。而农业的高速发展可以为工业和其他产业的发展提供重要条件。

1958 年 3 月,中共中央政治局成都会议通过了《关于把小型的农业合作社适当地合并为大社的意见》。该意见指出:“为了适应农业生产和文化革命的需要,在有条件的地方,把小型的农业合作社有计划地适当地合并为大型的合作社是必要的。”①会后,各地农村开始了小社并大社的工作,有的地方出现了“共产主义公社”“集体农庄”,有的地方出现了“人民公社”。

“人民公社”这一名称第一次出现在报刊上是在 1958 年 7 月 1 日《红旗》杂志第 3 期《全新的社会,全新的人》一文中,该文提出了办人民公社的构想。8 月 6 日,毛泽东视察河南新乡刚成立不久的七里营人民公社时,称赞“人民公社名字好”。同时,他指出公社的特点是“一大二公”。8 月 9 日,毛泽东到山东历城北园乡视察时提出不要搞农场,还是办人民公社好。毛泽东的谈话和指示被媒体报道后,各地掀起了办人民公社的热潮。

1958 年 8 月,在北戴河召开的中共中央政治局扩大会议通过了《关于在农村建立人民公社问题的决议》,决议指出:“人民公社将是建成社会主义和逐步向共产主义过渡的最好的组织形式。”②会议决定要在全国农村中建立人民公社。人民公社化运动在会后迅速兴起。到 1958 年 10 月底,全国 74 万多个农业生产合作社改组成 2.6 万多个人民公社,参加公社的农户有 1.2 亿户,占全国总农户的 99% 以上,全国农村基本上实现了人民公社化。

---

① 中共中央文献研究室编:《建国以来重要文献选编》第十一册,中央文献出版社 2011 年版,第 181 页。

② 中共中央文献研究室编:《建国以来重要文献选编》第十一册,中央文献出版社 2011 年版,第 388 页。

人民公社的特点是"一大二公"。所谓"大",是指规模大。原有的农业生产合作社每社约有一两百个农户,基本上是一村一社;而人民公社则平均每社由原来的二十八个合作社组成,有农户四五千户到一两万户,基本上是一乡一社,甚至数乡一社。所谓"公",是指生产资料公有化程度高,将原来几十甚至上百个经济条件、贫富水平不同的合作社合并后,一切财产上交公社,多者不退,少者不补,在全社范围内统一核算、统一分配,实行部分的供给制(包括大办公共食堂、吃饭不要钱等)。

二、人民公社化运动的调整

在人民公社化过程中,一些地方出现急于向共产主义过渡的情况,一些地方盛行"一平二调三收款"的"共产风"。对于人民公社化过程中出现的问题和错误,1958 年 11 月中共中央工作会议(即第一次郑州会议)后,中共中央采取了措施加以纠正。

1958 年 11 月 28 日至 12 月 10 日,党的八届六中全会在武汉举行。会议通过了《关于农村人民公社若干问题的决议》,提出建立公社、管理区(生产大队)、生产队三级管理机构。1959 年 2 月 27 日至 3 月 5 日,第二次郑州会议召开,毛泽东在会上指出"共产风"的问题:"公社在一九五八年秋季成立之后,刮起了一阵'共产风'。主要内容有三条:一是穷富拉平。二是积累太多,义务劳动太多。三是'共'各种产。"①这次会议决定将人民公社的基本所有制改为以生产队所有制为基础的体制,把基本核算单位放到生产队一级。

1960 年 11 月,党中央发出了《关于农村人民公社当前政策问题的紧急指示》,明确提出人民公社应该建立"三级所有,队为基础"的制度,确定以

① 中共中央文献研究室编:《毛泽东文集》第八卷,人民出版社 1999 年版,第 12 页。

生产队为基础，同时还规定生产队下属的生产小队有小部分所有制，以调动生产队干部和社员的积极性。

1961 年初，中共中央决定对国民经济实施"调整、巩固、充实、提高"的经济调整方针，经济调整首先从解决农业问题开始。1961 年 3 月，中共中央通过了《农村人民公社工作条例（草案）》（简称"农业六十条"），以克服农村工作中的"左"倾错误，解决人民公社普遍存在的分配上的平均主义，公社规模偏大，公社对生产大队、生产大队对生产队管得太多太死，公社的民主制度不够健全等问题。这对调动农民的积极性、促进农业的恢复和发展发挥了积极作用。

1961 年 7 月 17 日，刘少奇在听取中共中央东北局负责人汇报工作时指出："人民公社是有优越性，问题是丢掉了高级社的一套东西，搞了平均主义、供给制、食堂等等。可以设想，如果保存高级社的一切优越性，在此基础上联合组织人民公社，优越性就可能更多一些。现在看不出优越性，难于说服人家，农民就说服不了。等三五年后，经济恢复了，人民公社显示出更多的优越性来，有了事实，才能说服人。"①

1962 年 2 月 13 日，中共中央发出《关于改变农村人民公社基本核算单位问题的指示》，决定实行以生产队为基本核算单位的"三级所有，队为基础"的体制，来调整生产资料所有制关系，使分配方面存在的平均主义和管理上的过分集中问题得以解决，并对平调农民的财物进行了退赔处理。

1962 年 9 月，党的八届十中全会通过的《农村人民公社工作条例（修正草案）》提出，要实行评工记分，取消供给制；建立社员代表大会、监察委员会

---

① 中共中央文献研究室编：《刘少奇年谱（一八九八—一九六九）》下卷，中央文献出版社 1996 年版，第 530—531 页。

等民主管理制度;改变人民公社基本核算单位,将基本核算单位下放到生产队(相当于初级合作社的规模),实行"三级(公社、生产大队、生产队)所有,队(生产队)为基础"的经营管理体制;恢复自留地、集市贸易;等等。这样,人民公社的各种体制基本定型。这个条例在一定程度上克服了"一大二公"的弊端,对"左"的错误思潮也是一种抵制,对受冲击的中国农业生产发挥了重要的保护作用,但是"政社合一"的体制仍未改变。

经过1960年、1961年近两年的国民经济初步调整,我国农业生产逐渐得到恢复并有所发展。1962年,我国农业生产开始扭转连续下滑的局面,并在此后几年连续实现了较快增长。其中1964年我国农业生产总值增长率提高到了13.5%。人民公社化运动造成的经济困难得到了一定程度的缓解。

人民公社体制由于并不完全适应农业生产特点,与当时农民的觉悟和认识水平也不符,因而一度成为阻碍农村经济发展的体制因素,导致农民生产积极性普遍不高,农业生产效率低下,但其在当时的条件下也发挥了一定的历史作用。人民公社体制时期,国家通过有效组织农村人力、物力等资源,进行了大量农田水利和基本农田建设。在各级党组织的领导下,广大农民群众兴修水利,农田基本建设大规模开展,有效地改善了我国的农业生产条件,一定程度上弥补了农业生产方面资本和技术等的不足。人民公社体制发挥了组织农民的作用,在农民群体中培育了集体主义观念,农村社员在农业机械化程度较低的条件下互助协作、团结奋斗,基本上保证了国家粮食安全。人民公社体制对于中国在国家积累很少的情况下集中全国特别是农村的人力、物力和财力支援工业化建设,加速中国工业化的进程,也发挥了历史性的作用。同时,人民公社体制也对稳定农村社会经济发挥了重要作用。

此外，自留地制度作为人民公社制度一项重要的补充制度也一度发挥了重要作用。自留地制度虽然曾被撤销，但在经济调整时期又得到恢复。1965 年 6 月 16 日，毛泽东在杭州听取汇报时说："要留有余地在老百姓那里，对老百姓不能搞得太紧。"①此后，毛泽东又提出"备战、备荒、为人民"的口号，为自留地的合理存在提供了依据。

对于改革开放前中国农业发展存在的问题，1983 年 5 月 22 日，邓小平在会见外国客人时指出，我国农村过去十分贫困，主要原因之一就是搞"以粮为纲"。在谈到农村人民公社问题时他说："人民公社制度的试验也不那么理想。人民公社'一大二公'的特点与我国农村目前很低的生产水平不相适应。我国农村过去是'政社合一'，人民公社既是经济组织，又是政治组织。现在我们把农村的经济和政治分开，但在实行过程中，要进行充分试验，逐步进行。凡是已进行试验的地方都证明，政社分开是正确的。"②

第四节
城镇化的有计划推进

城镇化是一个社会经济发展变化的过程，而现代工业是城镇化的重要推进器。根据世界工业化的一般规律，随着产业结构的变动，人口逐步地由传统的农业向新兴的二、三产业转移，就是城镇化的过程。第二次世界大战

① 中共中央文献研究室编：《毛泽东年谱（一九四九—一九七六）》第五卷，中共中央党校出版社 2013 年版，第 501 页。

② 中共中央文献研究室编：《邓小平年谱（一九七五—一九九七）》下，中央文献出版社 2004 年版，第 909 页。

后，科技发展迅速，产业结构升级加快，农业生产所需的劳动力逐渐减少。于是，大量的农村剩余劳动力涌向城市，推动了城镇化的进程。如今，城镇化已成为一种趋势，世界范围内的城镇化水平总体上都在上升。

1949 年新中国成立前，除了东部沿海若干帝国主义势力占据的大城市和内地个别的经济中心得到不均衡发展以外，中国的城市发展十分落后，绝大多数城镇都处于破落衰败的状态。当时中国设市城市有 69 个（其中 9 个在台湾），50 万以上人口的大城市只有 16 个。在这些城市中，除了商业和饮食等服务业外，工业很少，大部分只有少量轻工业，甚至只有一些手工业。城市内部，较为近代化的公用设施都集中在少数“富贵之区”，广大劳动人民被挤在低洼、狭窄、不卫生的地区，房屋矮小破烂，供水排污设施简陋，更没有学校、医院、剧院和公园等教育、卫生与娱乐设施。

1949 年 3 月党的七届二中全会提出了恢复和发展城市生产、将消费城市变成生产城市的城市工作方针。新中国成立以后，我国才开始了真正的城镇化进程。1949—1952 年国民经济恢复时期，各城市开展大规模的清理整顿工作，迅速取缔赌场、妓院、烟馆等行业并对相关从业人员进行教育改造，城市面貌大为改变。与此同时，国家还通过城市建设改善城市环境，提升城市的整体文明水平。随着整个国民经济的恢复与发展，城市也获得了较快发展，市的建制相应增加。到 1952 年底，中国内地设市城市已由 1949 年的 134 个上升至 160 个。

社会主义革命和建设时期的中国有着自己特殊的国情，人口多、底子薄，工商业不发达，同时也面临着复杂的国际环境。为此，新中国采取了优先发展重工业战略，并建立了单一的社会主义公有制，因而这一阶段中国的城镇化进程也就具有这一特定时代的特征。

重工业大都属于资本和技术密集型产业，对劳动力的需求相对较少；城市建设也主要是为工业化建设服务的，功能比较单一，城市产业结构与就业结构倾向于工业特别是重工业的发展，导致第三产业没有得到大的发展，对劳动力的吸纳能力较低。根据国家统计局对74个城市1949年至1978年的调查，每万人所拥有的商业、饮食、服务业网点数量变化如下：1949年为47.6个，1952年为67.2个，1957年为26.4个，1962年为13.2个，1965年为9.5个，1978年为10.8个。① 1952年与1978年相比，农、工、商业就业者在全国就业人口中所占比重的变化为：农业劳动者由83.5%降至73.8%，工业由6%上升为12.5%，而商业则由4.7%降至3.2%。城乡居民就业始终存在很大的压力，不但农村存在大量的剩余劳动力，而且城市由于第三产业滞后，无法提供更多的就业岗位。这一特点大大影响了农村人口向城市转移的速度，甚至一度出现了城市人口向农村倒流的“逆城镇化”。而为了控制农村人口自发地向城市流动，稳定社会秩序，中国又逐步建立起城乡分隔的就业制度和户籍制度，这使得当时中国的城镇化过程总体上是计划性的、较为缓慢的，工业化发展没有带来城镇化率的相应提高。在世界范围内来说，这一时期中国的城镇化进程也是相对滞后的。大体而言，这一时期中国的城镇化进程分为两个阶段：一是1949年到1957年，城镇化发展进程相对较快，8年间农村人口占全国总人口的比重由89.4%下降到84.6%，下降了近5个百分点；二是1958年到1978年，城镇化发展进程较慢，农村人口占全国总人口的比重由1957年的84.6%下降为1978年的82.1%，20多年下降2.5个百分点。

1952年7月，政务院召开全国劳动就业会议，制定了《关于解决农村剩

① 国家统计局城市社会经济调查总队编：《中国城市四十年》，中国统计信息咨询服务中心、国际科技和信息促进中心有限公司1990年版，第296页。

余劳动力问题的方针和办法》草案,提出为了保护城市劳动力的就业,要限制农民进城务工,农村剩余劳动力应在农村就地就业。同年7月25日经政务院通过的《关于劳动就业问题的决定》对农村剩余劳动力就业提出了方案:"农村中大量的剩余劳动力不同于城市的失业半失业人员。他们是有饭吃有地种的。但他们有大量的潜在的劳动力没有发挥出来,应该积极设法使之发挥到生产上来。同时已耕的土地不足,在目前的技术条件下就不够种,进一步向前发展,定会产生更多的剩余劳动力。这是一个最根本的问题。"[①]"城市与工业的发展,国家各方面建设的发展,将要从农村吸收整批的劳动力,但这一工作必须是有计划有步骤的进行,而且在短时期内不可能大量吸收。故必须大力说服农民,以克服农民盲目地向城市流动的情绪。"[②]该决定在分析了城市就业问题和农村劳动力富余情况后,还提出农村的大量富余劳动力应该通过在农村就地发展各种产业来安置。这之后,在农村由个体经济、合作经济向"政社合一"的集体经济转变过程中,农民被局限在既有的土地和社区内,城乡分隔的二元结构也逐步形成。

1953年我国转入大规模经济建设后,城市企业需要大量工人,大量的农村人口进入城市和工矿区,这一方面解决了企业用人问题,另一方面也加剧了城市的失业问题,提高了农副产品供给的紧张程度。为此,中央一再发出指示,要求各级政府对农民进城找工作进行限制,城乡之间的劳动力流动应该有计划地进行。

"一五"计划期间,由于财力、物力和技术人员的严重不足,建工部在

---

① 中共中央文献研究室编:《建国以来重要文献选编》第三册,中央文献出版社2011年版,第258页。

② 中共中央文献研究室编:《建国以来重要文献选编》第三册,中央文献出版社2011年版,第259页。

1954年6月召开的第一次城市建设会议上，确定除首都北京外，全国其他城市分为四类：第一类是重点工业建设项目安排较多的新工业城市，第二类是扩建城市，第三类是可以局部扩建的城市，第四类是一般中小城市。四类城市分别采取不同的建设方针。

为了进一步保证劳动力有计划地流动，1955年开始建立户口登记制度。6月22日，周恩来签署《国务院关于建立经常户口登记制度的指示》，确定了全国户口登记的主管部门和办理户口登记的机关，规定“争取在几年之内，将经常的户口登记制度逐步地建立和健全起来”①。1956年12月30日，国务院发布《关于防止农村人口盲目外流的指示》。1957年12月18日，中共中央、国务院联合发布《关于制止农村人口盲目外流的指示》，指出：“农村人口大量外流，不仅使农村劳动力减少，妨碍农业生产的发展和农业生产合作社的巩固，而且会使城市增加一些无业可就的人口，也给城市的各方面工作带来了不少困难。”②1958年1月9日，第一届全国人大常委会第九十一次会议通过了《中华人民共和国户口登记条例》，把人口分为城市户口和农村户口两大类，并严格限制城乡之间的迁徙。

1958年发动“大跃进”后，大量的农村人口涌向城市，使得短时期内中国城镇化水平有了很大的提升，中国的城镇化率从1958年的16.25%升到1960年的19.75%，两年时间内提升了3.5个百分点。但由于这个时候粮食供应出现了严重困难，国家对经济进行了调整。周恩来在1963年7月的一次讲话中指出：“这个比例增长得太快了。城市人口太多了，共有一亿三

① 中共中央文献研究室编：《周恩来年谱（1949～1976）》上卷，中央文献出版社2007年版，第488页。

② 《中共中央国务院关于制止农村人口盲目外流的指示（一九五七年十二月十八日）》，《人民日报》1957年12月19日第1版。

千零七十多万人。所以,我们非要压缩城市人口不可。城乡人口的比例要根据我们经济发展的速度来规定。这同经济发展的速度、技术水平、机械化的程度等等有很大的关系。”①

1964年8月,国务院批转了公安部《关于处理户口迁移的规定(草案)》,再次强调严格控制城市人口。李先念在1964年曾经概括地说过:“人总是要吃饭的,问题是在农村吃,还是在城市吃。我看在粮食和副食品并不宽裕的条件下,该在农村吃饭的,还是在农村吃好,因为在农村吃比在城市吃要省得多。城市并不缺乏劳动力,各行各业也并不缺人,因此要尽量不增加职工,更不要轻易从农村招收职工。”②由于当时城市就业岗位有限,对居民又必须供应商品粮,在粮食供求关系紧张的情况下,精简城镇人口是一个有效的选择。

1965—1978年,由于受三线建设和知识青年上山下乡等政策的影响,这一阶段城镇化进程较慢,1978年的城镇化率仅为17.92%。

从1950年至1980年的30年中,全国城镇因迁移和市镇区划变动(即农转非)增长的人口估计约为6300万人,平均每年增长210万,③占同期城镇新增人口总数的48.57%④。其中,20世纪50年代的城镇人口增长主要来自农业人口迁移;60年代和70年代,由于国家对城镇化采取了控制的措施,城镇人口增长主要来自其内部人口的自然增长,这类增长已与城镇化的本来要义有所区别。

由于人口的流动受到限制,加上农业剩余非常有限,农村商品生产和集

---

① 中共中央文献研究室编:《周恩来经济文选》,中央文献出版社1993年版,第510页。
② 李先念:《李先念文选(一九三五—一九八八年)》,人民出版社1989年版,第285—286页。
③ 《当代中国》编辑部编:《当代中国的人口》,中国社会科学出版社1988年版,第300页。
④ 《当代中国》编辑部编:《当代中国的人口》,中国社会科学出版社1988年版,第493页。

市贸易萎缩，这一阶段镇的人口增长也很慢。据统计，1953 年全国镇人口为 3372 万人，1957 年则降为 3047 万人。同时，镇的数量也有所下降，1954 年全国共有建制镇 5400 多个，1957 年则减少为 3596 个，[①]1964 年进一步减少到 2877 个镇，到 1978 年降至 2850 个。[②] 由此可见，这一时期“镇”尚未成为农村城镇化的基地。

总之，从 1949 年到 1978 年，虽然城市总量有一些增长，但城镇化进程总体上是计划性的、比较缓慢的。这是为了适应当时的工业化发展道路和农业生产条件，权衡各方面情况，从维护社会稳定的角度出发所作的综合选择，有其阶段性特点。其带来的弊端是城乡两方面都未能得到充分发展，城乡差距也有所扩大，从而对城乡的产业结构和就业结构都产生了较大影响。

小 结

中国是世界人口大国，农业生产特别是粮食生产对于中国具有特别重要的意义。新中国农业发展的一个突出特点是紧紧围绕工业化和中国式现代化发展而发展。

新中国成立后，中国在更大的区域内进行了土地改革，实行农民的土地所有制，借以解放农村生产力，发展农业生产，为中国式现代化开辟道路。土地改革后，广大农民的生产积极性大大提高，农业生产增长很快。

优先发展重工业战略，对农业发展提出了更高的要求，即农业要为国家

① 民政部行政区划处编：《中华人民共和国行政区划手册》，光明日报出版社 1986 年版，第 15 页。

② 中国社会科学院人口研究所、《中国人口年鉴》编辑部编：《中国人口年鉴（1987）》，经济管理出版社 1989 年版，第 626 页。

工业化积累建设资金。为了更有效地从农业中提取剩余来发展重工业，同时也为了促进农村合作化运动的开展，1953 年，中央开始实施粮食统购统销政策。由于粮食价格在物价体系中发挥着核心作用，通过粮食统购统销等政策可以控制整个物价，形成低资金、低汇率、低工资，从而降低了中国工业化的成本，这是当时情形下的必然选择。

1953 年过渡时期的总路线提出农业社会主义改造的目标，要把个体私有制改造成社会主义集体所有制，农业生产组织经历了互助组、初级合作社、高级合作社三个发展阶段。农业的社会主义改造在粮食等主要农产品实行统购统销政策后加快了节奏。通过对粮食、棉花等主要农产品的统购统销，国家从农业中提取了大量积累，也在实践中促进了资本主义工商业的社会主义改造。农业社会主义改造完成后，农业方面集体所有制占据了主导地位。为了更好地为工业化提供资金和保障粮食安全，1958 年，中国在广大农村地区推进人民公社化运动，实行“政社合一”，进一步强化了农业集体经济组织。人民公社体制在实践中也不断进行调整。但在人民公社体制下，广大社员的积极性、主动性得不到充分发挥，农村经济长期得不到根本性的提高。

由于当时城乡社会经济等方面存在着明显的差异，总体上城市居民的生活水平优于农民的生活水平，大量农民选择进城务工，这影响了农业生产，也不利于城市的稳定。为此，国家采取了限制农村劳动力进城的政策措施，这主要是通过建立严格的户籍管理制度来实现的。中国城乡二元结构的形成也是当时形势下的必然选择，有利于国家提取农业剩余，也有利于社会稳定。但以乡补城、以农补工，优先发展重工业战略和户籍制度等政策限制了城镇化的发展，城镇化率保持比较低的增长速度，甚至在个别年份还出现了“逆城镇化”的现象。

在社会主义革命和建设时期，我国对农业发展道路进行了创造性的探索，获得了一些初步的成果，但在当时环境下形成的农村经济体制不完全适应农业生产力发展的实际状况。而且因为长期实行优先发展重工业的战略，农业发展处于国民经济的薄弱环节，农业生产发展缓慢，未能改变农村经济落后的面貌，对城乡的产业结构和就业结构都产生了重大影响，也在一定程度上影响了中国式现代化的发展进程。

第五章 统筹国内外资源：中国贸易发展道路

商业贸易对中国式现代化的健康发展有着重要作用。早在延安时期的1944年5月28日，陈云在讲话中就指出："贸易工作很重要，生产要经过交换，没有这个过程，生产就要陷于停顿，社会就不可能发展。所以，交换过程对于生产有决定意义。"①

新中国成立后，国家重视商业贸易的发展，在国民经济恢复时期，国家就提出"四面八方"的经济方针，把商业贸易作为恢复经济的重要手段。1956年9月16日，周恩来在党的八大上所作的《关于第二个五年计划建议的若干主要问题》的报告指出："商业作为联系生产和消费、工业生产和农业生产的纽带，不仅担负着满足居民生活需要和一部分生产需要的任务，担负着为国家积累资金的任务，而且也担负着促进工农业生产发展的任务。"②新中国成立后，党和政府高度重视商业贸易的发展，商业发展的政策经历了一个复杂的演变过程，其间既有成功的经验，也有曲折发展的历史。

---

① 中共中央文献研究室编：《陈云年谱（修订本）》上卷，中央文献出版社2015年版，第449页。

② 中共中央文献研究室编：《周恩来经济文选》，中央文献出版社1993年版，第309页。

第一节
新中国成立初期的“四面八方”经济政策

“四面八方”经济政策是指中国共产党根据工作重心从农村转入城市的新形势而制定的一个重要的经济政策。1949年4月13日，毛泽东在接见太行区党委书记陶鲁笳等人时谈到了“四面八方”的经济政策。他说：“我们的经济政策可以概括为一句话，叫做‘四面八方’。什么叫‘四面八方’？‘四面’即公私、劳资、城乡、内外。其中每一面都包括两方，所以合起来就是‘四面八方’。”“我们的经济政策就是要处理好‘四面八方’的关系，实行公私兼顾、劳资两利、城乡互助、内外交流的政策。”①

1949年9月29日通过的《中国人民政治协商会议共同纲领》将“四面八方”的经济政策写入其中，并明确规定：中华人民共和国经济建设的根本方针，是以公私兼顾、劳资两利、城乡互助、内外交流的政策，达到发展生产、繁荣经济之目的。

制定“四面八方”经济政策的一个重要出发点是要解决与民族资产阶级的关系问题。毛泽东认为，要恢复经济、发展生产，就要调动包括民族资本家在内的各个阶层发展工商业。1950年6月党的七届三中全会召开以后，经济方面的重大举措是合理调整城市工商业。当时的情形是：私营工商业迫于资金缺少、市场萧条而大量倒闭，商业网点和商业渠道很难在短时期内完全恢复和建立起来；朝鲜战争爆发后，以美国为首的西方国家对中国实行

① 陶鲁笳：《毛主席教我们当省委书记》，辽宁人民出版社2017年版，第159页。

封锁禁运，某些产品的进出口遇到困难；私营工商业者在社会经济的变革过程中遇到一些困难，觉得发展前景不明朗，经营消极；一些党员干部在工作中盲目排斥私商、限制私商发展。

针对上述情况，中央确定在“公私兼顾、劳资两利”的基本方针下，调整公私关系、劳资关系和产销关系。在调整公私关系方面，主要采取三条措施：一是减轻税收负担、缓催公债；二是加强对私营工业的加工订货；三是投放货币，收购农副土产品。在调整劳资关系方面，主要是确认工人阶级在私营企业中的民主权利，采取协商和仲裁的方式解决劳资间的纠纷问题。在产销关系上，主要是帮助私营工业根据市场的需要进行生产，克服生产的盲目性。经过半年的调整，城市工商业很快由萧条转为复苏和增长。到 1951 年，城市工商业的形势进一步好转。

鉴于抗美援朝战争正在进行，中央提出“边打、边稳、边建”的财经工作方针。而加强城乡物资交流、稳定国内市场是保证战争胜利的关键环节。另外，这项工作不仅影响国民经济的恢复和发展，而且也对工农联盟的巩固产生影响。为此，中央把物资交流工作作为振兴全国经济的中心环节，把扩大城乡交流放在财经工作的第一位，以促进经济活跃和保障市场稳定。

1950 年冬，全国各地组织了多次农副产品交流会和以展销为主的物资展览会。到 1951 年，城乡物资交流规模更大、范围更广，不但为工业品生产开辟了农村市场，而且也扩大了农民的收入来源，使农民的生产积极性得到提高，从而促进了全国经济的恢复发展。物价的稳定，为活跃城乡物资交流、恢复和发展工农业生产创造了条件。城乡物资交流活跃、工农业生产恢复发展，又为稳定物价奠定了物质基础。而城乡物资交流的广泛开展，对活跃城乡经济、促进国民经济的恢复和发展、改变城乡工农关系等也都发挥了积极作用。

第二节
商业的社会主义改造

旧中国的各种商业，无论是帝国主义商业、官僚资本主义商业、民族资本主义商业还是小商业，在生产资料所有制方面，都属于生产资料私有制。帝国主义商业来中国大量投资，凭借在华的特权，大肆掠夺原料，向中国倾销商品，打击了中国的民族商业，逐渐把中国民族商业变成帝国主义商业的附庸。官僚资本主义商业凭借国民党政权的力量，通过垄断经营和压榨中小商业者发展起来，形成全国性的商业垄断经营。随着解放战争的胜利推进，人民军队和政府对帝国主义商业与官僚资本商业采取了没收与管控等措施，建立了强有力的国营商业。

一、私营商业的社会主义改造

1952 年底党提出过渡时期的总路线，对私营工商业的社会主义改造也提上了日程。私营商业的改造，情况比资本主义工业更为复杂一些。私营商业有多种经营类型：既有单一经营的批发商或零售商，也有兼营批发零售的；既有商业资本家，也有小业主，还有独自经营遍布城乡的小商小贩。正因为商业构成如此复杂，又因为商业和人民的生产生活联系比较紧密，所以中央对私营商业的社会主义改造比较慎重。1954 年 7 月 13 日，陈云在为中共中央起草的《加强市场管埋和改造私营商业》指示中指出：“对私营商业实行社会主义改造，是一件非常艰巨的工作，它将受到私商各种各样的抵抗。在整个改造过程中，我们和他们之间的限制和反限制的斗争，将是很复杂很尖锐的。现在，批发环节上逐步排挤私营批发商的任务，虽然基本上已经得到了解决,但对他们的人员的安排和资金的处理,仍需进行妥当和切实的工作,才能巩固已得的胜利。”①对不同类型的私营商业,党和政府根据其经营方式的特点,在改造中有的放矢,采取不同的改造政策。

(一)对民族资本主义商业的改造

在私营商业构成中,民族资本主义商业无疑占据着重要位置。民族资本主义商业不仅供应城乡人民生活所必需的商品,而且通过组织城乡之间、地区之间的商品流通,促进了商品经济的发展和民族工业的发展,满足了城乡人民生活的需求,在商品流通中发挥着主要的流通渠道作用。民族资本主义商业在实际购销活动中有其两面性:一方面他们受帝国主义、官僚资本主义和封建主义的压迫和统治,有革命性的要求;另一方面他们又依附于帝国主义、官僚资本主义和封建主义,具有软弱性。

党和政府对民族资本主义工商业采取的措施不是无偿地收归国有,而是给予一定的代价,对资产阶级采取赎买政策。在1953年有计划地发展国家资本主义的时候,国家规定私营企业的利润应当按国家所得税、企业公积金、职工福利费、资方股息红利四个方面进行分配,即所谓“四马分肥”。1956年实行全行业公私合营后,按照资本家交出生产资料的价值每年给5%的定息,并保留在职资本家较高的薪金,也就是对资本家实行赎买。

根据资本主义商业的实际情况,党和政府按照先批发商后零售商的步骤实现对资本主义商业的社会主义改造。

1. 对资本主义批发商业实行逐步代替政策

批发商业掌握着商品流通的主要环节,调节市场供求,在一定程度上决

---

① 中共中央文献研究室编:《建国以来重要文献选编》第五册,中央文献出版社2011年版,第327页。

定着物价水平。据对上海、天津和广州等典型城市的调查，私营批发商在私营商业中户数占 20% ~30%，从业人员占 30% ~40%，资金约占 50% ~70%。私营批发商主要集中在我国的沿海和内地一些大中城市。

国民经济恢复时期，对于资本主义批发商业，国家着重打击其中具有投机性和破坏性的部分，对于其余部分则采取利用和限制政策。在国营商业力量还较薄弱的情况下，私营批发商在活跃商业方面发挥了重要作用。但由于私营批发商掌握着商品流通的主要环节，这对于国家安排市场、稳定物价不利，因此，党和政府大力发展国营批发商业，从 1953 年下半年开始，实行一系列国营批发商代替私营批发商的政策。1953 年起，中央开始实行统购统销，先后对粮食、油料等实行计划收购和计划供应的政策，这就意味着国家占据了这些商品的全部批发阵地，排除了私商经营。1954 年，统购统销的范围逐步扩大到农副产品，如对棉花、棉布实行统购统销，在城市对煤、铁等重要工业原料则由国营商业实行计划供应。这样，原来经营这些业务的大批发商就不可避免地被国营商业和合作社商业代替。在代替大批发商以后，国家继续改造中小批发商，按照其不同的经营特点采取不同的方式。1954 年 7 月，中共中央发出《关于加强市场管理和改造私营商业的指示》，提出采取“一面前进、一面安排和前进一行、安排一行”的办法，对现存的私营中小批发商和私营零售商逐步改造。根据这一指示，各地按照不同情况，对私营中小批发商采取了不同的改造方式，主要可概括为“留”“转”“包”三个字。“留”是对于可以继续经营的私营批发商，让他们继续经营。“转”是对于有转业条件的批发商，引导他们把资金和人员转到其他有益的行业，在转入的行业中进行改造。“包”是对已经占领市场、私商无法经营的批发商，由国营或合作社商业吸收他们的从业人员。

2. 对资本主义零售商业采取经销、代销和全行业公私合营等形式

当时的私营零售商绝大多数是小商小贩,商业资本家并不多。据 1955 年 8 月的普查材料,全国私营零售商有 282.7 万户,其中商业资本家有 10.2 万户,只占 3.4%。

党和政府对私营零售商采取了安排与改造相结合的政策和逐个行业进行改造的办法。既要把分散的零售商纳入国家计划轨道,逐步改造其所有制,又要充分利用他们在商品流转中的积极作用,限制他们的投机活动;既要保证社会主义商业在市场上的优势不断增长,又要适当维持私营商业的正当经营。

对资本主义零售商的改造,主要是通过国家资本主义的经销、代销和公私合营等形式逐步完成的。经销、代销是国家资本主义的初级形式。经销是国营商业指定商品并规定各类商品的批零差率,私营零售商按照国营商业的供应计划,以现款向国营商业进货,再按规定的牌价和供应办法出售。私营零售商从批零差价中取得一定利润。代销是国营商业委托私营零售商代销,私营零售商按照国营商业的供应计划和牌价出售,取得代销手续费。执行代销业务的私商向国营商业缴存一定的保证金,并不得再向自由市场购进属于代销品种的商品。也有的私营商店或柜组专营代销业务,销售的全部商品都属于代销商品,销售计划完全由国营商业支配,当时称为"专业代销"。

1953 年 11 月实行粮食、油料统购统销以后,对私营粮、油零售商实行了全行业的代销。1954 年 9 月实行棉布统购统销以后,又对私营棉布零售商实行了全行业的经销和代销(以经销为主)。随后在猪肉、煤、茶叶、石油、盐、烟、酒等行业陆续实行全行业改造。到 1955 年 8 月,全国私营零售商连同公私合营商业共有 295 万多户,其中实行经销、代销的约 70 万户,约占全

部零售商的四分之一。

1955年9月以前,公私合营还是一户户地发展的。由于私营零售商业户多面广,极为分散,要对它们各个实行公私合营,存在很多困难。针对这种情况,中央调整了私营工商业生产的方针,扩展了公私合营的方式,要求按行业作通盘规划,统一安排;区分情况,或实行个别合营,或采取以大带小、以先进带落后的办法实行联营合并或公司合营。这样,就为加快对资本主义工商业的改造找到了途径。1955年下半年的农业合作化,更是推动了资本主义工商业走向全行业公私合营的高潮。同时,几年来在中国共产党和人民政府的正确领导之下,由于国营经济机关、工商行政机关和私人企业中工人群众,工商业联合会、民主建国会等组织和工商界爱国人士的协同努力,对工商界进行了团结教育工作和必要的严肃斗争,资本主义工商业在接受社会主义改造方面有了相当大的进步,工商业者的思想认识也有了很大变化。

1955年11月16日至24日,中共中央政治局召集各省委、自治区党委和市委的代表开会,讨论资本主义工商业的社会主义改造问题,通过了《关于资本主义工商业改造问题的决议(草案)》(1956年2月24日,中央政治局会议作了个别的修改,追认为正式决议)。决议指出:“我们现在已经有了充分有利的条件和完全的必要把对资本主义工商业的改造工作推进到一个新的阶段,即从原来在私营企业中所实行的由国家加工订货、为国家经销代销和个别地实行公私合营的阶段,推进到在一切重要的行业中分别在各地区实行全部或大部公私合营的阶段,从原来主要的是国家资本主义的初级形式推进到主要的是国家资本主义的高级形式。”①决议提出了对资产阶级分子和资本主义企业进一步进行社会主义改造工作的各项政治、经济措施。

在各项政策的推动下，全行业公私合营高潮到来。1956 年元旦过后，首都北京率先出现全行业公私合营热潮。1 月 4 日，全市 327 家国药店申请全行业公私合营。在国药业的带领下，首都许多行业的资本家纷纷提出了公私合营申请。1 月 8 日，全市有 20 个行业、800 多家商店一道被批准实行全行业公私合营。9 日至 10 日，又有私营企业职工 5 万多人、私方人员 2 万多人申请合营。在这样的形势下，1 月 10 日，北京市人民政府召开资本主义工商业公私合营大会，宣布 35 个工业行业和 42 个商业行业共 17963 户全部被批准实行公私合营。北京市的做法对全国影响很大。到 1 月底，上海、天津、广州、武汉、西安、重庆、沈阳等大城市以及 50 多个中等城市，相继宣布实现全行业公私合营。到第一季度末，除少数边疆地区外，全国各地基本上实现了资本主义工商业的全行业公私合营。截至 1956 年底，基本上完成了对私营商业的社会主义改造。公私合营后，尽管在一段时期内还保留有定息，私有制没有完全被消灭，但生产关系的性质已经发生了根本变化，企业已经基本上属于社会主义性质。由于实行定息的全行业公私合营商业，可以不采取限制货源和销售额的办法，因而其经营潜力得以发挥。1956 年，公私合营商业、合作商业、个体商业的零售额比上年增长 14.2%，比 1950 年至 1955 年平均年增长率 2.6% 高出很多倍。

资本主义商业企业在实行赎买政策的过程中没有中断商品流通，而是保持正常的商业秩序，对经济社会的发展发挥了积极的作用。马克思、恩格

① 中共中央文献研究室编：《建国以来重要文献选编》第八册，中央文献出版社 2011 年版，第 126—127 页。

斯认为如能实现对资本家的“赎买”，“那对于我们最便宜不过了”①。列宁在十月革命后，提出通过国家资本主义的形式实现对资产阶级的赎买，使资本主义私有制过渡到社会主义公有制的设想，但由于历史条件的限制未能实现。毛泽东提出的对资本主义工商业实行社会主义改造的基本指导思想以及具体实施的一整套方针、政策和步骤，在理论和实践上丰富与发展了马列主义。

3. 对小商小贩的改造

小商小贩的来源非常多，他们大部分是在旧中国失业的工人和店员、因生活贫困而流入城镇的农民、破产的资本家和小业主、失学失业的知识分子，也有一部分是以商业所得作为辅助收入的城市工人或贫民家庭。他们本小利薄，依靠自己或家属从事商业劳动维持生活。他们在私营商业中户数约占96%，人数约占85%。

小商小贩散布于广大城镇和乡村，其经营有非常突出的优势和特点。他们经营方式灵活多样，营业时间长，服务及时灵活，与普通群众有着密切的联系，对一部分社会商品的收购和推销起着一定作用。这些经营特点，使得小商小贩在相当长的时期内是国营商业和合作社商业不能完全代替的。他们是商品流通中一支不可缺少的力量，同时也吸收了不少就业人口。

小商小贩既是个体劳动者，又是小私有者，对待他们应采取团结、教育和组织的方式，引导他们走合作化的道路。但小商小贩人员情况较为复杂，故又须区别不同情况，加强管理教育，进行必要的整顿清理。

1954 年 9 月新中国颁布的第一部宪法规定：“国家指导和帮助个体手

① 中共中央马克思恩格斯列宁斯大林著作编译局编译：《马克思恩格斯选集》第四卷，人民出版社 2012 年版，第 375 页。

工业者和其他非农业的个体劳动者改善经营，并且鼓励他们根据自愿的原则组织生产合作和供销合作。”①经过互助合作的道路，逐步地将他们改造成为社会主义性质的商业，这就是对小商小贩实行社会主义改造的基本政策。具体做法是：对小商小贩中的一部分人，根据国家的需要，直接吸收他们为国营商业或合作社商业的工作人员；对一般小商小贩则根据自愿原则，在国营商业和合作社商业的领导下，通过各种合作形式，把他们组织起来，使其成为社会主义商业的一个组成部分，成为国营商业和合作社商业的补充与助手。

国家对小商小贩的改造是分步骤进行的。早在国民经济恢复时期，通过打击投机、清理无证商贩、组织摊贩联合会等办法，已清除了一批潜藏在小商小贩中的反动分子和危害治安的分子，进行了一次普遍的爱国守法教育。进入计划经济时期，中央进一步加强了对小商小贩的管理，对无证商贩分别作了处理：生活有出路的动员转业，盲目流入城市的农民动员回乡生产，有劳动条件的组织参加生产，拒不接受管理的依法办理。对有证商贩也作了适当安排。

由于过渡时期总路线的宣传、贯彻，以及国家对粮食、棉布等实行统购统销，国营商业和合作社商业发展很快，小商小贩停业歇业的很多。这时，国家对小商小贩作了进一步安排，主要措施包括：普遍建立基层批发机构，开展对小商贩的批发业务；合理安排私商经营额和市场公私经营比重；对市场进行整顿，加强行政管理工作；国营商业和合作社商业降低批发起点，保证小商小贩所需货源的供应；同时实行经销、代销办法，使小商小贩不仅能

① 中共中央文献研究室编：《建国以来重要文献选编》第五册，中央文献出版社2011年版，第452页。

够维持经营，而且同社会主义商业建立起密切的经济联系。由于小商小贩经营的许多零星小商品都不是国营商业和合作社商业掌握的，因此，经销、代销的比重较小。但由于他们在经营上和商业资本家同处于一个市场，在改造私营商业过程中不可能把两者截然分开，因此，在1953年至1955年对资本主义商业实行按行业改造，纳入国家资本主义初级形式的经销、代销时，对小商小贩也采用了这一改造形式。

1954年冬，国家开始对农村小商小贩进行改造，到1955年有了较大的进展。全国农村私商到1954年底有241万户、350万人。据全国供销合作总社1953年的调查，农村私商中完全依靠雇佣剥削的商业资本家不到2%，其他都是个体商贩，而且兼有土地的半农半商户有相当的比例，有的还属于农闲经商、农忙务农的季节性商贩。根据国营商业与合作社商业城乡分工的原则，农村私营商业的社会主义改造由农村供销合作社负责。

1956年初，不少城市的小商小贩感到参加公私合营比参加合作商店、合作小组更为可靠、更有保障，因此要求参加全行业公私合营。在农村，广大小商小贩看到通过合作化组织起来的商业显示出的优越性，也积极要求组织起来。

针对这一情况，1956年2月8日，国务院在《关于目前私营工商业和手工业的社会主义改造中若干事项的决定》中规定："对于为数极大、分布极广的小商店，如果他们要求公私合营，政府可以批准他们的要求。但是，这些小商店的经营方式，仍然应该继续保持目前的代销、代购、经销和自营的办法。""各地在改造坐商期间，对摊贩和肩挑小贩如果还来不及进行组织和改造，就应该暂缓进行这项工作。为了适应人民需要，对于大部分肩挑小贩现在的经营方式需要长期保留，不要采取把同类肩挑小贩都组成为统一资金的合作经营方式。”①

1955年,全国共有小商小贩500多万人。在1955年下半年的农业合作化运动中,约有60多万半农半商的小商小贩停商就农,到年底,留下来的大约还有440万人。经过1956年的社会主义改造高潮,这440万小商小贩人员出现了以下变化:

第一,直接参加国营商业、供销合作社的有30万人。

第二,参加公私合营企业实行定股定息的有30万人。

这两项共占小商小贩总数的14%。

第三,组成统一经营、共负盈亏的合作商店的有117万人,占总人数26%。

第四,组成分散经营、各负盈亏的合作小组的有156.5万人。

第五,保持单干的、没有定股定息的戴帽子公私合营户(即名义上的公私合营户,实际上仍是单干户)有95.5万人。

后两项共占小商小贩总数的60%。

由此可见,社会主义改造高潮期间,大部分小商小贩仍然保持着原来单独经营的状态,没有集中合并。这种个体经营方式,对活跃市场起了积极作用。

到1956年,全国242万户私营商业中的82%实现了社会主义改造,分别组成公私合营企业、合作商店或合作小组,完成了商业由资本主义私有制转为社会主义公有制的重大任务,确立了国营商业在市场的领导地位。

二、国内商业发展状况

1952年,社会商品零售总额绝对值为276.8亿元,其中城镇占45.4%,

---

① 中共中央文献研究室编:《建国以来重要文献选编》第八册,中央文献出版社2011年版,第103—104页。

农村占54.6%；到1978年，社会商品零售总额绝对值为1558.6亿元，其中城镇占48%，农村占52%。① 全国居民消费价格指数，以1950年为100，1978年为144.7，上升了44.7个百分点。商品零售价格指数，以1950年为100，1978年为135.9，上升了35.9个百分点。② 物价呈现比较稳定的状态，为有计划地进行社会主义经济建设提供了必要的条件。党和政府对资本主义工商业实行利用、限制、改造政策，国营商业作为执行这一政策的主要业务部门，发挥了重要的作用。

在物价基本稳定的前提下，中国社会消费品零售总额出现了较快增长。1952年，社会消费品零售总额为276.8亿元，按行业分，其中批发零售贸易业为211.3亿元，餐饮业为14.1亿元，制造业为37.9亿元，其他行业为13.5亿元；到1978年，社会消费品零售总额为1558.6亿元，其中批发零售贸易业为1363.7亿元，餐饮业为54.8亿元，制造业为73.2亿元，其他行业为66.9亿元。③ 经过近30年的发展，社会主义商业、餐饮业、服务业逐步形成了强大的组织体系，并奠定了物质技术基础。

由于这一阶段中国实行的是优先发展重工业战略，商业发展总体上讲是为这一战略服务的，所以商业的发展也存在一定的局限性，如商业网点不多、商品种类单一、商业渠道不畅等问题都不同程度地存在着。商业人员的配备、商业网点的设置和商业设施的提供，是组织商品流通的基本条件，也是观察商业结构（或流通结构）以及国家经济结构是否合理的一个重要方

① 商业部商业经济研究所编著：《新中国商业史稿（1949—1982）》，中国财政经济出版社1984年版，第483页。

② 国家统计局国民经济综合统计司编：《新中国五十年统计资料汇编》，中国统计出版社1999年版，第20页。

③ 国家统计局国民经济综合统计司编：《新中国五十年统计资料汇编》，中国统计出版社1999年版，第58页。

面。实践证明,商业自身的建设必须同商品流通规模以及国民经济的发展相适应,否则就会给生产和人民生活带来很大的不便,并加大商业人员的劳动强度。而新中国成立以来,社会商业人员、网点同国民经济的发展,在相当长一段时间内是不匹配的。从1952年到1978年,全国人口增长67%,社会商品零售总额增长4倍多,而社会商业、饮食业、服务业人员却长期停留在800万到1000万人之间(1958年一度降为660万人)。由于从业人员的减少,加上所有制的升级以及撤小点并大点,社会零售商业、饮食业、服务业网点也由1952年的550万个减少到1978年的125万多个。① 商业从业人员和商业网点的减少,给人民群众的生活带来了不便,也使得就业机会减少。

第三节

新中国对外贸易发展

在解放战争还在进行的时候,党和政府就已经在思考中国的发展问题。1949年2月16日,刘少奇在为中共中央起草的对党内的指示中指出,应该立即开始进行新中国的对外贸易。他写道:"目前我们与世界上任何外国尚未建立正式的外交关系,在未建立这种外交关系以前的对外贸易,自然只是一种临时性质的贸易关系。但这种临时性质的贸易关系,在对我有利及严

① 商业部商业经济研究所编著:《新中国商业史稿(1949—1982)》,中国财政经济出版社1984年版,第478页。

格保持我国家主权独立并由政府严格管制等原则的条件下，是可以而且应该允许的。”①

为此，中央提出了13项决定，包括：立即在天津设立对外贸易局，统一管理华北一切对外贸易事宜；对外贸易应由国家经营和管制；为了进行对外贸易，应该允许那些愿意和新中国进行贸易并愿意遵守人民政府法令的外国商业机关派遣代表或指定其代理人来我方接洽，并允许这些代表在指定的地点设立办事处；所有由外国商业机关派来之代表，暂时经由地方政府外侨事务处证明介绍，归对外贸易局接洽；等等。这些决定初步奠定了中国对外贸易的基础。

1949年3月召开的党的七届二中全会是新中国成立前夕召开的一次重要会议，毛泽东在会议上指出，“人民共和国的国民经济的恢复和发展，没有对外贸易的统制政策是不可能的”，“对内的节制资本和对外的统制贸易，是这个国家在经济斗争中的两个基本政策”。② 1949年6月15日，毛泽东在新政治协商会议筹备会上郑重宣告：“中国人民愿意同世界各国人民实行友好合作，恢复和发展国际间的通商事业，以利发展生产和繁荣经济。”③6月30日，毛泽东在《论人民民主专政》一文中再次提出：“生意总是要做的。我们只反对妨碍我们做生意的内外反动派，此外并不反对任何人。”④

一、新中国成立初期的外贸政策

中国共产党早在革命年代就很重视对外经贸联系，并有意识地去开拓外部贸易渠道。1931年，中央苏区的苏维埃政府宣布允许部分外资企业在

---

① 中共中央文献研究室编：《刘少奇论新中国经济建设》，中央文献出版社1993年版，第64页。

② 毛泽东：《毛泽东选集》第四卷，人民出版社1991年版，第1433页。

③ 毛泽东：《毛泽东选集》第四卷，人民出版社1991年版，第1466页。

④ 毛泽东：《毛泽东选集》第四卷，人民出版社1991年版，第1473页。

遵守苏维埃一切法令、实行八小时工作制及其他各种条例的前提下，另定租借条约，继续生产。1935年，毛泽东在《论反对日本帝国主义的策略》一文中指出："我们中华民族有同自己的敌人血战到底的气概，有在自力更生的基础上光复旧物的决心，有自立于世界民族之林的能力。但是这不是说我们可以不需要国际援助。"①

1949年9月，中国人民政治协商会议通过的《中国人民政治协商会议共同纲领》提出"内外交流"的经济发展方针。对于外贸政策，该文件明确指出，"实行对外贸易的管制，并采用保护贸易政策"②，"中华人民共和国可在平等和互利的基础上，与各外国的政府和人民恢复并发展通商贸易关系"③。

新中国成立后，对于历史遗留下来的历届中国政府同外国政府所订立的条约，党和政府分别按其内容，或者承认，或者废除，或者修改，或者重订，并改革海关制度，逐渐掌握了对外经济贸易的独立自主权。

人民政府按照党的七届二中全会确定的"对内的节制资本和对外的统制贸易"的方针，接管了国民党政府的对外经贸机构，并对所接管企业进行了民主改造和重新组织，使之转变为国营外贸企业。同时对私营外贸商实行利用、限制和改造的政策，通过逐步对其进行生产资料所有制的社会主义改造，引导其走上社会主义道路。1956年，私营外贸商业迅速实现了全行业公私合营，对外经贸领域生产资料所有制的社会主义改造到此基本完成。同时，新中国逐步建立起国家统一管理的社会主义对外经济贸易。

---

① 毛泽东：《毛泽东选集》第一卷，人民出版社1991年版，第161页。

② 中共中央文献研究室编：《建国以来重要文献选编》第一册，中央文献出版社2011年版，第9页。

③ 中共中央文献研究室编：《建国以来重要文献选编》第一册，中央文献出版社1992年版，第13页。

对于中国的对外贸易原则，1956年1月5日，周恩来在接见泰国经济代表团时指出："中国同各国进行贸易是按照三项原则的：一是互通有无，二是中国愿意帮助其他国家搞工业，三是中国的帮助是在平等互利的原则下进行的。我们不要求特权，也不要求附加什么条件。"①

二、外贸管理体制的变化

新中国成立之初，以美国为首的西方国家对中国实行封锁禁运，迫使中国把同苏联、东欧社会主义国家发展经贸关系放到重要位置。

新中国成立后，中国政府立即废除了帝国主义在中国的一切特权，收回了海关管理权，统制对外贸易，取消了外国资本在中国的贸易特权。全国统一的社会主义外贸体制的建立是从没收官僚资本的对外贸易企业、新建国营外贸企业和改造民族资本主义外贸企业这几方面入手的。

1949年10月，中央人民政府委员会第三次会议通过成立中央贸易部，统一领导管理国内外贸易，内设国外贸易司管理新中国的对外贸易，并采取委托经营和公私联营的办法，把私营外贸公司的经营纳入国家计划的轨道。1949年10月25日，新中国海关正式成立。从1950年起，国家还先后成立了一批国营专业外贸公司，统一经营全部对社会主义国家的贸易及对资本主义国家重要物资的对外贸易。

1950年7月，中央贸易部召开全国进出口贸易会议，会议确定采用"国际贸易研究会""同业公会专业小组""联合经营"三种方式，把进出口商品统一协调组织起来。

1952年，国家又专设了对外贸易部。在中央贸易部和对外贸易部的统

① 中共中央文献研究室编：《周恩来年谱（1949～1976）》上卷，中央文献出版社2007年版，第536页。

一领导下,先后组建了地方对外贸易管理机构,确立了国家对对外贸易进行统一管理的机构体系。在此基础上,国家陆续颁布了一系列统制全国对外经济贸易活动的法令和法规,制定了有关的具体规定和实施办法,把全国的对外贸易置于国家集中领导和统一管理之下。

1953 年,国家开始对原有的外贸公司进行调整和改组,按进出口商品的品种和类别划分经营分工,分别成立了 12 个外贸专业公司。1956 年,对私人工商业的所有制改造基本完成后,对外贸易职能都集中于对外贸易部。全国的对外贸易由对外贸易部统一领导、统一管理,进出口贸易的具体经营业务,由对外贸易部所属的各外贸专业公司统一进行。

新中国成立之初,全国私营进出口企业共 4600 家,从业人员 3.5 万人,多数是中小企业,营业额约占全国外贸总额的三分之一。到 1955 年,私营进出口额在全国进出口总额中的比重下降为 8%。1956 年,私营外贸企业也实行了全行业公私合营,全国共成立了 54 个公私合营的对外贸易公司。此时对外贸易已基本上是全民所有制。

1957 年,我国国民经济转入单一计划经济轨道,形成了国营外贸公司集中统一经营,国家对外贸公司实行指令性计划管理和统收统支、统负盈亏,管理和经营一体化的高度集中的对外贸易体制。

1958 年,鉴于当时对外贸易管理和经营受“大跃进”影响,中央进一步强化了在中央高度集中基础上的对外贸易国家垄断制度,并对贸易外汇实行统一管理和重点使用。

“文化大革命”开始后,我国对外贸易发展出现了曲折,这种局面直到 1970 年后开始逐渐好转。1971 年,我国恢复在联合国的合法席位。1972 年,美国总统尼克松访华,中美双方在上海发表《联合公报》,并在正式建交前先恢复了贸易关系。之后,我国对外关系取得了重大进展,西方国家纷纷同我国建立外交关系或使外交关系升格，这有利于对外贸易的发展。

我国以往的外贸体制，囿于传统思维的影响和计划经济体制的束缚，存在一定的弊端，主要表现为统得过死、不够灵活、政企不分。这种体制在特定条件下对外贸事业的发展曾起过积极的促进作用，但随着经济条件的变化，逐渐不能适应新的形势，需要进行变革。

为了适应中国对外经济关系格局的重大转变，20 世纪 70 年代，中国外贸体制开始进行变革。1974 年，外贸部开始在一定范围内实行下放外贸经营权的试点，在沿海地区原有五大对外口岸基础上，新辟江苏、河北、浙江、广西四省为外贸口岸，同时批准原第一机械工业部成立自属机械设备进出口总公司，直接经营对外贸易。

1979 年，国家继续对外贸体制进行一系列改革，包括调整中央外贸领导机构，成立了一批归属工业部门管理的工贸公司，简化外贸计划内容，实行汇率双轨制以提高出口竞争力，实行进出口许可证制度等。对外贸易得到了较大的发展。

三、我国对外贸易的发展

新中国对外贸易的起点很低。1950 年，我国进出口贸易总额仅有 11.3 亿美元，其中出口总额 5.5 亿美元，进口总额 5.8 亿美元，贸易逆差为 0.3 亿美元。到 1959 年，我国的进出口总额达到 43.8 亿美元，比 1958 年增长 13.2%。

对于新中国成立前后贸易结构的不同，1959 年 2 月 7 日，李先念在对外贸易部干部会议上的讲话指出："旧中国在外贸方面受帝国主义国家的操纵，进口的面粉、大米、棉布、其他生活消费品及奢侈品占到进口总额的40—70%，还有相当大的部分是军火，生产资料很少，成套设备几乎没有。新中国成立几年来，进口的生产资料一直占进口总额的90%，其余是必要的生活资料。旧中国的对外贸易每年有很大的入超,而新中国的对外贸易是进出口平衡的。”“我国已经同94个国家和地区建立了贸易关系,其中同27个国家签订了政府间的贸易协定。进出口贸易总额逐年扩大,一九五〇年为41亿元,一九五八年为127亿元,增长了两倍多。”①

随着1960年中苏关系的改变以及我国经济调整政策的展开,我国的进出口贸易发生了很大的变化。在经济调整过程中,进出口总额出现了下降,进口商品中粮食则占了很大比重。在经济调整基本完成的1965年,我国的进出口总额迅速回升到42.5亿美元,比处于谷底的1962年的进出口总额26.6亿美元增加了15.9亿美元。1966年,我国的对外贸易总额达到46.2亿美元,比1959年增长了5.3%。

20世纪70年代后,随着我国外交方面取得一系列重大突破,我国的外贸也开拓了新局面。

1973年1月4日,李先念在全国外贸工作会议上讲话指出:“我国的对外贸易,应有一个较大的发展。从对外关系上看,有些国家的政府代表团来了,不单是谈外交,还要谈贸易。我们同一些资本主义国家往往是先搞贸易,然后建交。从国内建设看,也需要扩大同外国的经济技术交流,促进我国经济的发展。发展对外贸易,首先是增加出口。根据我国的情况,手工业品、工艺品和土特产品是可以大力发展和增加出口的。这些东西,在西方一些资本主义国家很少生产,但有市场,今后增加出口有可能。”②李先念认为应该想方设法把品种、质量搞上去,努力增加产量。他在讲话中还对外贸定

① 李先念:《李先念论财政金融贸易(一九五〇—一九九一年)》上卷,中国财政经济出版社1992年版,第306页。

② 《李先念传》编写组、鄂豫边区革命史编辑部编写:《李先念年谱》第五卷,中国文献出版社2011年版,第249页。

价问题进行了分析："我们国内市场的商品价格，是实行基本稳定、个别调整的方针。同外国资本家打交道，决不能把国内稳定物价的方针套到国际市场上去，也不能笼统地用成本加利润来定价。"①

1973 年 6 月 7 日，陈云在听取中国人民银行工作汇报时指出："过去我们的对外贸易是百分之七十五面向苏联和东欧国家，百分之二十五对资本主义国家。现在改变为百分之七十五对资本主义国家，百分之二十五对苏联、东欧。供求关系、货币关系的变化通通反映到外贸上来了，不搞研究机构怎么能行。百分之七十五对资本主义国家，百分之二十五对苏联、东欧，这个趋势是不是定了？我看是定了。因此，我们对资本主义要很好地研究。"②他还进一步指出：不研究资本主义，我们就要吃亏；不研究资本主义，就不要想在世界市场中占有我们应占的地位。

1973 年，我国的进出口贸易总额首次突破 100 亿美元，达到了 109.8 亿美元，比 1972 年的 63 亿美元增长了 74.2%。到 1978 年，我国进出口总额突破 200 亿美元，达 206.4 亿美元。

从 1977 年末起，中国政府陆续向一些国家特别是西欧发达国家派出了多个考察团。这些考察团对国外社会经济等各方面的发展进行了比较深入的考察，深深感受到国内外发展存在的差距。他们回国后向中央所作的报告也实事求是地反映了中国与发达国家存在的巨大差距。

1978 年 6 月，谷牧等人向政治局会议汇报了考察的情况，指出我国与国外先进水平存在不小的差距，应当利用有利的国内外时机，积极引进国外的资金技术等。在 7 月 6 日至 9 月 9 日召开的国务院务虚会上，60 多位部委

---

① 《李先念传》编写组、鄂豫边区革命史编辑部编写：《李先念年谱》第五卷，中国文献出版社 2011 年版，第 249—250 页。

② 陈云：《陈云文选》第三卷，人民出版社 1995 年版，第 217—218 页。

领导讨论对外经济工作。

总体上看,1950—1978 年这段时间内,我国进出口贸易取得了较大的成就,贸易总额从 11.35 亿美元增长到 206.38 亿美元,年均增长 10.91%。其中,进口贸易从 5.83 亿美元增长到 108.93 亿美元,年均增长 11.02%;出口贸易从 5.52 亿美元增长到 97.45 亿美元,年均增长 10.79%。1978 年的进出口总额为 1950 年的 18 倍多。

进出口商品结构也发生了很大变化。新中国成立之初,我国出口商品总额中,初级产品占 80% 以上。在"一五"计划时期,进口商品以发展工业化所需的机器设备等为主,其比重在进口总额中占 50% 以上。这种状况持续到 1960 年我国经济调整政策的提出。从 20 世纪 70 年代开始,我国工业生产的比较优势开始形成,工业制成品出口和矿产品出口的比重开始明显上升,初级产品特别是农产品出口的比重开始下降,出口商品结构出现了重大变化和提升。

这一时期,广交会的举办对我国贸易发展起到了很大的促进作用。"一五"计划大规模展开后,我国急需扩大对外贸易规模和取得外汇收入。1956 年 6 月,利用当时有利的国际时机,在时任广东省委书记兼省长陶铸的支持下,中央外贸部驻广州特派员兼省外贸局长严亦峻向外贸部建议在广州举办全国出口商品展览交流会。外贸部同意严亦峻的意见并上报国务院,周恩来批准创办中国出口商品展览会,从 1957 年 4 月起,我国每年在春秋两季举办两届中国进出口商品交易会(简称"广交会")。由此,广交会成为中国政府开拓国际贸易的一条重要渠道,对我国贸易发展起到了很大的促进作用,也是我国试图打破美国等对华贸易封锁的重要措施。1978 年我国实行改革开放政策之前,广交会一直是我国外汇收入的重要来源,也是我国展示对外经贸政策的窗口,对我国的对外经贸发展作出了重大贡献。

四、我国与世界其他国家、地区的贸易情况

(一)中苏贸易

新中国成立初期,我国实行了“一边倒”的外交政策,即倒向以苏联为首的社会主义阵营。1949 年底至 1950 年初,毛泽东、周恩来等访问苏联。1950 年 2 月 14 日,《中苏友好同盟互助条约》签订。4 月 19 日,中苏两国又签订了贸易协定。协定规定,中苏双方政府将根据该协定开展双边贸易,“保证货物之供应”,贸易价格“皆按世界市场价格之基础规定以卢布计算之”。①《中苏友好同盟互助条约》和中苏贸易协定为中苏贸易的开展奠定了基础、开辟了道路。中苏贸易额迅速扩大,对苏贸易在中国整个对外贸易中的占比很高,且在 20 世纪 50 年代上升很快,1950 年占 29.8%,1955 年达到 57%。

1950 年朝鲜战争爆发后,周恩来主持政务院第四十四次政务会议,讨论了贸易部部长叶季壮所作的《关于全国出进口贸易会议的报告》。在会上,周恩来指出:“对外贸易要逐渐减少盲目性,加强计划性,不能盲目地出口和进口,明年要减少对美国的贸易,逐步摆脱美国的影响。”②他还进一步阐明了国家对外贸易的目的是发展生产,要求大家作好一切准备,努力拓展其他贸易渠道,大力发展对苏联、东欧社会主义国家的贸易。

20 世纪 50 年代,我国从苏联、东欧社会主义国家引进资金 26 亿美元(其中苏联政府向中国提供了 74 亿卢布,约合 19 亿美元),建成了机械、石油化工、煤炭、电力等 156 个重大项目,③创办了一些合资企业,奠定了工业

---

① 中华人民共和国外交部编:《中华人民共和国条约集(第一集)》(1949—1951),法律出版社 1957 年版,第 47 页。

② 中共中央文献研究室编:《周恩来年谱(1949～1976)》上卷,中央文献出版社 2007 年版,第 62 页。

③ 刘仲藜主编:《奠基——新中国经济五十年》,中国财政经济出版社 1999 年版,第 631 页。

化的初步基础。

进入20世纪60年代以后，中苏两国关系的变化影响了两国的经贸关系。1960年9月27日，周恩来在接见捷克驻华大使赛迪维时谈道："苏联专家的撤退对我国的建设项目、技术设计、设备安装、科技研究和贸易都造成损失和困难，以致我们的今后计划和对外贸易不能不作重新安排。同兄弟国家的贸易不可能再增长，今后还要减少。"①1959年，中苏贸易总额约合20.97亿美元，占我国进出口总额的47.9%。1965年，中苏贸易总额骤降到4.07亿美元，占我国进出口总额的9.6%。至1970年，中苏贸易总额进一步下降到0.47亿美元，仅占我国进出口总额的1%。我国对外贸易的重心开始从苏联等社会主义国家转向资本主义国家。

（二）中日贸易

新中国成立后，党和政府摒弃前嫌，促进中日邦交正常化。

中日民间友好往来在新中国成立之初就有所发展。日本在二战后经济恢复很快，和我国发展经贸关系是其对外经济关系的重要内容。我国由于受美国等国家的封锁禁运，也大力开拓对日本和一些西方国家的民间与官方贸易渠道。

1952年至1955年，我国同日本先后签订了三个民间贸易协议，保障了一些重要物资的进口，对我国"一五"时期的工业化建设具有重要意义。

1959年3月，毛泽东在会见日本社会党人士时指出："我们两国的关系搞好了，可以做生意，对我们两国都有好处。"②1960年8月，周恩来提出对

---

① 中共中央文献研究室编：《周恩来年谱（1949～1976）》中卷，中央文献出版社2007年版，第352页。

② 中共中央文献研究室编：《毛泽东思想年编（一九二一——一九七五年）》，中央文献出版社2011年版，第876页。

日贸易“三原则”（即政府协定、民间合同、个别照顾）。中日贸易由20世纪50年代的民间贸易阶段转入60年代的友好贸易和备忘录贸易阶段。

1962年11月，中日友好协会会长廖承志和日本前通商大臣高碕达之助在北京签署关于发展中日两国民间贸易的备忘录，对两国民间贸易的金额进行了约定：在第一个五年协议期间（1963年至1967年），平均每年进出口交易总额约为3600万英镑。12月，中国贸促会与日本的日中贸促会、国际贸促协会、国际贸促协会关西本部三个团体签订中日贸易议定书。

至此，中日贸易形成了廖承志和高碕达之助备忘录及中日贸易议定书双轨运行的局面。备忘录第一个五年协议执行比较顺利，而我国出口商品交易会则是进行中日贸易议定书的主要场所。

1963年，毛泽东利用有利的国际经贸环境批准从日本进口了两套维尼纶成套设备，又先后从一些发达的资本主义国家如日本、英国、法国、联邦德国、瑞典、意大利等引进石油化工技术方面的14个成套设备项目。

根据中日贸易议定书的规定，1963年至1964年，中日两国采取多种形式促进中日贸易的发展，利用机会互相在对方国家举行经贸方面的展览会。我国经济贸易展览会在东京、大阪举办，日本工业展览会在北京和上海举办。这些展览会规模大，观众多，取得了很好的效果。

1963年，中日贸易即恢复到1956年水平，1965年的贸易额又比1963年增长5倍多。① 1966年，备忘录贸易总额超过2亿美元。

在中日两国经贸关系发展过程中，党和政府对日本等资本主义国家的认识又加深了一步。1963年6月4日，毛泽东在会见越南劳动党代表团时就说：“同资本主义国家（法国、日本等）做生意，有两个好处：物美价廉，维

① 《当代中国》丛书编辑部编：《当代中国对外贸易》上，当代中国出版社1992年版，第31页。

修设备也卖给你,守信用。"①1964年1月5日,毛泽东在会见日本共产党政治局委员听涛时又说:"我们从日本资本家方面进口制造维尼龙的设备时,日本资本家把全部技术资料给我们。从欧洲进口的设备也是如此,而苏联对我们总是保留一部分关键性的东西,不告诉我们。"②可见,他对从资本主义国家引进技术是满意的。1月7日,毛泽东在听取工业交通会议情况汇报时又说:"在一定时候,可以让日本人来中国办工厂、开矿,向他们学技术。"③

(三)与西方资本主义国家的贸易

1.20世纪60年代初的粮食进口贸易

1960年前后,我国粮食出现了比较严重的供需矛盾,一些地区粮食短缺问题突出。据《周恩来传》记载:"入夏以后,北京、天津、上海、辽宁等大城市和工业区的粮食库存非常薄弱,北京只能销七天,天津只能销十天,上海已经几乎没有大米库存,辽宁十个城市只能销八九天。在最紧张的日子里,京津沪库存只剩下几千万斤,甚至还不到,形势十分危险。"④粮食短缺问题十分紧迫。

1960年7月5日至8月10日的中央工作会议通过《关于全党动手,大办农业,大办粮食的指示》。8月10日,中共中央发出《关于全党大搞对外贸易收购和出口运动的紧急指示》,指出:"中央决定由周恩来、李富春、李先念组成三人小组,并建立对外贸易指挥部,全权指挥全国外贸的收购、出口

---

① 顾龙生编:《毛泽东经济年谱》,中共中央党校出版社1993年版,第582页。

② 顾龙生编:《毛泽东经济年谱》,中共中央党校出版社1993年版,第589页。

③ 中共中央党史研究室:《中国共产党历史(第二卷)(1949—1978)》下册,中共党史出版社2011年版,第862页。

④ 中共中央文献研究室编:《周恩来传(1949—1976)》下,中央文献出版社2008年版,第1408页。

和进口工作。没有经过中央三人小组批准，今年一律不准增加新的进口。明年的对外贸易方案，也由三人小组拟定。”①8 月 14 日，中共中央又发出《关于开展以保粮、保钢为中心的增产节约运动的指示》。

当时的情况是靠国内已经无法解决粮食严重短缺的问题，主管财经工作的陈云、李先念等提出了进口外国粮食的建议，得到最高领导层的批准。

由于我国粮食缺口高达上百万吨，对于一些小国来说很难有这么大的粮食储量，因而我国把粮食进口的重点转向了欧美和澳大利亚等一些西方发达国家。1961 年初，从加拿大进口的第一船粮食来到天津港。关于当时的粮食进口情况，李先念于 1963 年 12 月 6 日向刘少奇作了关于财政、金融、贸易工作的汇报。他在汇报提纲中说道：“几年来粮食进口数字：一九六一年 630 万吨，一九六二年 510 万吨，一九六三年 488 万吨，一九六四年计划 600 万吨。”②

通过粮食贸易，我国重新认识了西方资本主义国家，对西方发达资本主义国家的商业模式、技术水平等都有了新的了解，而经贸关系的发展使得我国同西方发达资本主义国家的关系得以改善，为其他领域的合作交流创造了条件。

2. 与西方国家的经济技术贸易

新中国成立之初，即面临着冷战的国际环境，绝大多数西方国家都追随美国对我国实行封锁禁运政策，造成我国与这些西方国家的直接贸易关系中断，我国同西方国家进出口贸易额的绝对值直线下滑。

---

① 《李先念传》编写组、鄂豫边区革命史编辑部编写：《李先念年谱》第三卷，中央文献出版社 2011 年版，第 249 页。

② 李先念：《李先念论财政金融贸易（一九五〇——一九九一年）》下，中国财政经济出版社 1992 年版，第 170—171 页。

然而,出于发展经济等需求,瑞典、丹麦、瑞士、芬兰等国家也重视与我国发展贸易,1950年即同我国政府建立了外交和贸易关系。我国政府也坚持不懈对一些追随美国敌视我国的国家作工作。1957年5月,这项工作有了重大突破,英国宣布放宽对华贸易管制,此举引发了参加巴黎统筹委员会的大部分西方国家的连锁反应,这些国家陆续表态放宽对我国的贸易限制。

因此,我国同西欧国家的贸易总额在20世纪50年代出现了快速增长,1959年比1950年增长3倍,达到6.51亿美元。其中,我国出口2.01亿美元,进口4.5亿美元。①

进入20世纪60年代,由于我国经贸和对外合作的重点转移,也由于西欧各国经过战后多年的发展,在一些重大问题上开始与美国拉开距离,我国与西欧国家经贸发展迎来更多机遇。

1964年1月,《中法建交公报》发表,法国成为西方大国中第一个同我国建立正式外交关系的国家。我国与法国建交,不仅带动了中法贸易关系的发展,而且带动了西欧其他国家同我国发展各方面关系的热潮。同年9月和11月,我国分别同奥地利、意大利达成互设商务代表处的协议;11月,英国在我国举办机械及科学仪器展览会。到1965年,我国与西方资本主义国家的贸易额在进出口总额中所占的比重,已经由1957年的17.9%上升到52.8%。

随着国民经济的恢复和好转,国家开始逐渐增加引进技术和设备的比重。1961年11月28日,邓小平主持召开中共中央书记处会议,在讨论进口成套设备问题时指出:“要了解从资本主义国家进口的可能性,这个出路要

---

① 《当代中国》丛书编辑部编:《当代中国对外贸易》上,当代中国出版社1992年版,第419页。

找，要到处钻，有些东西交货三四年后才付款的要早订。过去我们靠社会主义阵营，现在从苏联进口已绝望，要靠自力更生，但路子要宽，要从资本主义国家搞。”①

1963年6月30日，周恩来在全国经济工作座谈会上的讲话中提出：“英国一个三百万吨炼钢厂，只有两万人，这个劳动定额多高呀，如果我们把它学来，就可以促进我们冶金工业的大发展。”②1963年10月24日，刘少奇更进一步提出：“可以考虑向资本主义国家，向日本、英国、法国派一些留学生去学。”③这些指示不但在当时非常及时，今天看来也是非常深刻的。

中共中央和国务院为了更有效地组织成套设备的进口，还成立了由方毅为组长、柴树藩为副组长的成套设备进口五人小组，就有关问题向周恩来、李富春、李先念的外贸三人小组等作报告。

1963年和1964年的成套设备引进重点在石油化工领域，不少项目与百姓吃、穿、用直接相关。而1965年引进的重点则转到冶金、精密机械、仪器仪表、电子工业等方面，目标是要在这些领域解决一批我国长期摸索，或者曾向苏联提出而未得到解决的问题。

1964年5月12日，毛泽东在一次谈话中指出：“工业上要从外国引进一些尖端技术。至于农业，我们要靠陈家庄和大寨。”④1965年，毛泽东在听取关于第三个五年计划草案汇报时，赞同减少粮食、化肥等进口，而增加技术进口。

1966年计划成交的成套项目30项、单项设备68项、技术资料19项，引

① 中共中央文献研究室编：《邓小平年谱（一九〇四—一九七四）》下，中央文献出版社2009年版，第1673页。

② 谷牧：《谷牧回忆录》，中央文献出版社2009年版，第311页。

③ 谷牧：《谷牧回忆录》，中央文献出版社2009年版，第311页。

④ 中共中央文献研究室编：《毛泽东年谱（一九四九—一九七六）》第五卷，中央文献出版社2013年版，第349页。

进新技术的重点是基础工业和国防工业，计划当年用汇约需9630万美元。

1962年至1969年，为了对冶金、石化、机械、电子、轻工业等部门进行技术改造和填补生产技术空白，我国从英国、法国、联邦德国、瑞典、意大利、奥地利、瑞士、荷兰、比利时等西方国家引进技术和设备84项，累计用汇金额14.5亿美元。① 其中成套设备52项价值3亿多美元，主要有从奥地利引进的纯氧顶吹转炉炼钢设备，从联邦德国引进的原油裂解装置，从英国引进的腈纶生产设备和年产10万吨的合成胺生产设备等，这些设备占同期引进设备总金额的55%以上。②

（四）与亚非拉国家的贸易

新中国成立之初，我国就同亚非拉一些国家开展了贸易活动。1952年9月，我国同锡兰（今斯里兰卡）进行了贸易，签订了以大米换橡胶为主要内容的政府贸易协定，这对帝国主义的封锁禁运政策是一个大的突破。随着越来越多的亚非拉国家独立，我国不断扩展同这些国家的经贸往来，发展多种形式的贸易合作方式，如开展边境贸易、易货贸易等，大大简化了贸易流程和环节，扩大了贸易金额和范围。同时，我国还力所能及地向一些亚非拉国家和地区提供援助。

缅甸是我国的邻国。1954年4月，中缅两国政府签订了为期三年的贸易协定。同年11月，两国政府又签订了缅甸大米同我国出口商品换货议定书。按照协定，我国政府在1955年内购买缅甸大米15万吨，在同一时期内缅甸政府购买中国同等价值的货物。1955年12月，两国政府又签订了1956年度大米换货议定书。两国政府在第一个贸易协定满期后，又于1958

① 《当代中国》丛书编辑部编：《当代中国对外贸易》下，当代中国出版社1992年版，第158页。

② 樊勇明：《中国的工业化与外国直接投资》，上海社会科学院出版社1992年版，第3页。

年2月22日签订了第二个贸易协定。

1956年3月,摩洛哥宣布独立。1956年,中国国际贸易促进会组织代表团访问摩洛哥、突尼斯和利比亚等国。1957年9月,摩洛哥政府贸易代表团和我国互相换函,规定了自1957年10月1日起至1958年9月30日止,双方进出口的商品品种、数量、金额,并且规定了签发进出口许可证和支付的办法。1958年10月,中摩两国签订了第一个政府间的贸易协定。中摩两国贸易额增长很快,1958年我国对摩洛哥出口达846万美元;同年我国开始自摩洛哥进口商品,1959年进口额即增长到1000多万美元。

20世纪50年代初,我国的一些外贸企业根据平等互利、互通有无的原则同拉美一些国家的企业恢复和发展贸易往来,当时同巴西、乌拉圭和阿根廷等国的企业接触较多。1950年,我国同拉美国家的贸易额为196万美元,1956年以后双边贸易额开始增加,到1979年增至12.6亿美元。

五、1949—1978年我国对外贸易方面的不足之处

受历史条件影响,新中国对外贸易在取得重要成就的同时,也存在着一定的不足,主要表现在以下几个方面:

一是出口产品以初级产品为主的局面没有得到根本改变。新中国成立初期,农副产品等初级产品约占出口总额的80%以上。随着优先发展重工业战略的实施,国内工业化发展迅速,出口商品中轻纺产品和工业品的比重增加。但由于我国工业化水平相对落后,初级产品出口占出口总额的比重直到1978年仍高达53.5%。

二是对对外贸易作用的认识和定位存在一定的偏差。这个阶段的对外贸易被看作是用于调剂余缺、满足社会扩大再生产的补充手段,而不是被视作积极参与国际分工的重要途径。在实践中,对外贸易局限于互通有无,被当作国内经济的补充。在政策举措上,没有采取切实有效的政策融入世界

贸易体系,这既有美国等国家对我国采取封锁禁运政策等方面的外部原因,也与我们对国际分工下的对外贸易缺乏深入的研究有关。在这种政策指导下,国内的要素资源无法参与到国际贸易体系中,影响了国民经济的整体发展。

三是对外贸易的国家统制制度限制了民间贸易力量的发展,民间贸易力量没有充分发动起来。国家统制的对外贸易政策虽然使得国家获得了重点建设所需要的物资设备,但由于统得过宽、统得过死等方面的缺点长期得不到改正,我国的比较优势没有得到充分发挥,国家的对外贸易规模依然十分有限。由于对外贸易方面缺乏竞争,这一时期我国的出口产品质量不高,品种比较少,国际市场竞争力不强。

小　结

中国式现代化的健康发展离不开商业贸易发展。中国共产党早在革命战争时期就十分重视贸易工作。新中国成立以后,中央人民政府立即着手建立和发展全国性统一的社会主义商业。这一时期贸易工作取得了重大的成就。

新中国成立初期,中央实行公私兼顾、劳资两利、城乡互助、内外交流的"四面八方"经济政策,鼓励自由贸易。在这一政策的推动下,商业在国民经济恢复过程中发挥了重要作用,各种要素资源配置的效率提升,经济恢复很快得以实现。

随着社会主义三大改造的推进和粮食统购统销等一系列政策的实行,我国确立了公有制基础之上的计划经济体制。一些重要的市场贸易商品如粮食、棉花等掌握在国家手里,市场的主体如个体工商户、小摊贩、商业资本家都通过社会主义改造纳入了国营和集体经济之中。国营商业、供销合作社和集市贸易成为商业的三大渠道，其中国营企业是主渠道，供销合作社和集市贸易作为补充，从而胜利地完成了和平变革资本主义私有制为社会主义公有制的历史使命，确立了国营商业在市场的领导地位。

1960年前，新中国对外贸易的主要对象是苏联、东欧等社会主义国家。随着中苏关系恶化，我国逐渐把对外贸易重点转向了资本主义国家，利用国际市场出口资源性产品和手工艺品等，并从国外市场获取粮食、技术、设备等。我国在对外贸易中采取了多种方式和渠道，促进了对外贸易的发展，为我国的外交局面开辟了新的通道，也为以后的改革开放准备了条件。

这一时期，我国商业所取得的成就是重大的，为这一时期的中国式现代化拓展了空间。但从整体来看，党和政府对商业贸易的重视程度不够。国内商业贸易由于市场主体的缺失和城乡交流的不畅而发展缓慢，对外贸易则基本上由国家垄断，只是作为调剂余缺的经济手段，因而商业贸易总体上发展道路是曲折的。党的十一届三中全会后，国民经济开始走上稳步发展的轨道。

第六章 ▶ 科学技术取得新成就：工业化进程的加速器

新中国成立以后,科技事业受到前所未有的重视。为中国式现代化发展服务,成为新中国科技事业的宗旨。新中国成立时,有大批旧时代的著名学者、教授、科学家等留下来建设新中国,而许多尚在海外留学的人员,也在随后几年陆续回来投入新中国的建设。新中国以这些人才为基础,在苏联的帮助下,通过动员和组织,迅速投入大量经费,设计了新的科学发展道路,组建了新的科研教育机构,培养了不少人才,使得中国科学技术在短时间内整体上得到较大提升,为中国式现代化的开局和奠基作出了重大贡献。

尽管这一时期受到“文化大革命”等的冲击,又面临着外部封锁,我国科学技术的发展经历了曲折的道路,但对比 20 世纪前半叶我国科技的发展状况,新中国成立后科技事业所取得的一系列成就是突破性的、跨越性的,推动了中国式现代化的发展。

第一节

科学技术事业除旧布新

近代工业化的发展是建立在科学技术发展基础之上的，而科技的进一步发展又加速了工业化的进程。随着人类社会文明程度的提高，科学技术在社会经济中发挥着越来越重要的作用，科学技术成为第一生产力。

马克思、恩格斯对近代科学革命非常重视，恩格斯曾写道："任何一门理论科学中的每一个新发现——它的实际应用也许还根本无法预见——都使马克思感到衷心喜悦，而当他看到那种对工业、对一般历史发展立即产生革命性影响的发现的时候，他的喜悦就非同寻常了。"①马克思、恩格斯对他们那个时代科学技术的最新进展都给予了密切关注。

近代以来，我国饱受战乱之苦，社会经济落后，现代科技在旧中国几乎没有发展。1949 年新中国刚成立时，科研机构不过三四十个，科技人员不足五万人，其中专门从事科研工作的人员不到五百人。

中国共产党对科学技术事业非常重视。毛泽东在延安时期就对发展工业化和科技文化之间的关系有着深刻的认识，他指出："文化是不可少的，任何社会没有文化就建设不起来。""在真正的资本主义国家，资本主义文化提高了生产技术。"②

1949 年 9 月通过的《中国人民政治协商会议共同纲领》规定："努力发

---

① 中共中央马克思恩格斯列宁斯大林著作编译局编译：《马克思恩格斯选集》第三卷，人民出版社 2012 年版，第 1003 页。

② 中共中央文献研究室编：《毛泽东文集》第三卷，人民出版社 1996 年版，第 110 页。

展自然科学,以服务于工业农业和国防的建设。奖励科学的发现和发明,普及科学知识。”①

新中国成立后不久,作为科学研究重要机构的中国科学院就组织成立了。1949 年 11 月 1 日,在改组与整顿所接收的原中央研究院、北平研究院及其所属各研究所共 22 个单位的基础上,中国科学院正式成立,当时共有 14 个研究所、1 个工业试验馆、1 个天文台。

1949 年 12 月,陈云指出:“要建设好我们的国家,提高广大人民的生活水平,需要发展工业,这就需要技术。我们有勇敢战斗的精神,这很好,但还不够,还要掌握科学技术,并且发扬中国的优秀文化。”②1956 年,周恩来在论述科学技术的重要性时也指出:“只有掌握了最先进的科学,我们才能有巩固的国防,才能有强大的先进的经济力量。”③

一、发展教育和科技

新中国的教育事业是在一个被战争破坏的社会经济基础上发展起来的。旧中国长期处于战乱之中,政府贪腐无能,国家财政收入很少,又加上内忧外患,用于教育等方面的经费少之又少,这使得全国的教育事业十分落后。当时的教育资源主要集中在大城市和沿海地区,广大的农村地区,特别是边远地区和少数民族地区教育资源极为匮乏。新中国成立初期,4.5 亿人口中,80% 以上是文盲,小学学龄儿童净入学率只有 20% ,普通百姓受教育的机会很少。高等教育更为落后,1912—1948 年的 36 年中,高等学校毕业生仅有 20 多万人,每年还不到一万人,这和我国的人口大国地位极不相

---

① 中共中央文献研究室编:《建国以来重要文献选编》第一册,中央文献出版社 2011 年版,第 9 页。

② 陈云:《陈云文选》第二卷,人民出版社 1995 年版,第 46 页。

③ 周恩来:《周恩来选集》下卷,人民出版社 1984 年版,第 182 页。

称。教育的落后是导致旧中国愚昧落后的重要原因之一。

"一五"期间，为适应大规模经济建设的需要，国家大力发展教育和科技。在教育方面，为了培养高级工程技术人才，满足经济建设需要，中国决定以苏联的教育体制为蓝本，对高等学校进行改革。1951 年开始进行第一次院校调整，主要是提高工科专业招生能力，这使全国招生人数增加了 8.9%。1952 年，中央人民政府决定大规模调整高等学校的院系设置，教育部公布了全国高等学校的调整设置方案。到 1953 年，全国高校已基本完成院系调整任务。通过调整，全国许多高等学校被拆分，工科院校得到大发展，钢铁、地质、航空、矿业、水利等专门学院得以设立，专科学校和一些实用学科的院校数量增加很快。全国高等学校分科招生人数，1952 年工科就有 3.4 万人，占到了当年招生人数的一半以上。① 1955—1957 年，又进行了第二次院校调整，这次调整一方面解决了东部沿海和内地之间高校布局不平衡的问题，另一方面再次扩大了高校规模，全国高校数量有极大增加，学生数量也相应增加。据统计，高等学校经过院系调整后，1953 年有 181 所，1957 年则发展到 229 所，增长 26.5%；1957 年在校学生 44.1 万人，比 1952 年增长 1.3 倍。

在科技方面，由于经济建设高潮中技术人员极为短缺，全社会形成了重视科学技术的风气，科学技术事业获得较快发展。1957 年，全国科研机构共有 580 多个，研究人员 2.8 万人，比 1952 年增长 2 倍多。随着我国工业化和社会经济的发展，国家对科技方面的投入也出现了增加的趋势。"一五"计划时期，科学研究支出占国民收入的比例低于 0.6%；占财政支出的比重，

① 国家统计局综合统计司编：《新中国五十年统计资料汇编》，中国统计出版社 1999 年版，第 89 页。

1953 年为 0.25%，1957 年为 1.72%。“二五”计划时期，科学研究支出占国民收入的比例最高为 1960 年的 2.77%；占财政支出的比重，1958 年为 2.75%，1959 年为 3.46%，1960 年为 5.17%，1961 年为 5.31%，1962 年为 4.50%。至 1963 年，科学研究支出占财政支出的比重为 5.48%，1964 年为 6.08%，1965 年为 5.83%。① 到 1962 年底，我国科学技术事业的各个方面都发生了显著变化。中国科学院、各高等院校、各产业部门和地方的科研机构已经从 1956 年的 381 个发展到 1296 个，科研人员也从 1.8 万人增加到 6.8 万人；科学技术的各个主要领域，大体上都有了相应的研究机构和研究人员。我国的科学技术水平已经从十分落后的状况，大体上达到了国际上 20 世纪 40 年代的水平。②

“文化大革命”期间，科学教育事业的发展出现了曲折。“文化大革命”结束后不久，中国恢复了高考，把教育科技发展当作立国的重要基础，教育和科技在国民经济中的战略地位得到了确立。在各方面的大力推动下，教育科技事业得到了迅猛发展。

总而言之，新中国成立后，国家大力发展教育和科技，提高国民教育和文化水平，不仅发展了基础教育，而且也重视高等教育的发展，大学毕业生大幅度增加。1949 年，平均每万人中仅有大学生 2.2 人。1978 年 2 月 19 日，陈云在党的十一届二中全会东北组会上指出：“技术力量的来源既要靠改进各级学校的教育，又要靠发挥现有技术人员的作用。建国二十八年来，

---

① 《当代中国》丛书编辑部编：《当代中国的科学技术事业》，当代中国出版社 1991 年版，第 207 页。

② 《当代中国》丛书编辑部编：《当代中国的科学技术事业》，当代中国出版社 1991 年版，第 105—106 页。

我们已培养出一百万理工科大学毕业生、五百万中专毕业生。”①

二、重视知识分子的作用

1955年11月23日，毛泽东召集中央书记处全体成员和中央有关方面负责人开会，商量并决定：(1)中共中央将于1956年1月召开一次全面解决知识分子问题的大型会议；(2)成立由周恩来总负责，彭真、陈毅等人参加的中央研究知识分子问题十人领导小组，小组下设办公室，进行会议的筹备工作。

为了做好筹备工作，周恩来、彭真等人首先抓调查研究工作，向各省、市、自治区和中央各部委，特别是向北京、天津、上海、沈阳、广州、武汉、重庆等大城市提出要求，全面调查新中国成立以来知识分子的变化情况，认真收集、整理和研究有关知识分子问题的材料。1955年11月24日，在中共中央政治局召开的关于资本主义工商业社会主义改造问题的会议上，周恩来向到会的各省、市、自治区党委负责人作了关于知识分子问题的讲话，布置各地开展调查研究知识分子问题的工作，要求各地在党中央开会之前先召开一次知识分子问题会议，并像中央那样成立研究知识分子问题领导小组。

1956年1月14日至20日，中共中央召开了新中国成立以来的首次全国范围的知识分子问题会议。毛泽东主持会议，周恩来作《关于知识分子问题的报告》。参加会议的有毛泽东、刘少奇、周恩来、陈云等共1279人。

周恩来的报告主要有以下几个重要内容：(1)提出知识分子“已经是工人阶级的一部分”的论断。(2)提出“科学是关系我们的国防、经济和文化各方面的有决定性的因素”②，发出“向现代科学进军”的号召。(3)对知识

---

① 中共中央文献研究室编：《陈云年谱(修订本)》下卷，中央文献出版社2015年版，第244页。

② 周恩来：《周恩来选集》下卷，人民出版社1984年版，第181页。

分子提出应继续“进行自我改造”的要求，并且指出了实行改造的途径。在报告中，周恩来说：“他们中间的绝大部分已经成为国家工作人员，已经为社会主义服务，已经是工人阶级的一部分。”①“我国的知识界的面貌在过去六年来已经发生了根本的变化。”②

周恩来的报告还提出充分动员和发挥知识分子在社会主义建设事业中的作用的三项措施。第一，应该改善对知识分子的使用和安排，使他们能够发挥自身对国家有益的专长。第二，应该对所使用的知识分子有充分的了解，给他们以应得的信任和支持，使他们能够积极地进行工作。第三，应该给知识分子以必要的工作条件和适当的待遇，必须保证他们至少有六分之五的工作日（即每周四十小时）用在自己的业务上。

1956 年 1 月 20 日，毛泽东在大会闭幕会上讲话，指出：“现在叫技术革命、文化革命，革愚昧无知的命，单靠大老粗，没有知识分子是不行的。中国应该有大批知识分子。全党要努力学习科学知识，同党外知识分子团结一致，为迅速赶上世界先进科学水平而奋斗。”③全国知识分子问题会议结束以后，为了贯彻会议精神，中央政治局于 2 月 24 日召开会议，作出《关于知识分子问题的指示》，指出知识分子的基本队伍已经成了劳动人民的一部分，提出要反对宗派主义和迁就麻痹两种错误倾向。

提高知识分子的物质待遇是调动知识分子积极性的重要途径。4 月 16 日，国务院发出《关于改善高级知识分子工作条件的通知》，并要求在工资改革方案中注意适当拉开脑力劳动与体力劳动、简单劳动与复杂劳动的报酬

① 周恩来：《周恩来选集》下卷，人民出版社 1984 年版，第 162 页。
② 周恩来：《周恩来选集》下卷，人民出版社 1984 年版，第 163 页。
③ 中共中央文献研究室编：《周恩来年谱（1949～1976）》上卷，中央文献出版社 2007 年版，第 540—541 页。

之间的差距。

1956 年社会主义改造顺利完成后，党和政府将工作重心转向经济建设，知识分子也受到空前重视，社会地位大幅度提高。党和政府深刻意识到要改变中国经济文化的落后面貌，必须把知识分子团结在党和政府周围，充分利用他们的科学知识为新中国建设事业服务。

1964 年 5 月 13 日，毛泽东在听取国家计委领导小组汇报关于第三个五年计划的初步设想时说："社会主义理论的产生，只能经过知识分子，工人每天在剥削压迫下生活、工作，自己产生不出马克思主义，要有知识分子。"①毛泽东对知识分子在理论创造中的重要作用给予了肯定。

三、重视同国外进行人才技术交流

新中国的建立吸引了一大批海外的科学家和留学生回国，如邓稼先、钱学森、华罗庚、赵忠尧等都，他们成为中国科技事业以及经济建设、国防建设的重要人才力量，为发展新中国的科技，特别是在科研攻关方面，奠定了重要的基础。

新中国成立之初，面对国内科学技术的落后现状，党和政府认识到向国外学习先进科学技术和经验的重要性。当时，到国外学习科学技术主要是到苏联去学习。苏联政府和科技人员对于尚处在起步阶段的新中国科技事业也给予了重要援助。1950 年 10 月，毛泽东率团访问苏联，签订了引进技术设备的协定。苏联向我国援建工业建设项目 156 个，我国前后共从苏联聘请技术专家 10000 多人。在项目施工建设过程中，我国的工程技术人员虚心向苏联专家学习请教，逐步掌握了施工方法和现代机器设备工作原理。

除了以 156 项工程为核心的技术援助外，应苏联科学院的邀请，1953 年

① 中共中央文献研究室编：《毛泽东年谱（一九四九——一九七六）》第五卷，中共中央党校出版社 2013 年版，第 350 页。

2月至6月，由钱三强率领的中国科学院代表团访问苏联，建立了两国科技界之间的对口联系。1954年10月，中苏两国政府又签订了科学技术合作协定，决定在互相提供科学技术资料、互相聘请技术专家、互相接受实习生和留学生、互相接待技术考察专家等方面进一步发展合作关系。

苏联对我国的高等教育事业也给予了援助。苏联政府先后派遣了800多位专家到我国任教，帮助我国高等院校开设新专业150个，建立实验室500多个。从1950年到1953年，我国共向苏联派出留学生1700多人。1954年到1956年，又派出大学留学生4600多人、研究生留学生1200多人去苏联学习。截止到1960年，我国向苏联等社会主义国家派出留学生10000多人。这批留学人员，学习了解了国外的先进科学和技术，拓展了视野，后来成为新中国科技事业的骨干。

1956年2月25日，毛泽东听取重工业部汇报。当周恩来讲到要派人到资本主义国家去学技术时，毛泽东赞成说："不论美国、法国、瑞士、挪威等等，只要他们要我们的学生，我们就派去。"①

我国还利用机会派出国外考察团。1957年11月28日，周恩来在接见以化工部副部长侯德榜为团长的赴日考察团时指出："代表团是我国派往资本主义国家的第一个技术考察团，你们是我国政府的代表，一定要处处遵守国家法令制度，严格纪律。你们的任务除了广泛地考察基本化工原料、化学肥料、化学纤维和化工设备以外，最主要的任务是充分了解联合制碱的工艺技术，以解决我国未能突破的关键技术问题。"②

① 中共中央文献研究室编：《毛泽东年谱（一九四九—一九七六）》第二卷，中央文献出版社2013年版，第537页。

② 中共中央文献研究室编：《周恩来年谱（1949～1976）》中卷，中央文献出版社2007年版，第102页。

第二节 中国科技规划的制订与实施

一、第一个科学发展规划的制订

1955 年,“一五”计划还在进行的时候,周恩来就花费很大精力比较系统和深入地对比研究了我国科学技术水平与世界先进水平发展情况,对我国科学技术的真实发展情况进行了摸底调查。

1956 年 1 月,周恩来在知识分子问题会议的报告中宣布:国务院已经着手组织编制 1956 年到 1967 年科学发展的远景计划。他还提出:“在制定这个远景计划的时候,必须按照可能和需要,把世界科学的最先进的成就尽可能迅速地介绍到我国的科学部门、国防部门、生产部门和教育部门中来,把我国科学界所最短缺而又是国家建设所最急需的门类尽可能迅速地补足起来,使十二年后,我国这些门类的科学和技术水平可以接近苏联和其他世界大国。”①

知识分子问题会议结束后,根据会议精神,经过政治局和书记处开会研究,国务院决定成立由中国科学院和各部委办负责人组成的科学规划十人小组,进行具体的组织工作。1956 年 1 月 31 日,陈毅和李富春召集了国务院各部门负责人,以及参与制订规划工作的科学技术专家约 1000 人参加会议。会议对制订科学技术发展远景规划的意义、方针、内容和要求作了具体部署。1956 年 2 月 24 日,中共中央政治局会议批准成立国务院科学规划委

① 周恩来:《周恩来选集》下卷,人民出版社 1984 年版,第 184 页。

员会,陈毅任主任。1956 年 3 月 12 日,周恩来听取全国自然科学和社会科学十二年长期规划工作的汇报。14 日,正式成立以陈毅为主任,李富春、郭沫若等为副主任,张劲夫为秘书长的科学规划委员会。科学规划委员会成立后,即在各部门分别制订的规划初稿基础上,集中了 600 多位各方面的科学技术专家综合汇编全国的科学技术发展远景规划。

对中国科学规划编制工作,苏联政府也很重视,当时在各部门工作的苏联援华专家也参加了规划编制的具体工作。中国科学院的苏联顾问拉扎连科还建议邀请苏联政府派专家小组来华帮助拟订和审议规划。

1956 年 8 月下旬,陈毅根据周恩来的指示,召开科学规划委员会扩大会议,会议对规划工作进行了讨论,对规划的目标进一步予以明确,发展科学技术的方针以及需要注意的几个问题也被重点提出。会议确定的规划目标为:迅速壮大我国的科学技术力量,力求某些重要的和急需的部门在 12 年内接近或赶上世界先进水平,使我国建设中许多复杂的科学和技术问题能够逐步地依靠自己的力量加以解决,以便更好更快地进行社会主义建设。

根据规划目标和方针,规划草案首先确定了 57 项国家的重点科学技术任务,每项任务又被分解成若干个中心问题(总共有 616 个中心问题)。每个中心问题都参照国际先进水平,结合我国情况,提出了解决问题的科学途径和最近两年的研究题目。在这个基础上,又提出了需要优先发展的 12 个重点。

经过数百名专家半年多的努力,新中国第一个科学技术发展规划《一九五六——一九六七年科学技术发展远景规划纲要(修正草案)》(以下简称《十二年科学规划》)和 4 个附件,即《任务说明书和中心问题说明书》《基础科学学科规划说明书》《任务和中心问题名称一览表》《一九五六年紧急措施和一九五七年研究计划要点》,终于在 1956 年 12 月被编制出来,全部文件约 600 万字。

1956年12月，中共中央批转陈毅、李富春、聂荣臻所作的《关于科学规划工作向中央的报告》和《十二年科学规划》，要求各省（市）委、自治区党委和国家机关各党组对规划纲要进行研究并提出意见。中央还就规划及说明书征求了苏联意见。苏联科学家对每个项目都提出了书面意见和建议。

《十二年科学规划》及其4个附件，从13个方面提出了57项全国的、综合的、长远的科学技术任务。其中，有12个带有关键意义的、需要优先发展的重点，分别是：(1)原子能的和平利用；(2)无线电电子学中的新技术；(3)喷气技术；(4)生产过程自动化和精密仪器；(5)石油及其他特别缺乏的资源的勘探，矿物原料基地的探寻和确定；(6)结合中国资源情况建立合金系统并寻求新的冶金过程；(7)综合利用燃料，发展重有机合成；(8)新型动力机械和大型机械；(9)黄河、长江综合开发的重大科学技术问题；(10)农业的化学化、机械化、电气化的重大科学问题；(11)危害中国人民健康最大的几种主要疾病的防治和消灭；(12)自然科学中若干重要的基本理论问题。

《十二年科学规划》制订以后，随之而来的问题就是如何根据规划来统筹安排科技事业的人力、物力。为此，国务院科学规划委员会决定，首先编制全国性的科研年度计划，即1957年计划，并通过年度计划的编制把有关问题逐步加以解决。

1958年和1960年，国家科委全面检查了规划的执行情况。1962年又进行了第三次全面检查。检查结果显示，《十二年科学规划》的57项国家重要科学技术任务有50项基本实现了原定1962年实现的目标；有5项，即全国能源的合理利用和动力技术的研究，重有机化学产品和高分子化合物的生产过程的研究及其应用范围的扩大，生产过程的机械化和自动化，中国地震活动性及其灾害防御的研究，农业机械化、电气化和农业机械的制造问题，没有完成。还有两项即西藏高原和康滇横断山区的综合考察及其开发方案的研究,钛冶金及其合金,由于实际情况的变化和科学技术发展方向的改变而放缓。

《十二年科学规划》作为中国制订的第一个全面的科学技术发展远景规划,使我国的科学技术发展有了一个全面的、详细的、具体的实施计划和目标。这也是国家科学技术发展事业一次成功的管理实践。

二、相关科学规划的实施

(一)成立国家技术委员会

为了加强对全国科学技术工作的领导,1956 年 6 月,国务院批准成立国家技术委员会,黄敬任主任。该委员会作为组织全国技术工作的职能部门,通过"三依靠"(依靠中共中央领导、依靠地方、依靠各部)和"四结合"(与专家结合、与群众团体结合、与宣传机构结合、与其他有关方面结合),主要抓以下五项工作:(1)研究和提出关于资源、原材料、装备和动力四个方面的技术政策;(2)加强新产品、新技术和科学技术研究工作;(3)开展标准化工作和计量工作;(4)加强技术情报和技术资料工作,开展与社会主义国家之间的技术合作;(5)大力推动创造发明工作。

国家技术委员会在着手上述工作的同时,还于 1956 年 7 月组织技术考察团到苏联、民主德国和捷克斯洛伐克参观访问。回国以后,委员会结合我国科学技术方针中的一些根本问题,提出了五项建议:(1)在充分利用世界上现成的科学技术成就的基础上,发展本国独立的创造;(2)结合中国具体情况,发展自己的科学技术;(3)从当前的具体情况出发,先抓基础技术,逐步发展尖端技术;(4)加强科学研究与生产实践之间的联系;(5)改进科学研究体制。这些建议得到中共中央和国务院的重视。

(二)制定 1956 年四项紧急措施

为了加快发展科学技术,争取时间,中央在制订《十二年科学规划》的同时，还通过中国科学院制定了1956年的四项紧急措施。

第一项是加快发展计算机技术、半导体技术、无线电电子学、自动化技术和远距离操纵技术。根据这项紧急措施，中国科学院当年即着手筹建计算技术研究所、物理研究所半导体实验室、电子学研究所、自动化研究所。国家对暑期高等院校有关专业毕业生分配、国际合作项目、开办训练班、调整高等院校专业设置等方面都作了相应安排。这项措施为我国发展以上所提的新技术奠定了基础。

第二项是开展同位素应用工作研究。根据这项措施，成立了全国同位素应用委员会，以便在科研、工业、农业、医疗卫生等部门推广同位素的应用。同时，对有关实验室的建设、放射性仪器的研制和修配供应、人才培养等方面作了具体安排。

第三项是建立科学技术情报工作。在制订《十二年科学规划》以前，我国还没有系统的、有组织的科学技术情报工作。根据这项紧急措施，1956年10月，中国科学院建立了中国科学情报研究所。

第四项是建立国家计量基准，开展计量科学研究。在1956年以前，我国还没有任何计量基准。根据这项措施，国家计量局建立了计量科学研究院筹备处。

（三）成立航空工业委员会

为了加快航空工业的发展，1956年4月13日，国务院成立了以聂荣臻为主任，黄克诚、赵尔陆为副主任，钱学森等为委员的航空工业委员会。5月26日，周恩来出席中共中央军委会议，代表中共中央宣布发展中国导弹武器的决定，并指出："导弹研究工作应当采取突破一点的办法，不能等待一切条件都具备了才开始研究和生产。要动员更多的人来帮助和支持导弹的研制工作。这项工作所需的技术专家和行政干部，同意从工业建设、高等教育、科学研究等部门和军队中抽调。”[①]根据决定，1956年10月，航空工业委员会组建成立导弹管理机构（国防部五局）和研究机构（国防部第五研究院）。

（四）成立原子能委员会

党和政府对原子能研究、利用方面非常重视。1956年上半年，党和政府进行了多项准备工作。3月26日，我国政府在11个社会主义国家《关于成立联合原子核研究所的决定》上签字。4月12日，中央政治局会议决定成立以陈云为主任，郭沫若、李富春、李四光、宋任穷为副主任的原子能委员会。4月23日，中共中央发出《关于抽调干部和工人参加原子能建设的通知》。

（五）建立科研工作奖励制度

1955年8月5日，国务院第十七次全体会议通过了《中国科学院科学奖金暂行条例》，建立科学研究工作的奖励制度。原来计划于1956年初开始评奖工作，于1956年5月4日公布评奖结果，后来由于大部分学部委员从1956年1月到6月参加了制订国家科学远景规划，未能如期完成评选工作。因此，为保证评奖质量，中国科学院决定将自然科学与社会科学分开评选，1956年度只评选自然科学方面的成果。

科学研究工作奖励制度的建立，对于科研人员来说，无论是在精神方面还是物质方面都是一个重要激励，极大地激发了科研人员的工作热情和积极性。

（六）制定《科研十四条》

1961年7月6日，邓小平出席由刘少奇主持召开的中共中央政治局会

① 中共中央文献研究室编：《周恩来年谱（1949～1976）》上卷，中央文献出版社2007年版，第581页。

议，讨论聂荣臻提交的《关于当前自然科学工作中若干政策问题的请示报告》和国家科委党组、中国科学院党组拟订的《关于自然科学研究机构当前工作的十四条意见（草案）》（后通称为《科研十四条》）。邓小平在发言中指出："'科研十四条'是个好文件，可以试行，在实践中加以修订补充，使之成为科学工作中的宪法。党的领导方法，内容可再加以充实。党怎样做工作？就是要创造一个生动活泼、人心舒畅的局面，一个出科学成果的局面。党的领导干部要和知识分子交朋友，关心帮助他们；就是要老老实实当好勤务员，为科学家服务，替他们解决困难。"①

1961 年 7 月 19 日，中共中央发出《科研十四条》并指出，在学术研究工作中必须坚持"百花齐放，百家争鸣"的方针。《科研十四条》提出：科研机构的根本任务是提供科学成果，培养研究人才；保持科学研究工作的相对稳定，研究机构实行定方向、定任务、定人员、定设备、定制度等；正确贯彻执行科学为社会主义建设服务的方针和理论联系实际的原则；保证科研工作的时间，平均每周不得少于 5 个工作日；帮助知识分子走又红又专的道路；研究机构的思想政治工作要力戒形式主义；研究机构的领导干部，必须变成内行；等等。《科研十四条》调动了科学技术工作者的积极性，在密切党和知识分子的关系、改进研究机构工作秩序、提高科研水平、加快出人才出成果等方面发挥了积极作用。

（七）编制《十年科学规划》

我国社会主义建设的迅速发展和经济政策的调整，对科学技术又提出了许多新的课题，国际上科学技术也有许多新的发展。为更好适应新的形

① 中共中央文献研究室编：《邓小平年谱（一九〇四——一九七四）》下，中央文献出版社 2009 年版，第 1647 页。

势，中共中央决定在《十二年科学规划》的基础上编制《一九六三——一九七二年科学技术发展规划》（以下简称《十年科学规划》）。为此，国家各部委做了许多准备工作，并于1962年2月15日至3月10日在广州召开全国科学技术工作会议，研究制订规划的有关问题。会上总结了制订和执行《十二年科学规划》的经验和教训，明确了编制《十年科学规划》的总的指导思想。会后，国家科委组织几百名专家参与研究和制订规划。《十年科学规划》于1963年6月正式定稿，12月经中共中央、国务院批准，由国家科委下达，并会同各有关部委组织实施。

该规划确定了“自力更生，迎头赶上”的科学技术发展方针，主要包括纲要，重点项目规划，事业发展规划，农业、工业、资源调查、医药卫生等方面的专业规划，技术科学规划，基础科学规划等6个部分。为实现《十年科学规划》的目标和任务，还制定了12条具体措施，以及实施十年规划的管理办法。

《十年科学规划》是对《十二年科学规划》的继续与进一步发展，其主要目的仍然是推动我国科技事业的发展。与《十二年科学规划》相比，《十年科学规划》和国防建设、经济建设结合得更加紧密，对指导我国科技事业的稳定发展起到了重要的作用。这个规划在执行的头几年进展顺利，取得了一批重要成果：1964年10月，我国成功爆炸了第一颗原子弹；1965年9月，我国在世界上首先完成了人工合成牛胰岛素结晶；1967年6月，我国爆炸了第一颗氢弹；1970年4月，我国自己制造的第一颗人造卫星发射成功。

总体来看，从新中国诞生到改革开放前的近30年间，我国发展科学技术获得的重大成就，为经济建设、国防建设和文化建设都作出了重要的贡献。一系列重大科技成就展示了这个时期科技工作的成绩，也集中代表了我国这个时期科技发展的巨大成绩。

我国的科学技术在一个较短的时期内得到了飞速发展，这离不开党和政府对科技工作的高度重视。党和政府在这段时期对科学技术在国民经济中的重要地位产生了共识。1962 年 10 月 27 日，刘少奇在主持中共中央政治局汇报会，听取国家科委常务副主任韩光汇报科学口的情况和今后任务时指出："科学要抓。我们要搞几个现代化，科学研究部门不首先现代化，整个国家都不能现代化。"①1963 年 1 月，周恩来在上海市科技工作会议上则提出："我们要实现农业现代化、工业现代化、国防现代化和科学技术现代化，把我们祖国建设成为一个社会主义强国，关键在于实现科学技术的现代化。"②1963 年 12 月，毛泽东在听取关于《十年科学规划》的汇报时再次指出："科学技术这一仗，一定要打，而且必须打好。过去我们打的是上层建筑的仗，是建立人民政权、人民军队。建立这些上层建筑干什么呢？就是要搞生产。搞上层建筑、搞生产关系的目的就是解放生产力。现在生产关系是改变了，就要提高生产力。不搞科学技术，生产力无法提高。"③

历史表明，无论是《十二年科学规划》还是《十年科学规划》，都是符合我国实际的科技发展道路的战略选择。也正是在科学规划的实施期间，党和政府认识到科学技术现代化是四个现代化的核心。对此，1978 年 3 月 18 日，邓小平在中共中央召开的全国科学大会开幕式上指出："四个现代化，关键是科学技术的现代化。没有现代科学技术，就不可能建设现代农业、现代工业、现代国防。没有科学技术的高速度发展，也就不可能有国民经济的高速度发展。"④

---

① 中共中央文献研究室编：《刘少奇年谱（一八九八—一九六九）》下卷，中央文献出版社 1996 年版，第 564 页。

② 周恩来：《周恩来选集》下卷，人民出版社 1984 年版，第 412 页。

③ 中共中央文献研究室编：《毛泽东文集》第八卷，人民出版社 1999 年版，第 351 页。

④ 邓小平：《邓小平文选》第二卷，人民出版社 1994 年版，第 86 页。

第三节
三次大规模的技术引进

新中国成立初期，科技落后，除了发展教育、开展科学技术研究外，引进国外先进的科技也是促进国家科技快速发展的捷径。计划经济时期的技术引进，是我国在一个相对封闭的环境和条件下，进行的以自主研发为主体、以快速实现技术追赶并建立完整工业体系为目标的技术引进。这一时期的技术引进，既包括20世纪50年代苏联援建工业项目这样系统、全面的引进——我国从项目选择、设计、建设到设备、技术再到人才培养都进行了全方位的学习，也包括60、70年代所进行的有针对性的、局部的、为克服某些特定困难而进行的设备引进。这一时期我国所选择的是一条植根于独立自主的技术进步路线，总体上是“自力更生为主，争取外援为辅”①的。不论是否具有比较优势，我国都在一些高精尖技术领域进行了艰难的研发和攻关，这为一个完整的工业体系的最终建立奠定了坚实基础。

一、156项引进项目

新中国成立以后的第一次对外技术引进高潮，是苏联援助我国的156项建设工程。它主要是从苏联引进成套技术设备，其中97%是重工业项目。

新中国成立之初面临着严峻复杂的局势。1949年11月，由美国发起并主导成立的巴黎统筹委员会对新中国的工业化战略产生了重要影响。1949

---

① 中共中央文献研究室编：《毛泽东年谱(一九四九—一九七六)》第三卷，中央文献出版社2013年版，第370页。

年12月，巴黎统筹委员会就把我国列入管制范围。1950年3月，美国出台《战略物资管制办法》，要求其盟友与二战后受到“马歇尔计划”援助的所有国家都对我国实行战略物资禁运。

朝鲜战争后，美国等西方国家对我国的封锁禁运力度更大，手段措施也更为严厉。巴黎统筹委员会于1952年7月增设中国委员会，日本也加入其中，中国委员会对中国实施的贸易管制与对苏联、东欧社会主义国家的贸易管制相比更加严格。① 这极大地影响和改变了中国的进出口贸易。

与此同时，中苏两国之间建立了更加密切的联系和合作。1949年10月，两国建立外交关系。1950年2月，《中苏友好同盟互助条约》签订。1953年5月，中苏两国政府签订《关于苏维埃社会主义共和国联盟政府援助中华人民共和国中央人民政府发展中国国民经济的协定》。该协定规定，苏联负责完成141个援助项目的设计工作和设备供应，在施工过程中给予技术援助，帮助培养这些企业所需的干部，并提交在各企业中组织生产产品所需的制造特许权及技术资料。我国政府组织现有企业生产一部分配套用的和辅助性的半制品、成品和材料。苏联协助中国建立工业企业设计机关，并协助这些机关完成其所承担的工业企业的技术设计与施工图的20%至30%的设计工作。1954年10月12日，苏联政府又增加设计和帮助建设15个项目。至此，中苏共签订了156个工程项目。

对于苏联的援助，我国没有停留于照搬，而是争取从项目建设中学到经验和知识。1953年6月21日，李富春在全国第二次财经会议上介绍商谈五年计划的几点体会，其中谈道：“学习苏联，以求达到自力更生。苏联对我们

---

① 崔丕：《美国的冷战战略与巴黎统筹委员会、中国委员会(1945—1994)》，东北师范大学出版社2000年版，第292页。

的技术援助是从确定企业的设计任务书、进行设计到新产品的制造。但我国建设毕竟是我们自己的事情。我们自己需要担负地质勘察，供给设计基础资料，选定厂址，制定设计任务书，担负20%—30%的设计工作和30%—50%的设备制造，用自己的人力物力进行建筑安装，组织现有企业生产配套用和辅助性半制品、成品和材料，培养自己的专家和技术工人掌握生产。”①

“一五”时期，苏联援助的156项工程实际施工的为150项，具体包括106个民用工业企业和44个军事工业企业，涵盖了钢铁、有色金属、化工、机械、煤炭、电力、石油、医药、轻工业、航空、航天、电子、兵器、船舶等诸多重要工业领域，绝大多数为重工业项目，②这些项目为新中国工业化体系的建立奠定了重要基础。除了“一五”时期双方协定实施的这些项目之外，中苏两国后来还于1958年8月和1959年2月分别签署协定，约定苏联在“二五”计划开始后继续援助我国建设125个工业项目，只是后来由于两国关系破裂而未能完全落实。

整个20世纪50年代，苏联以及社会主义阵营内的东欧各国成为我国技术引进最主要的来源国。1950年至1959年间，中国合计进口415项成套设备，其中304项来自苏联，另外108项来自民主德国、捷克、波兰、匈牙利、罗马尼亚和保加利亚等东欧国家。

苏联专家的帮助和苏联的技术支持，使得我国工业生产水平和能力提高很快。“一五”计划结束后，我国在重轨、大型型钢、无缝钢管等钢材以及化学农药、机器设备等方面的自给率都有明显的提升，1957年机器设备的

① 陈夕主编：《中国共产党与156项工程》，中共党史出版社2015年版，第870—871页。
② 陈夕主编：《中国共产党与156项工程》，中共党史出版社2015年版，第549页。

自给率已达到60%以上。① 1956年同1952年相比，工业全员劳动生产率提高了85.7%。这一时期的中国工业生产总体上与20世纪40年代的世界工业水平相当，煤炭及部分石油工业技术水平大体相当于20世纪50年代的世界水平，机械、冶金、电力、化学、交通电讯、纺织等工业基本上处于20世纪40年代的世界水平，当然也还有些工业或是工业内部的某些领域还只相当于20世纪30年代的世界水平。总的来看，工业产值尤其是重工业产值的快速增长改变了我国的产业结构。

中苏关系破裂后，苏联终止了派遣专家并且撤出正在建设的所有项目。1960年7月16日，苏联政府宣布撤回援助中国的专家，并单方面废除了同我国签订的专家合同343个、科技合同257个，这个举措对我国包括科技发展在内的国民经济发展来说是个沉重打击。从1960年7月28日至9月1日，苏联撤走全部在华专家1390名，并不再派遣专家。苏联专家撤走时，带走了全部图纸、计划和资料，并停止供应我国建设急需的重要设备，大量减少成套设备和各种设备中关键部件的供应，使我国250多个企业和事业单位的建设处于停顿、半停顿状态，给我国的经济建设造成了重大损失。随着苏联援助项目的清理，新中国第一次大规模的技术引进告一段落。

从苏联、东欧等社会主义国家引进技术和设备的渠道受到阻碍后，我国加大了从西方资本主义国家进口设备和技术的力度。但由于当时一些条件限制，我国从西方资本主义国家获得的技术资源有限。我国必须依靠自己在技术层面进行更多的独立研发和探索，因而付出的时间和机会成本更大。虽然国家加大了对科技研发等方面的投入，但科技水平相对来说仍然处于

---

① 中国社会科学院、中央档案馆编：《1953—1957中华人民共和国经济档案资料选编：工业卷》，中国物价出版社1998年版，第1140页。

比较落后的阶段。

二、"四三方案"

随着1971年10月25日中华人民共和国恢复在联合国的合法席位和1972年尼克松访华,我国和包括西方国家在内的外部世界的经贸联系更加紧密了。

1972年初,国家计委已经开始酝酿进口化纤和化肥工业的成套设备,同年曾先后就连续式轧板机、乙烯配套加工等成套设备的进口问题多次请示中央。1972年1月22日,李先念等向周恩来报送计委提交的《关于进口成套化纤、化肥技术设备的报告》,建议进口约4亿美元的化纤新技术成套设备、化肥设备,以及部分关键设备和材料。预计投产后一年可生产化纤24万吨、化肥400万吨,所需的石油气、油田气、石油原料在国内也有保障。经周恩来批示呈报,毛泽东2月5日批准了该报告。

1972年5月5日,冶金部在申请进口一米七大型钢板冷轧机的基础上,建议同时进口配套的热轧机等国内钢铁工业急需的设备技术。8月6日,国家计委报送《关于进口一米七连续式轧板机问题的报告》。毛泽东、周恩来予以批准。11月7日,国家计委又报送《关于进口成套化工设备的请示报告》,涉及23套化工设备约需6亿美元。周恩来在审阅这份报告时,要求国家计委把另一份总额为33亿美元的进口方案报送中央一并考虑。

1973年1月2日,国家计委根据周恩来的指示向国务院报送《关于增加设备进口,扩大经济交流的请示报告》,建议在未来三五年内,从日本、联邦德国、英国、法国、荷兰、美国等国家进口约43亿美元的设备。后来这一引进方案被称为"四三方案"。这一方案中总投资的64%用于石油、煤炭、冶金、发电、交通运输等基础工业的设备引进,其余36%用于农业和轻工业方面的设备引进。其中占比较高的是如下几个领域:(1)冶金工业(6.75亿美元），重点是进口矿山设备、轧钢设备以及有色金属冶炼设备；(2)煤炭工业(7 亿美元)，以增加国内原煤生产能力为目标，进口设备重点用于对老矿井进行技术改造并建设大型煤炭出口基地及煤矿；(3)石油工业(6 亿美元)，进口设备以提升原油生产能力和炼油能力；(4)化学工业(7 亿美元)，重点引进乙烯装置和配套的加工装置，以及增加化肥生产能力的设备；(5)机械工业(2.2 亿美元)，用于进口燃气轮机、工业汽轮机制造车间成套设备，大型、重型及高效机床等；(6)水利电力(3.35 亿美元)，主要进口成套火电设备、原子能电站及大型施工设备；(7)交通(1.7 亿美元)，主要用于造船、内燃机车制造以及进口装卸专用机械设备；(8)轻工业(7 亿美元)，重点为进口石油化纤设备。①

"四三方案"还阐明了引进技术设备的目的和六项原则。进口成套设备的目的在于引进新技术，支援农业，加强基础工业和轻工业建设，加快我国社会主义建设步伐。引进技术设备的原则有六条：一是坚持独立自主、自力更生的方针；二是学习与独创相结合；三是有进有出，进出平衡；四是新旧结合，节约外汇；五是当前与长远兼顾；六是进口设备大部分放在沿海，小部分放在内地。这六条原则成为我国第二次大规模引进成套技术设备的指导方针。"四三方案"还建议，由国家计委及各部委组成进口设备领导小组，"像第一个五年计划期间抓'156'项进口项目那样，扎扎实实地把建设任务抓紧抓好，尽早投产见效"②。

我国利用"四三方案"引进的设备，结合国产设备配套，建成了 26 个大

---

① 中共中央党史研究室、中央档案馆编：《中共党史资料》第 90 辑，中共党史出版社 2004 年版，第 14—17 页。

② 中共中央党史研究室、中央档案馆编：《中共党史资料》第 90 辑，中共党史出版社 2004 年版，第 19 页。

型工业项目。到1979年,这26个项目的合同履行完毕,共用了39.6亿美元,比原计划少了3亿多美元,实现的程度差不多达到92%。[①] 这26个项目的建设情况总体上是好的。截至1979年底,有20个项目建成投产,平均每个项目的建设工期为3年8个月,大大短于国内同期安排的一批大中型项目的平均建设工期。到1982年底,所有项目全部建成投产。

"四三方案"引进的设备投产以后,对我国的经济建设起到了重大的促进作用。主要有以下几方面:

一是有关产品生产能力得到迅速提高,国民经济的薄弱环节得到改善。从1974年开始投入使用43套综合采煤设备后,生产水平不断提高。采用引进发电设备建成的发电厂,不仅提高了火电厂发电机组的等级,而且缓和了华北、东北地区电力紧缺的矛盾。在原材料方面,武钢一米七轧机从投产到1983年底,共生产成品钢材556万吨,平均每年产量增长26.6%。其中,冷轧、热轧、硅钢片三厂的产量分别以27%、31%和36%的平均速度递增。1983年,薄板产量占全国产量的37.1%。[②] 另外,塑料、合成橡胶、洗衣粉等多种化工产品的产量也都有了大幅度提高。

二是这批项目建成投产后节约了外汇,降低了消耗。以前,这些项目所生产的大部分产品依赖于进口。投产以后,国家在这方面节约了大量外汇。比如在一米七轧机投产前的3年中,国家仅进口镀锌板、镀锡板和硅钢片就花费外汇5.5亿美元,相当于引进一米七轧机用汇额的91.7%。而从1979年到1984年,一米七轧机共生产代替进口的商品材268万吨,节约外汇

① 陈锦华:《国事忆述》,中共党史出版社2005年版,第20页。
② 阎放鸣:《论我国第二次成套设备的大引进》,《中国经济史研究》1988年第1期,第151页。

26.9亿美元，相当于引进设备费用的3.3倍。① 同时，“四三方案”引进设备的产品有相当数量打入国际市场，为国家赚取了大量外汇。另外，由于引进的设备性能高，减少了单位产品产量的物质消耗。仅一米七轧机的镀锡工艺，每生产1吨镀锡板就只需要消耗锡7公斤，比国内原有的生产工艺降低消耗72%。②

三是“四三方案”带动了我国外贸的发展。“四三方案”之外，同期还引进的国外先进设备技术有：从美国康宁公司引进彩色显像管成套生产技术项目；从罗马尼亚、南斯拉夫以及西方国家等购买新旧船舶，扩建远洋船队；购买英国三叉戟飞机；从苏联进口伊尔-62远程宽体客机和米-6、米-8直升机；进口火电机组建成当时亚洲最大的火力发电厂辽宁清河电厂；等等。1973年我国对外贸易总额是1970年的2.4倍，1974年是1970年的3.2倍。成套设备和先进技术的引进，为改革开放之后的经济腾飞准备了必要的物质条件。

“四三方案”是我国继20世纪50年代引进苏联援助的156项建设工程之后又一次大规模的技术引进。大规模成套设备的引进，一方面提升了我国的技术装备水平，另一方面也使我们能够正视同发达国家的差距，对我国和世界的经济发展形势有了新的了解。1973年6月，陈云同中国人民银行负责人谈话。他在了解外贸和国际经济金融形势后，提出“要把一些界限划清楚，如不要把实行自力更生的方针同利用资本主义信贷对立起来”，“我们做工作不要被那些老框框束缚住”。③ 陈云的发言成为利用外资的理论先

---

① 阎放鸣：《论我国第二次成套设备的大引进》，《中国经济史研究》1988年第1期，第151—152页。

② 阎放鸣：《论我国第二次成套设备的大引进》，《中国经济史研究》1988年第1期，第152页。

③ 中共中央文献研究室编：《陈云年谱（修订本）》下卷，中央文献出版社2015年版，第196页。

导。通过这些技术设备的引进,我国学到了西方先进的技术、管理经验,对西方的社会经济文化有了进一步的了解,逐步积累了利用国际市场、开辟新的贸易领域、开展多层次经贸合作问题等方面的经验,为1978年的引进计划提供了成功的案例和经验。

三、1978年引进计划

"文化大革命"结束后,通过调研国外发展情况,党和政府看到了我国与发达国家的差距,想利用有利时机加快发展,把过去浪费的时间补回来,对加快发展的愿望非常强烈。

1977年11月至12月,全国计划会议在北京召开。经过认真讨论,国家计委向中央政治局提交了《关于经济计划的汇报要点》。其中建议,到2000年的23年中,分三个阶段打几个大战役,建设120个大项目,使我国三个阶段的主要工业产品产量分别接近、赶上和超过最发达的资本主义国家,各项经济技术指标分别接近、赶上和超过世界先进水平。会议还谈到了今后国民经济发展的15个重大政策和措施,包括加强科研和引进新技术、有计划地组织干部到国外去考察等。

1978年2月,经党中央批准,国家计委汇总向国务院提出的规划,提出今后8年要分两批引进68个到69个大型成套设备项目,其中1978年利用外汇60亿美元,成交第一批45个项目;1979年、1980年利用外汇80亿美元,成交第二批23个到24个项目。

1978年3月11日,国务院批准国家计委、建委等部门的请示报告,决定从日本引进成套设备,在上海宝山新建一个大型钢铁厂,总投资214亿元,其中外汇48亿美元,国内投资70亿元,预计建成后具备年产650万吨铁、670万吨钢的生产能力。3月20日,国家计委、建委下达《1978年引进新技术和成套设备计划》,批准各部门用汇总额85.6亿美元,当年成交额59.2

亿美元，当年用汇 11.7 亿美元。这个计划协议金额实际上达到 78 亿美元，简称“78 亿计划”。

1978 年 7 月 6 日至 9 月 9 日，国务院召开务虚会，各部委负责人参加并作汇报。7 月 11 日，国家计委副主任李人俊提出了 500 亿美元规模的引进安排。

12 月 5 日，化工部向国家计委和国务院报告，年内同国外签订了 9 个化工成套设备引进项目，有大庆石油化工厂、山东石油化工厂、北京东方红化工厂各 1 套 30 万吨乙烯生产装置，南京石油化工总厂 2 套 30 万吨乙烯装置，吉林化学工业公司 1 套 11 万吨乙烯关键设备，浙江化肥厂、新疆化肥厂、宁夏化肥厂各 1 套 30 万吨合成氨生产装置，山西化肥厂 30 万吨合成氨装置。这 9 个项目包括国内工程投资共需 160 多亿元。除此之外，1978 年签订的成套引进项目还有 100 套综合采煤机组、德兴铜基地、贵州铝厂、上海化纤二期工程、仪征化纤厂、平顶山帘子线厂、山东合成革厂、兰州合成革厂、云南五钠厂、霍林河煤矿、开滦煤矿、彩色电视项目等 22 项，需要外汇 130 亿美元，约折合人民币 390 亿元，加上国内工程投资 200 多亿元，共需 600 多亿元。①

中国技术进出口总公司当年具体负责引进工作。该公司 1978 年完成引进成套设备项目 45 个。在 1978 年签约的合同金额中，有近 80% 即 60 亿美元左右用于引进 22 项大型成套设备。大型成套设备的引进有利于提升国内现代化骨干企业的技术实力和整体水平，缩小我国与发达国家的技术水平差距。

---

① 陈如龙主编：《中华人民共和国财政大事记（1949—1985 年）》，中国财政经济出版社 1989 年版，第 380 页。

但是,1978年在成套设备进口方面也出现了一定程度的盲目性和急于求成的倾向。1981年11月19日,邓小平在会见罗马尼亚客人时指出:"粉碎'四人帮'以后,我们头脑有点发热,没有量力而行,结果带来了更大的问题。一九七七年、一九七八年我们引进大项目二十二个,把石油储量也估计错了。如果二十二个项目一开工,就没有石油原料了。引进这些大项目单单考虑快,没有考虑国内配套能力,结果引进来了用不上。"①

对引进工作的经验和教训,党中央进行了深刻总结。1978年9月9日,李先念在国务院务虚会上提出,确定引进项目时,要认真考虑和遵守下列原则:"(1)凡是自己确实能制造的,即使质量性能比国外稍差一点,也要用自己的,但要努力实行技术改造,提高质量性能。(2)凡是引进制造技术,自己可以制造的,就不要买设备。(3)凡是买关键设备,自己可以配套的,就不要成套引进。(4)买成套设备,只要自己能制造一部分符合标准的设备,就要搞设备分交。(5)引进设备和技术,在产品系列和型号上要有统一规划,逐步形成我国自己的产品系列,不能同时从许多国家引进同样的东西,搞成'万国牌'。(6)技术复杂或规模较大的引进项目,可以聘请外国专家负责设计和帮助建设,建成后再留一段时间帮助我们掌握技术和管理。(7)要利用国外各种咨询机构,请他们提供技术情况和建议,以供选择。(8)引进技术专利或设备,在国内要通报有关部门,不能一家垄断,以免重复引进。(9)在引进技术的同时,要组织必要的科学技术力量进行研究,做到既能消化,又能创新。"②在总结经验教训基础上,此后我国的技术引进规模不断发展壮大。

---

① 中共中央文献研究室编:《邓小平年谱(一九七五——一九九七)》下卷,中央文献出版社2004年版,第786页。

② 李先念:《李先念文选(一九三五——一九八八年)》,人民出版社1989年版,第333页。

小 结

科学技术是第一生产力，也是中国式现代化得以快速发展的重要动力。新中国成立以前，我国的科技事业是相当落后的，现代科技几乎是一片空白。新中国成立后，我国选择了优先发展重工业的工业化发展道路，由于重工业也是技术密集型的产业，从科学技术发展的角度讲，选择了优先发展重工业就是选择了把发展教育科技摆在重要位置的道路。为此，我国大力发展教育，培养建设人才，并通过利用外国专家和吸引科技人才回国等方式初步解决了中国工业化建设中遇到的人才短缺等问题。

在人才培养方面，新中国重视教育发展，新建了很多学校，学生入学率和学科体系建设相比过去都有很大发展。新中国还大量设立科研机构，培养科研人员，吸引国外科学家回国。苏联政府和科技人员对于尚处在起步阶段的新中国科技事业也给予了重要援助，新中国在“一五”时期聘请了大批苏联顾问和专家，并且派遣大量留学生出去学习现代科技知识。这些在促进国家科技发展方面都发挥了重要作用。

新中国高度重视科学发展规划的制订。1956 年，我国第一个全面的科学技术发展远景规划——《十二年科学规划》出炉，使我国的科学技术发展有了一个全面、详细、具体的实施计划和目标，规划也得到了有效的落实。1962 年又根据我国社会主义建设的需要，制订了《十年科学规划》。由于在科技方面制订和实施规划，并实行集中统一的领导，我国的科学技术在 20 世纪 60 年代前半期迅速发展，缩小了与世界发达国家科技水平的差距，并在若干重要领域如地质学、数学、核技术、航天技术等取得了重大突破，获得了令世界瞩目的成果。

新中国还高度重视技术引进工作,通过引进技术和消化吸收,大力提高工业科技水平。这一时期,我国抓住有利的国际时机,进行了三次大规模的技术装备引进,每一次技术装备引进都对我国经济产业升级发挥了重要的促进和引领作用。这大大提升了我国的科技水平,加速了我国工业化进程。

在社会主义革命和建设时期,教育科技的发展为中国式现代化提供了科技支撑,使得我国工业化水平提高很快,也为改革开放时期的科学技术赶超世界先进水平、实现现代化目标,奠定了坚实的基础,提供了宝贵的经验。

第七章 区域经济发展：布局与国防建设兼顾

中国式现代化的一个重要方面是生产力的科学合理布局。马克思主义区域经济理论从生产力布局、国家安全、资源禀赋等因素考虑区域经济发展，具有鲜明的实践性、整体性、时代性等特征。新中国成立以来，在区域经济发展布局方面把马克思主义的区域经济理论与我国的具体国情相结合，使我国的区域经济获得了大发展。

我国是一个人口众多、国土面积辽阔、邻国较多的东方大国，由于历史和现实的因素影响，我国周边形势复杂，有些大国又不时在我国周边挑起事端，使得我国及周边局势持续紧张，因此我国的区域经济发展不仅需要考虑国内的各种资源禀赋和区位情况，还要考虑国防建设的战略意义。

新中国成立前，我国的区域经济布局很不合理，主要表现在以下几个方面：一是地区分布不平衡，70%以上的工业集中于狭长的沿海地带，广大内地工业则相对比较落后；二是产业分布很不均衡，重工业主要集中于东北地区，轻工业主要集中于港口城市，如上海、天津等地；三是工业经济的布局主要集中在汉族居住区，少数民族居住区则布局较少，经济较为落后。新中国成立后，根据国家需要和区域资源禀赋等条件，党和政府采取了不同的区域发展政策，努力改变区域经济布局，改变旧中国区域经济和产业结构不合理的状态，以缩小地区差别，实现地区间均衡发展。

第一节
新中国成立初期大力支持东北经济建设

东北地区资源丰富，工业基础良好。新中国成立初期，党和政府充分认识到东北地区的工业发展优势，大力支持东北建设，使东北地区成为新中国重要的工业基地，从而促进了新中国整体工业化水平的提高。

一、国民经济恢复时期东北的工业建设

东北地区地域辽阔、资源丰富，拥有发展现代工业所需的各种矿产资源，金属类矿产有铁、锰、铜、铅锌、金等，非金属类矿产有煤炭、石油、菱镁矿、油页岩等。本溪、鞍山一带的铁矿在全国占有重要地位。东北地区的油页岩、菱镁矿、石墨、硅灰石、硼矿、钼矿的储藏量，皆居全国前列。东北森林资源丰富，木材总蓄积量占全国比重很大，地势比较平坦，土地肥沃，灌溉条件好，农业物产丰富，大豆的产量很高。丰富的矿产资源和农业资源为东北工业化的发展提供了充足的资源条件。

东北自1931年九一八事变后，长期为日本所占领统治。日本占领东北后，把东北作为建设的重点，在14年的占领统治期间，对东北地区进行了大量的投资，建设了很多基础设施，兴建了大批工厂，客观上促使东北地区形成了较好的工业发展基础。当时，东北工业和交通较全国其他地区发达。1943年，东北的工业生产已达到很高水平，煤炭产量占全国产量的49%，其他生铁、钢材、电力等产量都占到全国的85%以上。

1945年6月，毛泽东在党的七大的一次讲话中充分肯定了东北的重要

性，他指出："从我们党，从中国革命的最近将来的前途看，东北是特别重要的。如果我们把现有的一切根据地都丢了，只要我们有了东北，那末中国革命就有了巩固的基地。"①

辽沈战役胜利后，东北全境基本上获得解放。由于其他地区的解放战争还在进行中，相对于全国其他地区来讲，东北地区工业基础和矿产资源又具有优势，因此，中央对东北地区的发展给予了高度重视，提出了"让东北工作先走一步"的方针，决定举全国之力帮助东北，让东北率先恢复发展。对此陈云曾指出："搞工业要有战略眼光。选择地点要注意资源条件，摆在什么地方，不能不慎重。""东北跟关内有很大不同。东北工厂有了，机器有了，工人有了，再加上资金，生产就恢复了。关内就不是这样，开一个工厂需要相当时间，一般说，从开始订机器到安装好机器，没有三年五年的时间是不行的。"②1950 年 3 月 3 日，毛泽东在参加中共中央东北局高级干部会议时也指出："东北是全国的工业基地，希望你们搞好这个工业基地，给全国出机器，出专家。我们现在从关内送一批知识分子来，以便将来给全国训练专家。"③在这样的指导思想下，国民经济恢复时期中央投资的基本建设项目主要安排在东北，其次为华东和华北，西北、西南的比重相对较小。

这一时期，中央在人、财、物等各方面都给予了东北较大的支持。首先是金融方面。由于当时关内经济形势还不稳定，一些地方通货膨胀还较严重，而东北解放较关内早，东北币比人民币先稳定，为了稳定东北经济，中央暂缓了东北币和人民币的统一，决定东北的货币暂时维持现状，在财政上对

---

① 中共中央文献研究室编：《毛泽东文集》第三卷，人民出版社 1996 年版，第 426 页。

② 陈云：《陈云文选》第二卷，人民出版社 1995 年版，第 98 页。

③ 中共中央文献研究室编：《毛泽东年谱（一九四九—一九七六）》第一卷，中央文献出版社 2013 年版，第 99 页。

东北也只采取抽调物资的办法，这些做法对于东北经济的恢复与发展是一个极为重要的条件。

其次是财政方面。新中国成立初期，国家各项建设百废待兴，建设任务繁重，资金不足成为一个长期存在的问题，发行公债是解决财政困难的一个有效措施。为了支持东北的经济建设，落实中央让东北在经济恢复中先行一步的政策，东北地区先后发行了生产建设实物有奖公债（1949 年）和生产建设折实公债（1950 年），以此筹集资金促进东北经济的恢复发展。中央人民政府政务院发行 1950 年第一期人民胜利折实公债时，考虑到东北经济恢复建设需要资金，故没有给东北地区分配任务，而是在除东北之外的各地区发行。

再次是交通方面。中央加快了对东北的铁路等基础设施的修复。周恩来曾指出："我们要恢复，要调整，首先还是要修铁路，修水利，这是根本的工作。运输便利了，才便于调整工商业，便于城乡交流、内外交流。东北的工业商业之所以调整得快，发展得快，固然是因为土地改革完成了，农村的购买力提高了，同时也决定于城市工商业发展的中间桥梁——铁路的修复。东北铁路占全国铁路百分之四十弱一点，全国铁路三万多公里，东北就有一万四千多公里。""在全国来说，工业的比例只有百分之十，百分之九十左右是农业、手工业。东北的工业在去年就达到百分之三十五，今年可以达到百分之四十三，因为交通发达，工业发展，工业品可以深入农村，农村的粮食也可以运到铁路周围，大豆、高粱堆存仓库、堆栈。这是一个先决条件。"①铁路的修复，加快了物资和人员的流通，大大提高了工业生产的效率，成为东北经济振兴的一个基础因素。

① 中共中央文献研究室编：《周恩来经济文选》，中央文献出版社 1993 年版，第 59 页。

此外是投资方面。在1949—1952年国民经济恢复时期，中央政府总投资78.36亿元，而东北地区所接收的国家投资总额就有25.8亿元，几乎占了总额的三分之一，是国家工业化建设投资最多的地区。另外，中央还把从苏联得到的贷款大部分给了东北。1950年3月3日，周恩来在东北局干部会议上，肯定了先解放的东北在支援全国解放战争和在本地区经济恢复工作中的成绩，并指出："这次苏联给我国贷款的绝大部分，中央给了东北，这是'因为东北经济建设的发展，对于全国影响是很大的，有局部然后才能有全国'。"①除贷款外，中央将苏联向中国提供援建的42个项目中的30个设于东北。

二、"一五"时期东北的建设

新中国的"一五"计划体现了东北优先发展的方针，"一五"计划中关于东北等地的定位是："合理地利用东北、上海和其他城市已有的工业基础，发挥它们的作用，以加速工业的建设。最重要的是要在第一个五年计划期间基本上完成以鞍山钢铁联合企业为中心的东北工业基地的建设，使这个基地能够更有能力地在技术上支援新工业地区的建设。""除了对于鞍山钢铁联合企业作重大的改建以外，东北各工业区的原有工业，如抚顺、阜新和鹤岗的煤矿工业，本溪的钢铁工业，沈阳的机器制造工业，吉林的电力工业，也都将在五年内加以改建。"②

这一时期，苏联援建的156个项目中有超过三分之一安排在东北地区，限额以上的694个大型项目中，相当大的一部分被安排在东北。

---

① 中共中央文献研究室编：《周恩来年谱（1949～1976）》上卷，中央文献出版社2007年版，第27页。

② 中共中央文献研究室编：《建国以来重要文献选编》第六册，中央文献出版社2011年版，第366页。

苏联援建的这些项目和企业，大体为苏联 20 世纪 40 年代的设备与技术水平，比西方发达国家的设备和技术水平略低一些。建设的项目以重工业为主，主要为能源、钢铁与机械制造等。这些项目、企业有部分在“一五”计划时期开工投产，围绕这些重点项目还建设了大量的配套项目。苏联援建项目在东北的投资，对东北社会经济各方面的发展是一个很大的促进。这一时期东北的发展对国家的工业化发展来说是很大的支持，对国家工业化水平的提高也是一个重要的促进，东北在新中国工业发展中的地位和作用进一步加强。

经过“一五”时期的建设，东北初步建成了能源、钢铁、汽车、机床、机械制造以及国防军工等产业基地，工业门类已经比较齐全，产业体系成龙配套。这些工业企业的发展，不但改变了东北的产业结构，而且对全国产业结构的完善和工业化基础的初步建立都具有重要意义。

“二五”计划时期，中央对东北的战略定位由优先发展转变为支援全国建设。1958 年 9 月 17 日，邓小平在黑龙江省干部大会上发表讲话指出：“东北发展潜力很大，生产任务很重。过去几年，全国支援，把东北建设起来了，现在应该轮到东北来支援全国了。东北要尽一切力量支援全国过关。北戴河会议时，富春同志提出的东北的方针，大家赞成，就是‘充分挖掘潜力，大力支援全国，逐步合理发展’。”①

① 中共中央文献研究室编：《邓小平文集（一九四九～一九七四年）》中卷，人民出版社 2014 年版，第 401 页。

第二节

探索处理沿海与内地关系

我国有着18000多公里的海岸线，由于历史原因，沿海地区近代以来一直是我国经济相对发达的地区。所谓沿海，是指辽宁、河北、北京、天津、山东、江苏、上海、浙江、福建、广东、广西等靠近大海的省份以及个别内陆省份靠近海洋的区域。一直到新中国成立初期，我国都面临着沿海工业经济发展较快、内地发展迟缓的区域格局。1949年，沿海地区工业产值占全国工业总产值的71.5%。另外，工业的布局也相对集中，主要集中在上海、广州等大城市，上海的轻纺工业比较发达，1949年上海供应的纱布为全国需求量的三分之一。

从国际环境来看，新中国成立之初面临着复杂严峻的国际环境。1950年6月，美国派遣第七舰队阻止新中国解放台湾，10月中国派遣志愿军入朝作战，沿海一带始终处在高度备战备荒的状态。为了规避战争破坏的风险，也为了改变沿海与内地发展不平衡的格局，新中国在相当长一段时间内将投资重心放在了内地，而发展内地就无法利用沿海地区的产业基础，存在经济运行效率不高的问题。因此，新中国初期的工业建设一直面临着如何处理沿海与内地关系的问题，为此新中国进行了艰难探索。

朝鲜战争的爆发，在一定程度上改变了新中国的产业结构和布局。在新中国“一五”计划中，军工和国防工业占了很大比重。由于中国海军和边防力量相对薄弱，为了保证投资安全，也为了调整产业布局，当时这些大的建设项目大部分安排在内地，很少安排在沿海地区。李富春在1955年7月第一届全国人大第二次会议上作《关于发展国民经济的第一个五年计划的报告》。对于我国的产业布局，他指出："据一九五二年统计，沿海各省的工业产值占全国工业总产值的百分之七十以上。逐步改变旧中国遗留下来的这种不合理的状况，在全国各地适当分布工业的生产力，使工业企业接近原料、燃料产区和消费地区，并使工业布局适应巩固国防的要求，逐步提高落后地区的经济水平，这是有计划地发展我国国民经济中的重要任务之一。""五年基本建设计划，对地区布局作了比较合理的部署，这就是：一方面，合理地利用东北、上海和其他城市的工业基础，发挥它们的作用，并支援新工业基地的建设；另一方面，积极进行华北、西北、华中等地新的工业基地的建设，在西南开始部分的工业建设。"[①]在华北、华中、西南等地大量投资，是改变中国产业布局不合理、经济不平衡的重要手段。

工业布局大量安排在内地，对于沿海原有工业和新建工业应怎样处理，毛泽东等人进行了深入思考。1956 年 3 月 2 日，毛泽东在听取地方工业部汇报工作的过程中，对沿海与内地关系问题作了进一步的思考，他结合苏联的情况指出："苏联有一个时期很集中，也有好处，但缺点是使地方积极性减少了。我们现在要注意这个问题。地方政权那么多，不要使他们感到无事可做。"[②]关于沿海地区工业，毛泽东指出："要采取积极合理发展的方针。有的可以内迁，不能内迁的应该积极合理利用，不要加以限制。有的同志，好像战争就要来的样子，准备着架势等待战争，因此要限制沿海地区的发展。这样不妥。轻工业百分之七十在沿海，不积极利用还靠什么来提高生

① 《李富春选集》编辑组编：《李富春选集》，中国计划出版社 1992 年版，第 144—145 页。

② 中共中央文献研究室编：《毛泽东年谱（一九四九—一九七六）》第二卷，中央文献出版社 2013 年版，第 540 页。

产?”[①]1956年3月3日，毛泽东听取轻工业部工作汇报。在汇报到对沿海地区工业的利用时，毛泽东说：“鞍钢、石景山钢铁厂、上海造船厂等沿海的重工业都利用，轻工业为什么不利用？要积极合理利用。”[②]汇报到上海地区不作大的扩建时，毛泽东说：“还值得考虑，沿海都要利用。上海赚钱，内地建厂，这有什么不好？这同新建厂放在内地的根本方针，并不矛盾。多搞些轻工业，就是多搞重工业。只要有原料，有销路，尽量搞。投资一元，回来四元、三元，为什么不搞？”[③]

1956年4月18日，毛泽东在听取李富春关于“二五”计划的汇报时又指出：“许多新产品都是在沿海工厂生产，可见沿海工业作用很大，应充分利用。沿海老工厂加以适当扩建，投资少，见效快。”[④]4月19日，毛泽东再次强调必须充分利用沿海工业。他说：“不仅原有的轻工业绝大部分在沿海，就是造船、机械、钢铁、水泥、化工等重工业也多在沿海，也必须充分利用。”“三个关系都必须很好地解决，即沿海与内地关系、轻工业与重工业关系、个人与集体关系。真想建设内地，就必须充分利用沿海；真想建设重工业，就必须建设轻工业；真想搞好集体所有制，就必须搞好个人所得。”[⑤]

1956年4月25日，毛泽东在中共中央政治局扩大会议上发表《论十大关系》的讲话。针对沿海与内地工业的关系，毛泽东指出：“我国全部轻工业

---

① 中共中央文献研究室编：《毛泽东年谱（一九四九—一九七六）》第二卷，中央文献出版社2013年版，第540页。

② 中共中央文献研究室编：《毛泽东年谱（一九四九—一九七六）》第二卷，中央文献出版社2013年版，第541页。

③ 中共中央文献研究室编：《毛泽东年谱（一九四九—一九七六）》第二卷，中央文献出版社2013年版，第541页。

④ 中共中央文献研究室编：《毛泽东年谱（一九四九—一九七六）》第二卷，中央文献出版社2013年版，第561页。

⑤ 中共中央文献研究室编：《毛泽东年谱（一九四九—一九七六）》第二卷，中央文献出版社2013年版，第562页。

和重工业，都有约百分之七十在沿海，只有百分之三十在内地。这是历史上形成的一种不合理状况。沿海的工业基地必须充分利用，但是，为了平衡工业发展的布局，内地工业必须大力发展。好好地利用沿海和发展沿海的工业老底子，可以使我们更有力量来发展和支持内地工业。”①

在探索过程中，新中国努力作到正确处理沿海与内地的经济发展关系，但总体来看，新中国成立初期的较长一段时间内，工业建设重心安排在内地。“一五”计划期间建设的项目，特别是苏联援建的项目，主要配置在东北地区、中部地区和西部地区。“一五”计划时期，基本建设投资总额中沿海与内地的比例分别占46.7%和53.3%。“二五”计划时期，内地投资比重进一步增加，全国基本建设投资总额中，沿海与内地分别占44.1%和55.9%。

随着对国内外形势认识的深化，同时也随着经济建设经验的积累，我国逐步改变了在沿海不进行新的较大项目投资的观点。1959年12月15日，毛泽东组织的读书小组开始读《政治经济学教科书》第二十一章《社会主义工业化》。在读到教科书说苏联社会主义工业化能够取得胜利，是因为依据了经济发展规律，并善于利用社会主义经济的优越性时，毛泽东说：“过去我们计划规定沿海省份不建设新的工业，一九五七年以前没有进行什么新建设，整整耽误了七年的时间。一九五八年以后，才开始在这些省份进行大的建设，两年中得到很快的发展。这就说明，像计划这类意识形态的东西，对经济的发展和不发展，对经济发展的快慢，有着多么大的作用。”②这说明党和政府在总结经验的基础上对“一五”计划时期沿海地区工业发展的政策和

---

① 中共中央文献研究室编：《毛泽东年谱（一九四九——一九七六）》第二卷，中央文献出版社2013年版，第567页。

② 中共中央文献研究室编：《毛泽东年谱（一九四九——一九七六）》第四卷，中央文献出版社2013年版，第259页。

布局进行了更深入的反思，对如何处理沿海与内地的关系有了进一步的认识。

第三节 全国范围经济协作区的设立

我国地域广大，经济地理呈现出很强的区域性特点，经济建设中加强区域内部的协作，因地制宜，充分发挥各地区的比较优势，更好地进行工业布局和经济布局，对加快经济发展速度，增强经济发展实力，并对整个国民经济的发展都有促进作用。

新中国成立后，在区域经济发展问题上，毛泽东先后提出了城乡交流和正确处理沿海与内地关系的思想，对我国经济的发展都产生了积极的影响。“一五”计划完成后，为了更快地促进经济发展，毛泽东对我国区域经济的发展有了新的思考。他联系战争期间军队协作作战取得优良战绩的历史经验，在吸收其他同志意见的基础上，提出成立经济协作区的思想。

设立经济协作区主要是为了改善条块之间的关系，消除地区经济发展的不平衡，建立结构和布局比较合理的地方工业体系，从而形成若干个具有独立完整工业体系的大的协作区，使地方工业产值在几年内超过农业产值，以适应当时的形势发展需要。

1957 年底，毛泽东关于国家工作方面的 6 条指示由国家计划委员会传达，其中第 2 条指出：以一个大城市为经济中心，结合周围省市考虑通盘的协作规划，在此基础上逐渐形成经济区。计划全国形成六大经济区，东北地区以沈阳为中心；西北地区以西安、兰州为中心；华北地区以天津为中心；中南地区以武汉为中心；华南地区以广州为中心；西南地区以重庆为中心。

1958 年 1 月 3 日和 4 日，毛泽东在杭州主持召开华东四省一市党委第一书记会议。他在会上指出："全国搞几个经济协作的区域，有些省可以交叉。"①并要求各省在工作中相互支持，从全国大局出发。

建立经济协作区不但要发挥中央各部委和各省、市、自治区的积极性，还要发挥协作区的积极作用。对于如何发挥协作区的作用，党和政府进行了探索。

1958 年 2 月 6 日，中共中央作出《关于召开地区性的协作会议的决定》，正式将全国划分为七个协作地区，由有关省、市、自治区党委举行定期性的和不定期性的会议，促进各地的协作和交流。② 1958 年 3 月 9 日，毛泽东在成都会议讲话时强调指出，协作区会议要每两个月召开一次。

协作区成立后，由于采取会议的形式，尚不足以有效发挥协作区的作用。1958 年 5 月 17 日，第一机械工业部部长赵尔陆给毛泽东的建议信中提道：考虑在各协作区成立党的中央局，或中央分局，或别的组织形式；设置区域经济计划委员会作为中央局的办事机关；等等。赵尔陆认为成立协作区的办事机构，协调协作区的工作安排，可以更好地发挥协作区的功能。

在部分采纳赵尔陆建议的基础上，中共中央于 6 月 1 日作出《关于加强协作区工作的决定》，指出：(1) 成立协作区委员会作为各个协作区的领导机构；有关省、市、自治区党委第一书记和其他必要的人员构成协作区委员会的组成人员；(2) 协作区委员会的办事机构是经济计划办公厅，其要接受

---

① 中共中央文献研究室编：《毛泽东年谱（一九四九—一九七六）》第三卷，中央文献出版社 2013 年版，第 273 页。

② 中共中央文献研究室编：《建国以来重要文献选编》第十一册，中央文献出版社 2011 年版，第 135 页。

国家计委和国家经委的指导；(3)每个协作区指定一位省、市、自治区党委第一书记担任协作区委员会的主任委员。① 协作区委员会成立后，由于仅仅是个协调机构，发挥的作用仍然有限。

1958 年 9 月 24 日，《中共中央、国务院关于改进计划管理体制的规定》发布，对各协作区在计划工作方面的主要任务规定如下："组织本协作区内各省、自治区、直辖市采取积极措施，保证完成和超额完成国家计划，并在第二个五年计划期内根据具体情况建立本协作区比较完整的工业体系。""根据本协作区内各省、自治区、直辖市所编制的计划草案，进行综合平衡和必要的调整。""在保证完成国家各项调拨任务的条件下，在本协作区内的各省、自治区、直辖市之间，组织生产、建设、培训干部和其他方面的协作，以及进行物资、商品、劳动力、投资等方面的调剂工作。"②该规定明确了经济协作区的主要职责和任务。

1960 年 9 月，为加强中央的有效领导，中共中央决定重新设立 6 个中央局。1961 年初召开的党的八届九中全会对此予以批准并通过了相应的决议。决议指出：协作区的工作是有成效的。但由于协作区工作范围和权力都有限，已经难以适应形势发展的需要，中央决定成立华北、东北、华东、中南、西南、西北 6 个党的中央局，以加强对 6 个战略性地区的各项工作，特别是建立区域性的比较完整的经济体系工作的领导。至此，原来作为经济工作协商机构的协作区由具有实际权力的中央局取代。中央局成立后，进一步加强了对建立比较完整的区域性经济体系工作的领导。

---

① 中共中央文献研究室编：《建国以来重要文献选编》第十一册，中央文献出版社 2011 年版，第 297—302 页。

② 中共中央文献研究室编：《建国以来重要文献选编》第十一册，中央文献出版社 2011 年版，第 440 页。

经过不断探索，经济协作区取得了一定的成效。然而由于受当时资源紧张等客观条件影响，协作区一定程度上存在着自我封闭和经济产业结构趋同等问题。

第四节
安达特区的设立与三线建设

一、安达特区的设立

安达特区于 1964 年成立，是为了满足大庆油田会战需要而探索出的一种特殊领导体制。

石油是现代工业的血液。新中国成立初期，我国石油工业落后，勘探技术和地质理论等方面进步较慢，一度还被冠以“贫油国”的帽子。“一五”计划时期，石油是少数几个没有完成计划指标的工业品种之一，这对其他相关行业乃至国民经济的整体发展造成了很大的制约。

“二五”计划时期，我国把石油工业作为重点发展的行业，加大了国内石油资源勘探的力度。1959 年 9 月大庆油田被勘探发现，改变了我国石油工业缺油的尴尬局面，对全国人民来说都是很大的鼓舞。大庆油田在建设过程中采用新的组织方式，三年时间就初步建成。1963 年，大庆油田原油生产已经能够满足国内需要。同年底，新华社向世界宣告我国石油基本实现了自给。

1963 年底，大庆油田结束试验性开发，进入全面开发建设。但采取什么样的管理体制，党和政府一直在探索。1963 年 12 月 26 日，刘少奇在听取松辽油田（即大庆油田）的经验汇报时作了重要指示：“（工人）有干劲，有风格，搞得很好。但要注意适当休息，劳逸结合。工资制度，不要简单提不计报酬，工人可以讲不计报酬，领导上要讲按劳分配，不要又把按劳分配搞掉了。要长远打算，农副业生产、市政建设，要慢慢搞起来，将来搞个特区政府，搞一元化的统一领导。”①他还指出：我们是个大国，要考虑究竟怎么管理企业才能对国家有利；要从大局考虑，把个人主义、地方主义、行业主义撇开。这实际上提出了对经济管理采取新体制的考虑，也为处理中央与地方的关系开拓了新思路。

由于大庆油田的开发建设具有重大意义，党和政府特事特办，对大庆油田实行了灵活的管理体制。1964 年 3 月 31 日，经过一段时间的酝酿和准备后，石油部党组、黑龙江省委向国务院提交关于成立安达特区及所辖范围的报告。6 月 23 日，中共中央、国务院批准设立安达特区，撤销安达市。由于大庆石油会战涉及全国石油系统，而有关省、市、部、委可支配的资金有限，为了高速度、高水平拿下大庆油田，需要采取集中统一的领导体制。为此，中共中央、国务院决定，大会战期间的组织领导由石油部党组挂帅，亲临前线，统一指挥。11 月 19 日，《关于安达特区机构设置的通知》由黑龙江省委、省人委发出。

1965 年 1 月 1 日，经国务院批准，安达特区正式成立。特区实行“政企合一”的管理体制，会战工委与特区工委、会战指挥部与特区政府合一，特区政府在领导企业的同时，又行使政府的其他社会职能，政府工作中有关企业的工作以石油工业部领导为主。中央部门和地方在开发建设大庆油田工作中的职责和作用等问题得到初步解决，这为各项工作的顺利展

① 中共中央文献研究室编：《刘少奇年谱（一八九八—一九六九）》下卷，中央文献出版社 1996 年版，第 586 页。

开提供了有利条件。

安达特区实行的"政企合一"的领导体制加强了政企工作的集中统一领导,有利于矿区市政建设的统一规划和管理,工人生活也得到了统一规划和安排,同时精简了机构和人员,提高了工作效率。在大庆石油会战的特殊环境和历史条件下,这种体制是一种企业领导与地方行政领导合二为一的领导体制,是党在处理中央与地方关系方面的重要创造,对大庆油田的开发和建设发挥了积极作用。安达特区在20世纪60年代至70年代基本实行这种领导体制。

二、三线建设

20世纪60年代,我国周边环境严峻复杂,依据对当时国际环境的判断,我国加大了对工业布局的调整,以适应备战的要求。1964年6月,毛泽东在中央工作会议上听取"三五"计划相关问题汇报时指出,只要帝国主义存在,就有战争的危险。要搞三线工业基地的建设,一、二线也要搞点军事工业。

1964年10月19日,中共中央政治局常委召开会议听取计划工作革命问题和1965年计划安排问题汇报。在汇报到三线建设时毛泽东指出:"总而言之,向云贵川、陕甘宁挤,还有个湘西、鄂西、豫西。搞攀枝花、酒泉、长阳三个基地。酒泉钢铁基地的规模不要太大了,一百多万吨够了。铁矿多,可以拉出来另建。"①当汇报到"三五"计划集中建设三线,可能要减少农业投资、增加工业交通的投资时,毛泽东表示认可。

1964年下半年,三线建设开始拉开序幕。到1965年,新建和扩建、续建的大中型项目,在西南、西北三线部署的达300余项,第一批由一线迁入三

① 中共中央文献研究室编:《毛泽东年谱(一九四九—一九七六)》第五卷,中央文献出版社2013年版,第420页。

线的工厂就有 49 个。在西南三线地区规划布局了以重庆为中心的常规兵器工业基地、以成都为中心的航空工业基地、以长江上游重庆至万县为中心的造船工业基地等，在西北三线地区规划布局了航天工业、航空工业、常规兵器、电子和光学仪器等工业基地。

与此同时，对三线建设的投资也是巨大的。国民经济调整时期一度削减的基本建设投资开始增加，基本建设支出占财政支出中的比重由 1962 年的 18.2% 回升到 1964 年的 31% 和 1965 年的 34%。[①] 国家的经济建设费占财政支出的比例也从 1962 年的 50% 上升到 1965 年的 54.5%。1965 年的基本建设总投资约为 133.9 亿元，其中三线建设投资达 42 亿元，约占三分之一；初步安排的 690 个大中型项目中，三线大中型项目有 187 个。[②]

三线建设对中央与地方的财政分权也产生了一定影响。由于经济调整过程中，国家把主要的经济管理权收归中央，因此经济建设的支出很大一部分由中央承担。在 1965 年 133.9 亿元的基本建设总投资中，中央投资为 89.7 亿元，地方投资为 44.29 亿元。

这个时期，各省的小三线建设也开展起来。对于地方小三线的建设，毛泽东也很重视。1965 年，他在同各大区第一书记的谈话中指出："要备战，各省要把小三线建设好。不要怕敌人不来，不要怕兵变，不要怕造反。"[③]毛泽东和中共中央抓住战备的契机，要求各省根据条件建设自己的小三线。由于当时大小三线建设事关备战反修等重大战略问题，这进一步促使了三线建设的投资增加，速度加快。据统计，"三五"时期内地建设投资总额为

---

① 中华人民共和国财政部综合计划司编：《中国财政统计（1950—1985）》，中国财政经济出版社 1987 年版，第 152 页。

② 陈东林：《三线建设：备战时期的西部开发》，中共中央党校出版社 2003 年版，第 58 页。

③ 陈夕主编：《中国共产党与三线建设》，中共党史出版社 2014 年版，第 402 页。

611.15 亿元，占全国基本建设投资总额的 66.8%。其中，三线地区的投资为 482.43 亿元，占全国基本建设投资总额的 52.7%。① 1966 年计划施工的 846 个大中型项目，三线地区占 48.2%。1964 年至 1971 年，全国共有 380 个项目、14.5 万人、3.8 万台设备从沿海迁到三线地区。②

中央对三线建设进行了坚实有力的组织领导。1965 年 3 月 29 日，中央决定成立西南三线建设总指挥部，李井泉任总指挥。不久，又成立西北三线总指挥部，刘澜涛任总指挥。4 月，中央再次成立国家建设委员会，谷牧任主任，主要任务之一是抓好西南、西北的三线建设和一、二线的重点项目。这一时期，攀枝花工业基地作为重点建设企业，也建立了类似于安达特区性质的攀枝花特区，加强集中领导。

大量人力、资金等要素迅速向三线聚集，促进了三线地区建设的快速发展。1964 年至 1980 年，国家在三线地区进行了 2000 多亿元的投资，这在当时是一笔巨大的支出，占同期全国基本建设投资的 40% 多，数以百万计的工人、干部、知识分子、解放军官兵等，经过长达 17 年的艰苦奋斗，先后建成 2000 多个大中型骨干企业、科研机构和大中专院校等单位，初步建成了 30 多座新兴工业城市和 40 多个大型科研基地，在三线地区初步建成了军工为主、门类相对齐全的产业体系。

由于受到当时一些观念的影响，三线建设过程中也存在追求大而全、小而全，建设安排要求过高过急等不足，但其在特定历史时期所取得的成就是伟大的。三线建设形成了以钢铁工业、国防工业、原材料工业以及一些重要

---

① 中共中央党校理论研究室编：《历史的丰碑：中华人民共和国国史全鉴（经济卷）》5，中共中央文献出版社 2004 年版，第 798 页。

② 中共中央党校理论研究室编：《历史的丰碑：中华人民共和国国史全鉴（经济卷）》5，中共中央文献出版社 2004 年版，第 797 页。

科研项目等为中心的战略后方基地，加大了中国的国防纵深，增强了国家应对复杂局面的能力。另外，大规模的基本建设和人力迁移也在一定程度上改善了经济布局，对于改变中国内地基础设施落后、交通不便、基础工业薄弱以及资源没有得到充分开发利用等状况有很大帮助。三线建设期间，建成了一大批工业城市，如攀枝花、六盘水、十堰、金昌等，这些城市过去属于非常落后的边远区域，经过三线建设，大都成为著名的新兴工业城市。通过三线建设，三线地区的煤炭产量从1964年的8367万吨增加到1975年的2亿多吨，年发电量从1964年的149亿度增加到1975年的635亿度。攀枝花钢铁公司、重庆钢铁公司、重庆特殊钢厂、长城钢铁厂、成都无缝钢管厂都是这一时期建设的重点钢铁企业，四川西昌则成为重要的航空科研基地。西北三线建设也建成了一批大的工业项目。通过三线建设，开通了铁路，改善了基础设施，缩小了沿海与内地社会经济发展水平的差距，这为后来国家实施西部大开发等战略奠定了坚实的基础。

作为三线建设重要当事人之一的谷牧在其回忆录中指出，三线建设"在三线地区建成了门类比较齐全的工业项目，逐步形成一批新的工业基地。包括以电工器材、棉纺为主体的陕西关中工业区，以有色金属、石油化工、大型水电站为主体的甘肃兰州工业区，以重型机械、电子为主体的四川成渝工业区，以攀钢为主体的攀西工业区，以六盘水煤矿为代表的西南、西北几个大能源基地。成昆等五条铁路干线的建成通车，使西南交通闭塞的状况为之一变。同时形成了以交通、能源、基础工业为依托，各具特色的几个国防工业大基地"①。他对三线建设的历史成就和重大作用给予了充分肯定，指出三线建设"显著改善了我国生产力布局，促进了三线各省、区经济的发展，

① 谷牧：《谷牧回忆录》，中央文献出版社2009年版，第206页。

为我国工业化发展和今天的西部大开发打下了扎实的基础”①。

李先念参加了三线建设及之后的调整改造全过程。1983 年 12 月，李先念在给中央领导人的信中，肯定了三线建设的意义，指出三线建设调整了我国不合理的工业布局，促进了内地经济的发展，同时还积累了比较雄厚的物质基础。1984 年 11 月，他又指出：“当时建设三线的气魄很大，速度很快，确实振奋人心。三线建设，从战争的观点看是必要的，从改变我国工业布局不合理的状况看也是应该的。”②

20 世纪 70 年代前期，随着国际形势的缓和，三线建设基本上不再进行项目的扩张，而把建设重点放在搞好续建和配套工程方面。1975 年，邓小平根据国内外发展形势，对三线建设的部署进行了积极调整，强调三线建设对所在地方的发展应该作出贡献。他说：“许多三线的工厂，分散在农村，也应当帮助附近的社队搞好农业生产。一个大厂就可以带动周围一片。”③改革开放后，国家把发展的重心放在了沿海地区，三线建设基本上宣告结束。

---

① 谷牧：《谷牧回忆录》，中央文献出版社 2009 年版，第 206 页。

② 《李先念传》编写组编：《建国以来李先念文稿》第四册，中央文献出版社 2011 年版，第 255 页。

③ 邓小平：《邓小平文选》第二卷，人民出版社 1994 年版，第 28 页。

第五节

促进民族区域自治地区加快发展

一、我国的民族区域自治制度

我国是一个大国，不但面积大、人口多，而且民族构成也比较复杂。我国共有 56 个民族，除了汉族之外还有 55 个少数民族。少数民族数量较多，信仰和文化富有多样性，各民族之间经济文化发展水平差别明显，各民族的主要分布地区也呈现出很大的差异性。处理好民族关系对中国的发展至关重要。

新中国成立以后，党和政府高度重视少数民族地区发展，实行各民族平等的政策，在处理民族关系的实践中采用了民族区域自治制度。

民族区域自治制度是在国家统一领导下，各少数民族聚居的地方实行区域自治，设立自治机关、行使自治权的制度。民族区域自治是充分考虑了中国的特点和参照国外的经验而设立的一种制度。多年来的实践表明，这项制度既保证了中央政府的统一领导，又照顾到了少数民族地区经济文化发展的特点和需要，对于维护多民族国家的统一、实现各民族之间的团结、调动各少数民族积极参加社会主义建设、促进国家的繁荣稳定等发挥了重要作用。

中国共产党是在长期的革命战争和社会主义建设实践中逐步提出符合中国国情的民族区域自治制度的。1947 年 5 月 1 日，党领导建立了我国第一个省一级的民族自治区——内蒙古自治区，为以后在其他少数民族地区实行民族区域自治指明了方向、积累了宝贵的经验。1949 年新中国成立前夕制定的《中国人民政治协商会议共同纲领》明确规定：各少数民族聚居的地区，实行民族区域自治，按照民族聚居的人口多少和区域大小，分别建立各种民族自治机关。1952年，中央人民政府颁布了《中华人民共和国民族区域自治实施纲要》。1954年召开的第一届全国人民代表大会把民族区域自治制度写入了《中华人民共和国宪法》。此后，新疆维吾尔自治区（1955年10月成立）、广西壮族自治区（1958年3月成立）、宁夏回族自治区（1958年10月成立）、西藏自治区（1965年9月成立）相继成立。

党和政府历来对民族问题都极为重视，对民族问题有着极为深刻的思考。1950年1月1日，刘少奇起草关于处理藏民部落等少数民族事务问题给西北局、西南局的指示，提出："少数民族事务必须细心地注意处理，处理的原则应该是向各少数民族极力表示好感，多和他们发生关系，不侵害并保护他们的利益，……帮助他们，训练他们的干部。待他们的干部成熟，情况了解，群众中有了准备，才能谈得上他们内部制度的改革。"[①]这是新中国成立后党和政府处理少数民族问题的较早的指示。

1950年4月28日，周恩来在讨论西北少数民族工作的政务会议上发言指出："不能忽视少数民族工作。""经济上替他们解决困难，政治上要给予区域自治权。""要尊重人家的风俗习惯。""对少数民族地区的改革，要稳步前进，不能急躁。"[②]6月26日，周恩来在讨论西北地区民族工作的政务会议上又指出：按《中国人民政治协商会议共同纲领》规定的民族政策去做，各民族必定能够日益团结，必定会有美好的前景；要让少数民族同胞在贸易方面

---

① 中共中央文献研究室编：《刘少奇年谱（一八九八—一九六九）》下卷，中央文献出版社1996年版，第237页。

② 中共中央文献研究室编：《周恩来年谱（1949～1976）》上卷，中央文献出版社2007年版，第36—37页。

多得一些利益；少数民族地区基本建设和轻工业工厂开办应该多搞些，关于涉及民族重要问题的事情应请示大行政区或者中央。

1957 年 2 月 27 日，毛泽东在最高国务会议第十一次（扩大）会议上针对少数民族问题指出："我国少数民族有三千多万人，虽然只占全国总人口的百分之六，但是居住地区广大，约占全国总面积的百分之五十至六十。所以汉族和少数民族的关系一定要搞好。这个问题的关键是克服大汉族主义。"①

1957 年 8 月 4 日，周恩来在全国人民代表大会民族委员会召开的民族座谈会上作《关于我国民族政策的几个问题》的报告，其中指出："实行民族区域自治，是我们解放以后在民族问题上的一个根本性的政策。""在中国适宜于实行民族区域自治，而不宜于建立也无法建立民族共和国。""我们采取的是适合我国情况的有利于民族合作的民族区域自治制度。我们不去强调民族分立，否则，帝国主义就正好来利用。"②

1959 年 12 月 19 日，毛泽东等人继续读《政治经济学教科书》第二十三章《社会主义国民经济体系的建立》，在读到"各民族经济不平等的消灭"这一节后，毛泽东说："苏联的少数民族人口，占全国人口的一半，他们实行加盟共和国、自治共和国的办法。我们这里少数民族人口占百分之六，实行民族区域自治的办法。有些人想援引苏联的办法，在中国成立加盟共和国或自治共和国，这是不对的。"③

由于党和政府在民族区域自治问题上坚持正确的政策和工作方法，充

---

① 中共中央文献研究室编：《毛泽东文集》第七集，人民出版社 1999 年版，第 227 页。

② 中共中央文献研究室编：《周恩来年谱（1949～1976）》中卷，中央文献出版社 2007 年版，第 66 页。

③ 中共中央文献研究室编：《毛泽东年谱（1949—1976）》第四卷，中央文献出版社 2013 年版，第 268 页。

分照顾到各民族的利益,各民族自治地区得到较快发展,这反映出中国的民族区域自治政策是成功的。

二、民族自治地区的社会经济发展

新中国成立以后对民族自治地区社会经济发展给予了高度重视,党和政府对如何加快民族自治地区的社会经济发展进行了深刻的思考。1956年,毛泽东在《论十大关系》一文中对汉族和少数民族的关系作了专门论述,他指出:"我们说中国地大物博,人口众多,实际上是汉族'人口众多',少数民族'地大物博',至少地下资源很可能是少数民族'物博'。"①"在少数民族地区,经济管理体制和财政体制,究竟怎样才适合,要好好研究一下。""我们要诚心诚意地积极帮助少数民族发展经济建设和文化建设。"②

1956年9月,刘少奇在党的八大的政治报告中指出:"各少数民族要发展成为现代民族,除进行社会改革以外,根本的关键是要在他们的地区发展现代工业。国家在第一个五年计划期间,已经在一些少数民族地区,建立了一些新的工业基地,举办了一些大型的现代工业和运输业,在第二个五年计划期间还将继续这样做。这是全国各民族人民的共同利益和根本利益。"③

1963年9月,毛泽东在关于新疆问题的谈话中指出:"(新疆工作)第一是做好经济工作。农业、畜牧业、工业要一年比一年发展,经济要一年比一年繁荣,人民生活要一年比一年改善。发展社会主义事业要有积累,但不要过多,粮食要征购,但不能过重,要减轻人民的负担。对新疆各族人民的物资供应,布、茶、糖和其他日用品,要比其他地区充分一点。""新疆人民生活

---

① 中共中央文献研究室编:《毛泽东文集》第七卷,人民出版社1999年版,第33页。
② 中共中央文献研究室编:《毛泽东文集》第七卷,人民出版社1999年版,第34页。
③ 中共中央文献研究室编:《建国以来重要文献选编》第九册,中央文献出版社2011年版,第78页。

的改善，不仅要比国民党时期好，而且要比现在的苏联好。”①

新中国成立后，国家采取了各种政策促进民族自治地区的社会经济发展。例如，在财政政策方面通过一般性财政转移支付、专项财政转移支付、民族优惠政策财政转移支付以及其他方式，增加对民族自治地方的资金投入，促进民族自治地方经济发展和社会进步，逐步缩小其与发达地区的差距。从1955年起，我国政府就设立“民族地区补助费”，1964年设立“民族地区机动金”等专项资金，并采取提高少数民族地区财政预备费的设置比例等优惠政策，帮助民族自治地区发展经济和提高人民生活水平。

中国共产党的民族政策对民族自治地区的社会经济发展给予了必要的支持和照顾，赋予了民族自治地区一定的财经管理权限，推动了民族自治地区社会经济和民族团结进步事业的发展。

小 结

我国是一个地域广大、人口众多、发展不平衡的多民族大国，各地的资源禀赋和发展程度差别很大，区域经济布局对中国式现代化发展有着重要意义。同时由于新中国面临着复杂严峻的国际环境，区域经济发展还具有重要的国防意义。

新中国成立后，党和政府高度重视区域经济发展。这一时期我国区域经济发展和布局是以社会主义和资本主义两大阵营竞争和对抗为背景、围绕优先发展重工业战略实施的，同时也对各地的资源禀赋进行了综合考虑，

① 中共中央文献研究室编：《毛泽东年谱（一九四九—一九七六）》第五卷，中央文献出版社2013年版，第265页。

具有鲜明的时代特点。党和政府根据社会经济发展的总体规划和部署，统筹各地资源优势和国家发展战略，先后提出了让东北先行一步的重点区域发展、民族区域自治地区发展、沿海与内地统筹发展、三线建设等区域发展规划和战略，走出了中国特色的区域协调发展道路。这个时期国家经济布局总的原则是靠近原料产地和交通线，统筹备战工作和区域的综合协调等，兼顾了区域经济发展和国防建设。

总体上看，这一时期我国实施的区域发展战略是成功的，促进了经济发展，保障了国家安全，同时也为中国式现代化开辟了新的空间，初步改变了中国式现代化的空间布局。然而，由于受环境和历史条件影响，当时的产业结构以重工业发展为主，经济布局与战备相关性较大，因而存在产业结构发展失衡、农业和轻工业等发展相对滞后等不足。

第八章 社会主义革命和建设时期经济发展经验研究

第一节 社会主义革命和建设时期经济发展成就

社会主义革命和建设时期的经济发展，深刻改变了中国的经济面貌，中国的经济结构层次和产业结构层次得到很大的提升，人民的生活也发生了深刻的变化。

一、人类发展指数大幅提高

联合国开发计划署在《1990 年人文发展报告》中提出以预期寿命、教育水平和生活质量三项基础变量为基础的人类发展指数（HDI）指标。预期寿命、教育水平和生活质量三个基础变量分别反映了人的寿命长短、受教育水平和生活水准。据统计，1950 年中国人类发展指数为 0.225，这是非常低的水平。

新中国成立时，中国有着世界最多的贫困人口，城镇化水平在 10% 左右，城市居民人均可支配收入不足 100 元，而农村居民人均纯收入为 44 元。

经过30年的艰苦奋斗和不懈努力,1980年中国的人类发展指数提高到0.456,与1950年相比显著提高。

(一)教育水平方面

对于新中国成立以前的教育状况,1960年10月22日,毛泽东在北京会见斯诺时指出:"中国过去半殖民地、半封建社会的情况实在难以忍受,自己没有工业,粮食不够,百分之七十的人都是很穷的,百分之八十的人是文盲。"①

旧中国的教育事业十分落后,学校数量少,而且布局也不合理,农村、内地,特别是边远地区和少数民族地区学校分布很少。正规的学制教育较少,学龄儿童入学率只有20%左右,全国各级各类学校在校学生只占全国人口的5%左右。高等教育也没有得到发展,高等学校毕业生仅有21.08万人。国民平均受教育年限只有1年,大大低于美国8.38年的水平;具有大学以上文化程度的人口累计18.5万人,只占全国5.4亿人的0.034%,这就是当时文盲充斥、人才匮乏的中国。对这种现象,毛泽东称之为"一穷二白","白"就是文化水平、科学水平都不高。

据统计,1949年平均每万人口中,小学生仅有50人,中学生为23人,大学生为2.2人。

新中国成立后,党和政府对教育工作非常重视,通过各种方式提高人民的文化知识水平。1952年,全国各级各类学校合计53.3万所,其中高等学校201所、中等学校6059所。到1978年,各类各级学校111.5万所,其中高

① 中共中央文献研究室编:《毛泽东年谱(一九四九—一九七六)》第四卷,中央文献出版社2013年版,第466页。

等学校 598 所、中等学校 165105 所。①

1949 年全国小学在校生人数为 2439.1 万人，到 1978 年这一数字则达到 14624 万人。② 小学净入学率从 1949 年的 20% 上升到 1978 年的 94%，而且男女平等受教育的目标基本实现。

从 1949 年到 1978 年，我国的初中在校生从 95 万人增长到 4995 万人，1978 年的在校生数量是 1949 年的 52.6 倍；初中教育的毛入学率从 3.1% 提升到 66.4%，1978 年的初中教育毛入学率是 1949 年的 21.6 倍。

这一时期，我国的高中在校生从 32 万人增长到 1885 万人，1978 年的在校生数量是 1949 年的 58.9 倍；高中教育的毛入学率从 1.1% 提升到 35.1%，1978 年的高中教育毛入学率是 1949 年的 31.9 倍。③ 成人文盲率从 1949 年的 80% 下降到 1978 年的 19.5%。

（二）医疗卫生和人民健康方面

旧中国城乡医疗卫生条件极差，多种流行性与地方性疾病猖獗，人民的生活与生存条件非常恶劣，人民群众缺医少药的现象非常普遍。新中国成立前夕，全国平均每千人仅有病床 0.15 张，每万人所拥有的各类卫生机构人员数为 54.1 人；全国各类卫生机构数合计 3670 所，主要为教会医院、军队医院和防疫所，提供服务的能力非常有限；人均预期寿命仅 35 岁，婴儿死亡率和孕产妇死亡率分别高达 20% 和 1.5%。

新中国成立后，党和政府高度重视医疗卫生事业，广泛设立医疗机构和培养医护人员，迅速建立起了覆盖全国总人口绝大多数的大医疗保障制度，

---

① 国家统计局国民经济综合统计司编：《新中国五十年统计资料汇编》，中国统计出版社 1999 年版，第 75 页。

② 国家统计局国民经济综合统计司编：《新中国五十年统计资料汇编》，中国统计出版社 1999 年版，第 82 页。

③ 《2018 年全国教育事业发展统计公报》，中华人民共和国教育部网站，2019 年 7 月 24 日。

广大农村地区缺医少药的局面很快得以改变，全体人民获得基本的医疗卫生服务保障。

到1978年，我国初步形成了遍布城乡的医疗卫生防护网络，各类卫生机构数达到169732所①，每万人所拥有的各类卫生机构人员数提高到310.6人。流行病和传染病防护体系初步建立，许多疾病得到了有效的控制，有的已基本灭绝，旧社会比较猖獗的鼠疫、霍乱、天花、回归热、黑热病等传染病已经被消灭，一些突发的和不明原因的疾病得到有效控制，过去一些致死率很高的传染病的发病率和死亡率也都显著下降。婴儿死亡率大大降低，1978年下降到4.1%；人均预期寿命显著提高，1981年为66.52岁。

（三）广大人民的基本生活得到保障

新中国成立后，通过土地改革，广大农民获得了土地等基本生产资料，在土地改革的基础上，新中国又通过集体化、合作化，引导农民走上了社会主义道路。在社会主义制度下，中国老百姓缺衣少食的生存状况得以改变。除了极个别的年份，人民的吃穿问题在低水平的基础上得到了解决。城市全民所有制企业职工的平均工资，从1952年的515元增加到1978年的683元，涨幅32.6%。全国居民消费指数以1952年为100，则1978年为178.4，其中城市居民为217.3，农村居民为157.6。② 国家还建立了涵盖范围很广的劳保福利制度，人民基本的生产生活得到保障。

人民的文化生活方面也有很大提高。全国艺术文化机构大幅增加，艺术表演团体从1949年的1000个增加到1978年的3150个，公共图书馆从

---

① 国家统计局国民经济综合统计司编：《新中国五十年统计资料汇编》，中国统计出版社1999年版，第107页。

② 国家统计局国民经济综合统计司编：《新中国五十年统计资料汇编》，中国统计出版社1999年版，第23页。

1949 年的 55 个增加到 1978 年的 1218 个，博物馆从 1949 年的 21 个增加到 1978 年的 349 个。①

二、社会经济发展方面取得的成就

（一）工业体系建设取得重大成就

我国工业化从 19 世纪 60 年代清政府兴办洋务运动开始算起，到 1949 年新中国成立，近一个世纪的时间里工业化进程非常缓慢。1956 年 3 月，陈云在一次讲话中指出："我国一百多年以来受帝国主义欺侮，清朝、北洋军阀、蒋介石都没有进行什么建设。"②

新中国成立时，我国机器制造业几乎是空白，一些重要工业品的产量在世界上居于落后状态。1949 年前，主要工业品最高年产量分别为：纱 44.5 万吨，布 27.9 万吨，钢 92.3 万吨，原煤 6188 万吨，原油 32 万吨，发电量 60 亿千瓦小时。由于长期受战争破坏的影响，1949 年时，主要工业品年产量分别为：钢 15.8 万吨，原油 12 万吨，原煤 3200 万吨，发电量 43 亿千瓦小时，水泥 66 万吨。1949 年，主要工业产品产量大都与历史上最高年产量相差甚远。

毛泽东在党的七届二中全会上谈到中国经济发展现状时指出："中国已经有大约百分之十左右的现代性的工业经济，这是进步的。""中国还有大约百分之九十左右的分散的个体的农业经济和手工业经济，这是落后的，这是和古代没有多大区别的。"③

新中国成立后，经过三年经济恢复时期，第一个五年计划建设开启，我

① 国家统计局国民经济综合统计司编：《新中国五十年统计资料汇编》，中国统计出版社 1999 年版，第 104 页。

② 中共中央文献研究室编：《陈云年谱（修订本）》中卷，中央文献出版社 2015 年版，第 437 页。

③ 毛泽东：《毛泽东选集》第四卷，人民出版社 1991 年版，第 1430 页。

国选择了优先发展重工业的战略。经过近30年的建设,中国基本上建成了独立的比较完整的工业体系和国民经济体系。工业门类比较齐全,国民经济结构发生重大变化,基本上实现了由农业国到工业国的转变。从结构来看,工业总产值从1949年的140亿元增长到1978年的4067亿元,增长了28倍,工业总产值占工农业总产值的72.2%。1952年工业总产值中轻工业占比64.5%,重工业占比35.5%;1978年轻工业占比43.7%,重工业占比56.3%。工业经济效益得到提升,1978年与1949年相比工业净产值增长30倍,1978年与1957年相比企业职工每天创造的工业净产值增长4.6倍。

在工业发展的同时,我国就业规模迅速扩大,就业结构也明显改善。1952年,我国从业人员为20729万人,在第一产业、第二产业、第三产业就业的比例为83.5∶7.4∶9.1;1978年从业人员上升为40152万人,在第一产业、第二产业、第三产业就业的比例变化为70.5∶17.3∶12.2。

新中国在工业化建设过程中,还非常注意工业布局的改善。从第一个五年计划开始,将大量项目安排在内地,在内地建成了一批机械工业、电子工业、钢铁企业和军工企业等。20世纪60年代中期开始的三线建设,也将建设的重点放在了西南和西北,在西南和西北地区建成了数个工业中心。

1980年2月10日,李先念在中央召集的干部会议上的讲话指出:“应当看到,经过三十年的努力,我们已经建立了相当的物质技术基础。现在,全国已经有38万个工业交通企业,国民经济各部门共拥有4400多亿元的固定资产。我们要坚持自力更生的方针,发展生产,提高劳动生产率,实现四个现代化,必须依靠这个基础,利用这个基础,充分发挥这个基础的作用。”①

（二）工业生产能力不断增强

新中国成立时，有5亿多人口，人口数量世界第一，但是经济却很落后，人均国民收入在世界排在后列；现代工业所占比重很低，重工业尤其落后，经济基础非常薄弱；工业装备技术落后，产业布局很不合理；经济问题千疮百孔，财富积累少，人民生活贫困，恶性通货膨胀频发，失业人口大量增加；工业生产能力低下，同世界工业强国美国相比，我国工业化仅处于初始阶段，人均工业品占有量以煤炭为例，仅为美国的四十分之一左右，钢产量的比例更低；近代工业产值仅占工农业总产值的12.3%，而其中生产资料的生产比重又仅占5.5%。可以说，新中国成立时经济方面接手的是一个烂摊子。正如李先念所指出的：“中华人民共和国成立以前，旧中国是一个半殖民地、半封建的国家，贫穷落后，举世闻名。新中国成立时我们接收了国民党留下的烂摊子。我们就是在这样一个基础上建设社会主义的。”②

经过三年的经济恢复，到1952年，世界人均工业产品产量为：钢82公斤，煤炭724公斤，原油742公斤，发电量448千瓦小时。而同期我国人均产量仅为：钢2公斤，煤炭115公斤，原油0.8公斤，发电量13千瓦小时。③我国仍处于十分落后的状况。

从1952年至1978年期间，我国经济经过20多年的发展，主要工业品产量实现了快速发展。钢铁作为工业化发展的基础，1952年时，产量最高的鞍钢年产量只有78.9万吨，年产量超过100万吨的钢铁企业还没有。到

---

① 李先念：《李先念论财政金融贸易（一九五〇——一九九一年）》下卷，中国财政经济出版社1992年版，第540页。

② 李先念：《李先念论财政金融贸易（一九五〇——一九九一）》下卷，中国财政经济出版社1992年版，第571页。

③ 国家统计局编：《奋进的四十年》，中国统计出版社1989年版，第470页。

了 1978 年,鞍钢、武钢、首钢等 3 家钢铁企业钢的年产量均超过 100 万吨,其中产量最大的鞍钢年产钢 686 万吨。

这一时期,国防领域也实现了重大突破,其中突出的成就是“两弹一星”的研制成功。1964 年 10 月 16 日,中国第一颗原子弹成功爆炸。1967 年 6 月 17 日,中国第一颗氢弹爆炸成功。1970 年 4 月 24 日,中国第一颗人造卫星成功发射。对于“两弹一星”的重大成就,邓小平指出:“如果六十年代以来中国没有原子弹、氢弹,没有发射卫星,中国就不能叫有重要影响的大国,就没有现在这样的国际地位。”①二十世纪六七十年代,我国的国际地位迅速攀升,形成中、美、苏三足鼎立的局面。李先念曾经指出:“如果没有确立社会主义经济制度,没有打下相当强大的工业基础和一定水平的科学技术基础,中国的核武器和很多重要工业设备是生产不出来的,经济发展更缺乏基本条件。不讲够过去党和人民创造的成果,就不是历史唯物主义。”②

(三)农业发展水平不断提高

作为人口大国,农业建设对于我国的发展具有根本性的意义。新中国刚成立时,农业机械化水平极低。新中国对农业发展高度重视,农业机械化水平不断提高,农业生产条件明显改善。从 1952 年至 1978 年,农业机械总动力由 25 万马力增至 15975 万马力;机械耕种面积由 13.6 万公顷增至 4067 万公顷;农村小型水电站由 98 个增至 82387 个。全国乡村办水电站装机容量 1952 年为 0.8 万千瓦,1978 年增加到 228.4 万千瓦。农村用电量 1952 年只有 0.5 亿千瓦时,到 1978 年增加到 253.1 亿千瓦时。

---

① 邓小平:《邓小平文选》第三卷,人民出版社 1993 年版,第 279 页。

② 李先念:《李先念论财政金融贸易(一九五〇——九九一)》下卷,中国财政经济出版社 1992 年版,第 569 页。

农业有效灌溉面积由1952年的19959千公顷增加到1978年的44965千公顷。① 全国化肥施用量(折纯量)由1952年的7.8万吨增加到1978年的884万吨。②

农田基本建设是农业发展的一个重要前提,新中国非常重视农田基本建设。1979年7月,李先念在全国农田基本建设会议上讲话指出:“经过解放后三十年的努力,我们在治理大江大河、兴建水库、修渠打井、平整土地、修筑梯田等方面,付出了巨大的努力,取得了很大的成绩。”③

这一时期,粮食产量也稳步提高,粮食生产不断迈上新台阶,由供给全面短缺转变为供求总量基本平衡。1949年,我国粮食产量仅为2263.6亿斤,1962年稳定在3000亿斤以上,1978年改革开放之初超过6000亿斤。第一产业增加值占国内生产总值的比重由1952年的50.5%降到1978年的28.2%,支农支出占国家财政支出的比重由1952年的5.3%增加到1978年的13.4%。④ 农村居民人均纯收入由1952年的57元增长到1978年的133.6元。⑤ 全国粮食人均占有量由1952年的288.12公斤增长到1978年的318.74公斤。农业在改革开放前除基本满足人们的消费外,还为国家的工业化提供了大量资金。

1978年7月,李先念指出:“新中国成立二十八年来,我们胜利地完成了农业所有制方面的社会主义改造,发展了农村生产力,全国粮食产量增长

---

① 中华人民共和国农业部编:《新中国农业60年统计资料》,中国农业出版社2009年版,第7页。

② 中华人民共和国农业部编:《新中国农业60年统计资料》,中国农业出版社2009年版,第8页。

③ 李先念:《李先念文选(一九三五—一九八八年)》,人民出版社1989年版,第380页。

④ 中华人民共和国农业部编:《新中国农业60年统计资料》,中国农业出版社2009年版,第3页。

⑤ 中华人民共和国农业部编:《新中国农业60年统计资料》,中国农业出版社2009年版,第13页。

了一倍半，以不到世界7%的耕地，养活了超过世界五分之一的人口，这是一个了不起的成就。”①

第二节
社会主义革命和建设时期经济工作评价

社会主义革命和建设时期是中国式现代化形成和发展的一个非常重要的阶段，这个时期我国在经过三年经济恢复后开始了大规模的建设。经过多方面的权衡，我国工业化发展选择了优先发展重工业的战略。在复杂的国内外环境下，在“一穷二白”的基础上，经过长期艰苦奋斗，我国工业化建设和经济发展取得了巨大的成绩，初步建立了一个独立的比较完整的工业体系和国民经济体系，改变了我国的经济结构和经济布局，也改变了我国在世界上的地位，我国外交工作取得了重大突破。人民生活在低水平基础上有了基本的保障，我国人民的受教育水平、医疗健康水平和人均寿命等方面取得了长足的进展。

社会主义革命和建设时期经济工作在取得伟大成就的同时，也出现了一些严重失误。在如何看待这个时期的经济工作方面，党和政府坚持历史唯物主义态度，肯定成绩，总结不足，汲取历史的经验教训，为更好地发展我国经济提供动力。

一、社会主义革命和建设时期经济发展方面存在的不足

这个时期的经济发展在总体上取得伟大成就的同时，也经历了一些曲

① 李先念：《李先念论财政金融贸易（一九五〇—一九九一）》下卷，中国财政经济出版社1992年版，第355页。

折，存在一些不足。导致这些曲折和不足的原因主要是经济建设经验不足、国内外环境复杂、工作指导思想中存在着急躁冒进等因素。这一时期经济工作中存在的不足主要有以下几点。

（一）经济体制方面的问题

我国自“一五”计划开始，经历了社会主义改造，逐步确立了社会主义计划经济体制。在经济落后、资源有限等条件下，这种体制在集中力量干大事、确保国家发展战略实施等方面发挥了重要作用。但随着经济的发展、经济主体的大量增加、经济联系的日益复杂，计划经济的弊端就逐渐显露出来。在具体工作中，计划经济的主体之间、主体与客体之间，乃至客体之间都存在着大量的矛盾，这使得计划经济在资源配置方面出现了低效的情况。其间党和政府虽然对经济体制进行了多次改革，但由于没有触动计划经济本身，因而改革没有发挥应有的作用。

对此，1978 年 9 月，李先念在国务院务虚会上讲话指出：“过去二十多年中，我们已经不止一次改革经济体制，并取得了许多成效。但是在企业管理体制方面，往往从行政权力的转移着眼多，往往在放了收、收了放的老套中循环，因而难以符合经济发展的要求。”①对计划经济体制进行根本性改革成为历史的必然。

（二）产业结构存在的问题

产业结构优化是经济发展的重要内容。我国从“一五”计划开始实行了优先发展重工业的战略，这种发展战略使中国重工业发展很快，取得重大成就，但也导致了我国产业结构的非均衡发展，使得与人民生活密切相关的农

---

① 李先念：《李先念论财政金融贸易（一九五〇—一九九一）》下卷，中国财政经济出版社 1992 年版，第 376 页。

业和轻工业发展缓慢,人民生活水平没有得到明显提高。

1979 年 4 月,李先念在中央工作会议上对我国的产业结构问题进行了分析,指出基本建设投资在工业方面的比例在“一五”计划时期是不合理的,当时重工业占 46.5%,轻工业仅占 5.9%。毛泽东在 1956 年曾提出要多发展一些轻工业,提高轻工业的投资比重,以满足人民生活需要。但长期以来这个方针没有很好地贯彻执行,在第三个五年计划期间轻工业的投资比例是 4%,第四个五年计划期间轻工业投资比例是 5.4%,而同期重工业的投资比重分别是 57.4% 和 54.8%。1977 年以后,重工业的投资比重仍没有降下来,1978 年轻工业投资比重只有 5.7%,低于“一五”期间 5.9% 的水平。轻、重工业发展比例不协调,重“重”轻“轻”。产业结构以重工业为主,把重工业放在优先发展的位置,势必挤压发展轻工业和农业的资金。而轻工业和农业又与人民的生活密切相关,轻工业和农业发展的滞后,一定程度上决定了人民生活水平很难有较大提高。由于轻工业长期落后,主要轻工业产品市场供应紧张,不能满足人民的需要,在出口方面也缺乏竞争能力。

从人口结构来看,城乡人口比例变化非常缓慢。1949 年到 1957 年的 8 年间,乡村人口占全国总人口的比重由 89.4% 下降到 84.6%,下降了近 5 个百分点;1958 年到 1978 年,乡村人口占全国总人口的比重下降为 82.1%,20 年间下降了 2.5 个百分点。从就业结构来看,1957 年全国农业劳动者共有 19310 万人,到 1978 年,农业劳动者增加到 29426 万人,而同期农业总产值仅增长 84%,农业劳动生产率没有得到明显提高。大量的劳动力滞留在农村从事农业劳动,由于农村产业单一,农民创造的劳动价值很小,很多农民收入增长缓慢。

由于经济发展内在的潜力没有发挥出来,这一时期人民的生活水平没有大的提高。“关于人民生活。同三十年社会主义建设所应该达到的改善人民生活的目标相比,同人民群众的愿望相比,我们在这方面还存在着很大的差距,这是必须清醒地看到的。”①这也使得在改革开放初期,党和政府更多地把提高人民生活水平放到更重要的位置。1980 年 7 月 17 日至 20 日,邓小平在一次汇报上谈到今后十年经济发展目标问题时指出:“建设目标,一定要反映人民生活在哪些方面受益,不能只讲平均工资每年增长百分之几,必须把经济的发展使人民生活得到的改善反映出来。人民生活要有相当增长,人民才能满意。”②

二、社会主义革命和建设时期经济工作的初步评价

改革开放初期,党和政府对社会主义革命和建设时期经济建设的成就进行了初步总结。1979 年,邓小平在《坚持四项基本原则》的讲话中说:“我们尽管犯过一些错误,……但我们还是在三十年间取得了旧中国几百年、几千年所没有取得过的进步。我们的经济建设曾经有过较快的发展速度。”③1980 年,在起草《关于建国以来党的若干历史问题的决议》时,他说:“虽然我们党在历史上,包括建国以后的三十年中,犯过一些大错误,……但是我们党终究把革命搞成功了。中国在世界上的地位,是在中华人民共和国成立以后才大大提高的。”④

1979 年 9 月,叶剑英在庆祝中华人民共和国成立 30 周年大会的讲话中指出:“我们在旧中国遗留下来的‘一穷二白’的基础上,建立了独立的比较

---

① 李先念:《李先念论财政金融贸易(一九五〇—一九九一)》下卷,中国财政经济出版社 1992 年版,第 516 页。

② 中共中央文献研究室编:《邓小平年谱(一九七五—一九九七)》上卷,中央文献出版社 2004 年版,第 657 页。

③ 邓小平:《邓小平文选》第二卷,人民出版社 1994 年版,第 167 页。

④ 邓小平:《邓小平文选》第二卷,人民出版社 1994 年版,第 299 页。

完整的工业体系和国民经济体系。”①

1981 年 6 月 27 日，中国共产党第十一届中央委员会第六次全体会议一致通过的《关于建国以来党的若干历史问题的决议》，从几个方面指出了我国经济发展成就：建立和发展了社会主义经济，基本上完成了对生产资料私有制的社会主义改造，基本上实现了生产资料公有制和按劳分配。剥削制度消灭了，剥削阶级作为阶级已经不再存在，他们中的绝大多数人已经改造成为自食其力的劳动者。在工业建设中取得重大成就，逐步建立了独立的比较完整的工业体系和国民经济体系。例如 1980 年同完成经济恢复的 1952 年相比，全国工业固定资产按原价计算，增长 26 倍多，达到 4100 多亿元；棉纱产量增长 3.5 倍，达到 293 万吨；原煤产量增长 8.4 倍，达到 6.2 亿吨；发电量增长 40 倍，达到 3000 多亿度；原油产量达到 1.05 亿吨；钢产量达到 3700 多万吨；机械工业产值增长 53 倍，达到 1270 多亿元。在辽阔的内地和少数民族地区，兴建了一批新的工业基地。国防工业从无到有地逐步建设起来。资源勘探工作成绩很大。铁路、公路、水运、空运和邮电事业，都有很大的发展。

小　结

社会主义革命和建设时期的近 30 年经济发展，深刻改变了我国的经济面貌，我国的经济结构层次和产业结构层次得到很大的提升，人民的生活也发生了深刻的变化，中国式现代化取得了很大的成就。

---

① 叶剑英：《在庆祝中华人民共和国成立三十周年大会上的讲话》，《人民日报》1979 年 9 月 30 日第 1 版。

人类发展指数大幅提高。新中国成立时，中国有着世界最多的贫困人口，城镇化水平在10%左右，城市居民人均可支配收入不足100元，而农村居民人均纯收入为44元。经过30年的艰苦奋斗和不懈努力，1978年，城乡居民恩格尔系数分别为57.5%和67.7%；1980年中国的人类发展指数提高到0.456。教育科技事业、医疗卫生和人民健康事业得到明显的发展，广大人民的基本生活水平得到显著的提高。

社会经济发展取得的成就也非常突出。工业体系建设方面取得重大成就，1949年到1978年我国工业总产值增长了28倍，从1949年的140亿元增长到1978年的4067亿元，占工农业总产值72.2%。新中国在工业化建设过程中，也很注意工业布局的改善。从"一五"开始，大量国家项目被安排在内地，先后建成了一批机械工业、电子工业、钢铁企业和军工企业等。1952年到1978年，工业总产值指数由100上升到1657.6。1952年，工业总产值中轻工业占比为64.5%，重工业占比为35.5%。1978年，轻工业占比为43.7%，重工业占比为56.3%。全国建立有40万个左右的工业交通企业，国民经济各部门共拥有4000多亿元的固定资产。

工业生产能力不断增强。从1952年至1978年，经过20多年的发展，主要工业品产量实现了快速发展。钢铁作为工业化发展的基础，1952年时，产量最高的鞍钢年产量只有78.9万吨，内地年产量超过100万吨的钢铁企业还没有。到了1978年，鞍钢、武钢、首钢等3家钢铁企业钢产量均超过100万吨，其中产量最大的鞍钢年产钢686万吨。我国还在国防领域实现了重大突破，这方面突出的成就是"两弹一星"的成功研制。

农业发展水平不断提高。农业机械化水平明显提升，农业生产条件明显改善。从1952年至1978年，农业机械总动力由25万马力增至15975万马力;机械耕种面积由13.6万公顷增至4067万公顷;农村小型水电站由98个增至82387个,全国乡村办水电站装机容量由0.8万千瓦增加到228.4万千瓦,农村用电量由只有0.5亿千瓦时增加到253.1亿千瓦时,农业有效灌溉面积由19959千公顷增加到44965千公顷。全国化肥施用量(折纯量)由1952年的7.8万吨增加到1978年的884万吨。粮食产量大幅增加,农业生产条件明显改善。

社会主义革命和建设时期是中国式现代化形成与发展的一个非常重要的阶段,这个时期的经济发展总体上取得了伟大成就,同时也经历了一些曲折。出现曲折的原因,主要是经济建设经验不足、国内外环境复杂、工作指导思想存在着急躁冒进等。

1981年6月,中国共产党第十一届中央委员会第六次全体会议通过的《关于建国以来党的若干历史问题的决议》指出了这段历史时期的工作所取得的经济成就:建立和发展了社会主义经济,基本上完成了对生产资料私有制的社会主义改造,基本上实现了生产资料公有制和按劳分配;剥削制度消灭了,剥削阶级作为阶级已经不再存在,他们中的绝大多数人已经改造成为自食其力的劳动者;在工业建设中取得重大成就,逐步建立了独立的比较完整的工业体系和国民经济体系;等等。

2021年11月,中国共产党第十九届中央委员会第六次全体会议审议通过的《中共中央关于党的百年奋斗重大成就和历史经验的决议》,在总结这段历史时期所取得的经济成就时指出:经过实施几个五年计划,我国建立起独立的比较完整的工业体系和国民经济体系,农业生产条件显著改变,教育、科学、文化、卫生、体育事业有很大发展。“两弹一星”等国防尖端科技不断取得突破,国防工业从无到有逐步发展起来。并进一步指出:从新中国成立到改革开放前夕，党领导人民完成社会主义革命，消灭一切剥削制度，实现了中华民族有史以来最为广泛而深刻的社会变革，实现了一穷二白、人口众多的东方大国大步迈进社会主义社会的伟大飞跃。在探索过程中，虽然经历了严重曲折，但党在社会主义革命和建设中取得的独创性理论成果和巨大成就，为在新的历史时期开创中国特色社会主义提供了宝贵经验、理论准备、物质基础。

结 语

社会主义革命和建设时期为中国式现代化奠定了重要基础，是中国式现代化承上启下的一个重要阶段。这个时期的中国式现代化发展为改革开放准备了物质基础和人力资本基础，也为改革开放提供了历史经验教训。

这一时期，新中国顺利完成社会主义改造，建立了社会主义制度，在中国这样一个东方人口大国成功实现了中国历史上最深刻最伟大的社会革命，为中国式现代化奠定了制度基础。

这一时期，新中国确立了优先发展重工业的战略，建立了计划经济体制，在社会主义制度下发挥集中力量办大事的优越性，开启了大规模的国家工业化建设。经过近 30 年的努力，在落后的经济基础之上，中国取得了举世瞩目的成就，建立了独立的比较完整的工业体系和国民经济体系，在区域经济、农业生产、科技等方面也都取得了很大的成就，为我国改革开放和现代化建设事业奠定了坚实的基础。

这一时期，我国提出了分两个阶段实现“四个现代化”的宏伟目标。1964 年 12 月，周恩来在三届全国人大一次会议作的《政府工作报告》指出：“今后发展国民经济的主要任务，总的说来，就是要在不太长的历史时期内，把我国建设成为一个具有现代农业、现代工业、现代国防和现代科学技术的社会主义强国,赶上和超过世界先进水平。”①并对中国实现现代化的时间步骤作了安排:第一步,建立一个独立的比较完整的工业体系和国民经济体系;第二步,全面实现农业、工业、国防和科学技术的现代化,使我国经济走在世界的前列。“两步走”的发展战略和“四个现代化”代表了中国式现代化阶段和目标的探索成果,在这个战略目标的指引下,中国的社会经济取得了巨大进步,中国式现代化水平有了较大提升。

这一时期,中国坚持探索中国现代化独立自主发展道路。新中国成立之初,经济建设深受苏联模式影响,作为“一五”计划主体的156项工程是苏联援建的,苏联专家广泛深入中国经济建设的各个领域。然而,苏联高度集中的体制弊端在中国“一五”时期已经开始显现。中国深刻总结苏联模式的经验教训,提出“以苏为鉴”,开始探索符合中国国情的自己的现代化建设之路,在处理农轻重比例、沿海与内地关系、中央与地方关系等方面取得了积极成果,积累了宝贵经验,形成了独立自主探索中国社会主义建设道路的良好势头。

这一时期,中国的经济建设尽管遭受了种种挫折,但依然取得了巨大成就。据统计,1952年到1980年的28年间,中国工农业总产值平均年增长率为8.2%,其中工业年均增长11.1%,农业年均增长3.4%。与此同时,中国在核技术、人造卫星等尖端科学技术领域取得了突破性进展,某些方面接近世界先进水平。对于这一时期所取得的巨大成就,习近平总书记曾精辟地指出:“新中国成立后,我们党团结带领人民进行社会主义革命,消灭在中国延续几千年的封建制度,确立社会主义基本制度,实现了中华民族有史以来

① 中共中央文献研究室编:《周恩来年谱(1949~1976)》中卷,中央文献出版社2007年版,第696页。

最为广泛而深刻的社会变革，建立起独立的比较完整的工业体系和国民经济体系，社会主义革命和建设取得了独创性理论成果和巨大成就，为现代化建设奠定根本政治前提和宝贵经验、理论准备、物质基础。”①

社会主义革命和建设时期，由于我国所处的国内外环境影响以及自身发展经验的缺乏，现代化建设中还存在经济发展质量不高、与人民生活密切相关的农业和轻工业等发展缓慢、人民收入增长较慢、一定程度上影响了人民生活水平的提高等不足。随着国内外形势的发展和历史条件的变化，经济建设逐渐成为党和政府的中心工作，改革开放成为历史的必然。

改革开放是新中国成立以来党的历史上具有深远意义的伟大转折，开启了改革开放和社会主义现代化建设新时期。

改革开放之初，中国共产党恢复了解放思想、实事求是的思想路线，认真总结了建党以来特别是新中国成立以来的经验教训，对有关社会主义经济建设的重大问题如苏联模式的历史局限性、收入分配、社会主义主要矛盾、独立自主与对外开放等进行了深刻的反思总结，并在此基础上形成了一系列正确的方针政策，这为改革开放的顺利推进奠定了坚实的历史基础和思想理论基础，在此过程中所体现出来的思想方法和工作方法更具有深远的影响，为中国特色社会主义健康顺利发展提供了精神动力。

改革开放后，中国共产党坚持把马克思主义基本原理同中国具体实际相结合、同中华优秀传统文化相结合，形成中国特色社会主义理论体系，实现了马克思主义中国化新的飞跃。中国特色社会主义理论体系的核心在于创造性地提出社会主义初级阶段理论、社会主义本质理论和社会主义市场

---

① 《习近平在学习贯彻党的二十大精神研讨班开班式上发表重要讲话强调　正确理解和大力推进中国式现代化》，《人民日报》2023年2月8日第1版。

经济理论。这三大理论创新也构成了新时期中国共产党经济理论和中国式现代化的理论基石。

改革开放是中国共产党的一次伟大觉醒,正是这个伟大觉醒孕育了我们党从理论到实践的伟大创造。改革开放是中国人民和中华民族发展史上的一次伟大革命,正是这个伟大革命推动了中国特色社会主义事业的伟大飞跃,中华民族实现了从站起来到富起来的伟大飞跃!改革开放是决定当代中国前途命运的关键一招,中国由此大踏步赶上了时代!

后　记

本书是由中国社会科学院哲学研究所党委书记王立胜研究员担任主编的《中国式现代化的经济探索历程》四卷本的第二卷，聚焦于中国式现代化的开局和奠基。这一时期，中国共产党领导中国人民进行了社会主义革命和建设，经过30年左右的艰苦奋斗，中国初步建立了独立的比较完整的工业体系和国民经济体系。

本书自2019年3月开始酝酿，由本人拟出写作框架，王立胜研究员提出修改意见，经过多次调整和完善，形成现在的写作框架。书稿正式撰写工作自2019年10月启动，2021年1月完成初稿。党的二十大后，根据党的二十大精神对书稿又进行了较大修改，且由王立胜研究员对全书作了统一修订并定稿。

本书从立项到定稿前后历时4年左右时间，其间多次召开规模不等的座谈会和审稿会。王立胜研究员为此倾注了大量心血。2020年8月，王立胜研究员在山东日照主持召开了书稿审稿会。中山大学徐俊忠教授，复旦大学周文教授，武汉大学周绍东教授，曲阜师范大学聂家华教授、刘刚教授，《齐鲁学刊》主编赵昆教授，《经济纵横》编辑室主任张佳睿以及北京师范大学刘洪森副教授等专家学者参加审稿会，对书稿提出了许多非常有价值的意见。江西高校出版社的编辑团队自始至终关注本书的进展，为本书的编辑出版作了大量辛苦而有成效的工作，在此一并表示真挚的感谢。本书时间跨越自1949年新中国成立到1978年改革开放30年左右的时间，学术主题跨越工业现代化、农业现代化、区域经济发展以及科技现代化等多个领域。本书在写作过程中，对学术界已有的大量相关成果进行了学习、吸收和借鉴，并就有关问题咨询了相关专家，在此都一并感谢。

限于本人的眼界和知识结构，本书对这一时期中国式现代化的研究还是初步的、粗线条的，不足部分敬请读者批评指正！

姜长青

2023年11月于北京